台湾地区旅行社的经营与管理

LÜXINGSHE

陈嘉隆　张凌云／著

TAIWAN

DIQU LÜXINGSHE DE

JINGYING YU GUANLI

旅游教育出版社
·北京·

图书在版编目(CIP)数据

台湾地区旅行社的经营与管理/陈嘉隆，张凌云著 .—北京：旅游教育出版社 .2005.1

ISBN 7-5637-1136-8

Ⅰ.台… Ⅱ.①陈… ②张… Ⅲ.旅游社—企业管理—台湾省 Ⅳ.F592.758

中国版本图书馆 CIP 数据核字(2003)第 085950 号

台湾地区旅行社的经营与管理

陈嘉隆 张凌云 著

出版单位	旅游教育出版社
地　　址	北京市朝阳区定福庄南里 1 号
邮　　编	100024
发行电话	(010)65778403 65728372 65767462(传真)
本社网址	www.tepcb.com
E-mail	tepfx@sohu.com
印刷单位	河北省三河市文化局灵山红旗印刷厂
经销单位	新华书店
开　　本	787×960 1/16
印　　张	17.5
字　　数	245 千字
版　　次	2005 年 1 月第 1 版
印　　次	2005 年 1 月第 1 次印刷
印　　数	1～5000 册
定　　价	28.00 元

(图书如有装订差错请与发行部联系)

序

我与嘉隆先生初识于十余年前。那时他经常往返于海峡两岸，有时是带团来祖国大陆观光，有时是来大陆参加两岸旅行业界的学术研讨会。在台湾地区旅行业界中，嘉隆先生可谓是一位亦商亦学的学者型商人，在长期从事旅行社经营管理工作的同时，又在台湾地区两所设有旅游（观光）系的大专院校任教，更将多年的从业经验和心得写成《旅行业经营与管理》一书。由于该书的内容是从实践中来，具有很强的操作性，并结合实际案例阐述，与一般的同类教科书不同，深得台湾地区同行的嘉许，成为台湾地区旅行业教学和培训的主要教材。自2001年出版后，仅隔一年又获再版，受读者欢迎的程度可见一斑。现嘉隆先生与我院教师张凌云先生合作，在原书基础上重新修订改编，使之更适合大陆的业内读者，并由旅游教育出版社出版发行。相信此书对转型中的大陆旅行社行业及经营管理人员会有所启迪，尤其是对新兴的出境旅游业务，台湾地区较祖国大陆先行一步，他们的经验和教训值得我们认真借鉴和研究。

在目前世界经济普遍低迷不振的情况下，惟有旅游业一枝独秀。据世界旅游组织（WTO）公布的统计数字，2002年全球共接待了7.15亿国际旅游者，增长率超过了3%，比2001年增加了2 200万，比危机前的千禧年增加了1 900万。旅游业再次有力地证明了自身旺盛的生命力。

世界旅游组织曾预测，到2020年中国将超过传统的入境旅游大国法国、西班牙和美国，成为世界第一大旅游目的地。而2002年世界旅游业的发展也在一定程度上验证了这种判断——目前亚太地区的旅游接待量已经超过了美洲，跃居全球第二，仅次于欧洲。

如果说过去台湾地区当局开放岛内民众赴祖国大陆观光探亲，才得以打破两岸睽隔状况的话，那么，今天如果能够早日实现两岸“三通”，开放两岸居民互访旅游，那将是商机无限，这一地区持续的经济增长和旺盛的旅游需求会给海峡两岸甚至亚太地区的经济带来新一轮的蓬勃繁荣气象，祖国大陆、港澳和台湾地区如能形成“大中华”旅游区，寻找大市场、做成大产品、开发大商机的话，那么大中华地区将当之无愧地成为世界上最具吸引力和竞争力的旅游目的地。

旅游业既是一项可持续发展的经济产业，更是一项崇高的和平事业。如果以前瞻性、全球化的视野来审视这种区域合作的话，其作用已远远超过了单纯的经济意义。2002 年世界旅游日的口号是：“旅游业：一种消除贫困、创造就业和社会和谐的驱动力”。两岸三地的旅游业者和学者携手合作，通过发展旅游业来实现这一目标，这是两岸三地旅游业者和学者的共同愿望。以上是读了这本由两岸旅游学者合作撰写的书稿后，产生的一些感想，权充为序。

北京第二外国语学院院长、教授

杜 江 博士 谨序

2004 年 2 月

目 录

第一章

台湾地区旅行社的分类、组织架构与运作

第一节　台湾地区旅游及旅行业发展简史和现状

近代台湾地区的旅行业可追溯到1937年设立的日本东亚交通公社台湾分社，抗战胜利后改组为台湾旅行社。20世纪60年代初，台湾地区当局在“交通部”内设置观光事业小组，1966年改为“观光事业委员会”，1971年才开始成立“观光局”。1979年台湾地区当局开放岛内居民出境旅游业务（本书中的出境旅游指离开台湾省的旅游活动），1987年11月又开放台湾地区居民赴祖国大陆探亲，随后并放开了旅行社执照的申请，这使得台湾地区的出境旅游人数成几何级数增长。而随着祖国大陆实行改革开放政策，台湾地区接待海外旅游者人数的增长明显趋缓。在1980年时台湾地区出境旅游人数仅仅48.5万，同年接待的境外游客为139万，而到了1989年出境旅游人数达到了210万。

1990年是台湾地区旅行业发生革命性变化的一年，在这一年中原属航空公司的电脑预订系统（CRS/GDS）开始向旅行业渗透。旅行社可以通过电脑系统专线代理各国民航机票、酒店和组合旅行产品，这对于旅行社业务量的增长帮助很大。随着国际航空运输协会（IATA）推动的银行结算系统（BSP）与税制的改革（开立代收转付凭证）及1991年长荣航空等新生力量投入航空市场，台湾地区出境旅客的人数从1989年的210万人，一路攀升到2000年的733万人次。其中，只在1998年出现了4%的负增长，1999年即使发生了“9·21”大地震的自然灾害，出境旅游也较上年有10.9%的增长。2001年因受“9·11”事件的影响，出入境旅游市场都出现了负增长。出境游客达719.9万，入境旅游者仅为261.7万，出入境之比为2.75:1，台湾地区的旅游业发展开始由旅游目的地向客源

输出地转化。

2001年台湾地区出境旅游的目的地依次为：祖国大陆（344.2万）、香港（230万）、澳门（115.2万）、日本（74.2万）、美国（54.3万）、泰国（54万）、马来西亚（25.4万）、印度尼西亚（21.8万）、新加坡（19.2万）、越南（18.8万）、加拿大（13.9万）、荷兰（13.6万）以及韩国（11.8万）。可以看出，目前，祖国大陆和东南亚是台湾地区出境旅游首选旅游目的地，其次是日本和美国。而过去传统的热点市场如欧洲（荷兰除外）、澳大利亚和南非等近年来都出现了止步不前，甚至严重萎缩的情况。

入境旅游的客源地依次为：日本（97.1万）、香港（39.3万）、美国（33.9万）、泰国（11.6万）、新加坡（9.7万）、印度尼西亚（8.9万）、韩国（8.3万）、菲律宾（6.9万）、马来西亚（5.7万）、加拿大（4万）、德国（3.4万）、英国（3.4万）、澳大利亚（3万）、法国（2.1万）、印度（1.3万）、荷兰（1.1万）和意大利（1万）等。入境旅游市场以日本、香港等周边国家和地区及美国为主，其次是欧洲和澳大利亚。

2001年全台湾地区共有1840家旅行社，其中综合旅行社85家，占4.6%；甲种旅行社1648家，占89.6%；乙种旅行社107家，占5.8%。导游人员共2723人，其中专任（全职）437人，占16%；特约（兼职）2286人，占84%。导游人员的男女性别比为2.9∶1。从语种上看，日语导游人数最多，占全体导游的51.8%，其次是英语占30.1%，中文占12%，韩语占3.3%，其余语种都不足1%。这些特征与台湾地区旅游市场特点基本吻合。

第二节 台湾地区旅行社的分类

在台湾地区，旅行社被视为特许经营行业。开办旅行社有一系列条件限制：依据当局的“发展观光条例”第六十六条规定，“交通部”是旅行业的主管机关。因此，除了“经济部”执照及营利事业登记证之外，尚需有“交通部”的旅行业执照（自2001年以后旅行社已不需再申请“经济部”执照）；必须缴纳相当数额的保证金；旅行业经理人员须经资格送审，领队带团出境或导游接待外宾，也须领有执照才能上岗；为了保障游客与旅行业者自身的权益和规避因不可抗力和不可预见因素给旅行社经营带来的风险，双方必须签订旅游合同及投保必要的责任险；由于社会的变迁，消费者与旅行业之间的权利与义务日益受到重视，因此履约的保障也已成为旅游活动中重要的组成部分。

近年来，在资本自由化和产业信息化潮流的影响下，作为特许经营行业的旅行业控制条件也日趋宽松，先是取消了“经济部”对旅行社开业的发照管理，后又在“旅行业管理规则”中删除了有关旅行社的经营场地面积的内容。与此同时，由民间机构参与管理与训练的机会愈来愈多，例如：各地区“旅行业公会”、“质量保障协会”、“导游协会”、“领队协会”、“旅行业经理人协会”等，这些同业公会在行业管理和行业自律等方面发挥出越来越多的积极作用。

台湾地区旅行社按当局颁布的“旅行业管理规则”第三条规定：旅行业区分为综合旅行业、甲种旅行业及乙种旅行业三种。

（一）综合旅行业的经营业务范围

1. 接受委托代售境内外海、陆、空运输业的客票或代旅客购买境内外客票、托运行李；

2. 接受旅客委托代办出入境及签证手续；

3. 招揽或接待境内外观光旅客并安排旅游、食宿及交通；

4. 以包办旅游方式，自行组团，安排旅客境内外观光旅游、食宿、交通及提供有关服务；

5. 委托甲种旅行业代为招揽前款业务；

6. 委托乙种旅行业代为招揽第 4 款境内团体旅游业务；

7. 代理外国旅行业办理联络、推广、报价等业务；

8. 设计境内外旅程、安排导游人员或领队人员；

9. 提供境内外旅游咨询服务；

10. 其他经主管机构核定的与境内外旅游有关的事项。

（二）甲种旅行业的经营业务范围

1. 接受委托代售境内外海、陆、空运输业的客票或代旅客购买境内外的客票、托运行李；

2. 接受旅客委托代办出入境及签证手续；

3. 招揽或接待境内外观光旅客并安排旅游、食宿及交通；

4. 自行组团安排旅客出境观光旅游、食宿、交通及提供有关服务；

5. 代理综合旅行业招揽前项 5 款之业务；

6. 设计境内外旅程、安排导游人员或领队人员；

7. 提供境内外旅游咨询服务；

8．其他经主管机构核定的与境内外旅游有关之事项。

（三）乙种旅行业的经营业务范围

1．接受委托代售境内海、陆、空运输业的客票或代旅客购买境内外的客票、托运行李；

2．招揽或接受游客境内观光旅客境内旅游、食宿、交通及提供有关服务；

3．代理综合旅行业招揽第6款境内团体旅游业务；

4．设计境内旅游；

5．提供境内旅游咨询服务；

6．其他经主管机构核定的与境内旅游有关之事项。

1995年在重新修正“旅行业管理规则”时，台湾地区旅行业界曾提出过两种不同的备选方案：一种是维持现有的三分法；二是在甲种旅行业下并置趸售和直客，即变成甲趸、甲直和乙种旅行业等形式，在甲、乙种执照之外，对趸售业者另发特许证的方式。但结果有关管理机构仍采用了原有的三分法，并将综合旅行业的资本额和保证金作了调整。根据“旅行业管理规则”第十一条规定：综合旅行业实收资本总额，不得少于新台币2 500万元；甲种旅行业不得少于新台币600万元；乙种旅行业不得少于新台币300万元。而综合旅行业每增设一家分公司，需增资新台币150万元；甲种旅行业每增设一家分公司，需增资新台币100万元；乙种旅行业每增设一家分公司，需增资新台币75万元。如原资本总额已达设立分公司所需资本总额者不在此限。另外，第十二条规定旅行业应缴纳注册费、保证金，注册费按资本总额1‰缴纳。综合旅行业保证金为新台币1 000万元，甲种旅行业新台币150万元，乙种旅行业新台币60万元；综合、甲种旅行业每一分公司保证金为新台币30万元，乙种旅行业每一分公司保证金为新台币15万元。

第三节 旅行社的组织机构设置

一、旅行业经理人员人数规定和执业资格

台湾地区旅行社对于经理人的数量和资格都有一定的要求。根据“旅行业管理规则”第十三条：旅行业应依其实际经营业务，分设部门，各置

经理人负责监督管理各该部门之业务，其人数应符合下列规定：

综合旅行业本公司不得少于4人；

甲种旅行业本公司不得少于2人；

分公司及乙种旅行业不得少于1人。

前项旅行业经理人应为专任，不得兼任其他旅行业之经理人，并不得自营或为他人兼营旅行业。“旅行业管理规则”第十五条规定：旅行业经理人应具备下列资格之一，经“交通部观光局”或其委托之有关机关、团体训练合格，发给结业证书后，才能上任：

1．大专以上学校毕业或高等考试及格，曾任旅行业负责人2年以上者；

2．大专以上学校毕业或高等考试及格，曾任海陆空客运业务单位主管3年以上者；

3．大专以上学校毕业或高等考试及格，曾任旅行业专任职员4年或特约领队、导游6年以上者；

4．高级中等学校毕业，曾任旅行业负责人4年或专任职员6年或特约领队、导游8年以上者；

5．曾任旅行业专任职员10年以上者；

6．大专以上学校毕业或高等考试及格，曾在国内外大专院校主讲观光专业课程2年以上者；

7．大专以上学校毕业或高等考试及格，曾任观光行政机关业务部门专任职员3年以上或高级中等学校毕业曾在观光行政机关或旅行商业同业公会业务部门专任职员5年以上者；

大专以上学校或中等学校观光科系毕业者，前项第2款至第4款之年资，得按其应具备之年资减少一年；

第一项训练合格人员，连续3年未担任经理人职务，应重新参加训练合格后，方能受雇为经理人。

二、旅行业组织机构设置

（一）旅行业组织的特征

依据“旅行业管理规则”第四条：“旅行业应专业经营，以公司组织为限；并应于公司名称上标明旅行社字样。”因此旅行业的组织为一般企业组织，受到“经济部”和“商事法”的规范，因而以公司或有限公司为最普遍。

旅行业的筹设也要经主管机关核准后方可设立，“观光局”对旅行业的督导机关无论申请前或申请后都得遵守“发展观光条例”有关旅行业部分的管理条文。

在正式营业前也必须取得公司所在地的县市当局的营利事业登记证才算完备。因此旅行业的组织必须符合相关的“法规”方能顺利取得：(1)“交通部观光局”核发的营业执照。(2)“经济部商业司”核发的公司设立登记。(3)当地县市政府的营利事业登记证。此外关于旅行业所聘用的经理人除“旅行业管理规则”第十五条规定的资格外，第十四条还规定，有下列情形之一者，不得为旅行业的发起人、负责人、董事、监察人及经理人，已担任者，即应解聘，由“交通部观光局”撤销或废止其登记，并通知公司登记主管机关：

曾犯“组织犯罪防止条例”规定之罪，经有罪判决确定，服刑期满尚未逾 5 年者；

犯诈欺、背信、侵占罪或违反工商管理法令，经受有期徒刑 1 年以上刑之控告，服刑期满尚未逾 2 年者；

公务亏空公款，经判决确定服刑期满尚未逾 2 年者；

受破产之宣告，尚未复权者；

有重大丧失债信情事，尚未了结或了结尚未逾 2 年者；

限制行为能力者；

曾经营旅行业受撤销执照处分尚未逾 5 年者；

未经申请核准而经营旅行业业务，经受处分尚未逾 5 年者。

(二) 旅行业组织的机构设置

旅行业内部部门组织的配置，并无统一的模式，需视其营运规模和实际需要而定，不同类别的旅行社因其在经营管理理念和主营业务侧重点等方面的不同而有所差别。这里我们结合台湾地区几家旅行社的实例分别予以说明：

1. 以经营团体海外批发业务为主的旅行社组织结构特点为团体部和业务部占的比例相当大，团体部中再以海外各地区的线路作进一步的分区单位，业务部则是以台湾地区全省的行销点作分区单位。这种组织设置一般为传统的大型旅行社采用。

2. 以同业批售（提供同业相关旅游产品）为主的旅行社组织结构，其特点为票务部、财务部和团体部的组织庞大，往往还设立有电脑中心，方便与客户的联络，提高业务运作效率，并可缩短产品营销的中间环节。

3. 以直售团体包价旅游为主的旅行社组织结构其特点为业务经营与产品研发并重，机构设置呈扁平化特征，体现了一种新的经营理念。

4. 综合上述实际案例，较为典型的旅行社组织结构兼具以上特点，多数旅行社在此基础上根据其重点营运项目进行增减。除非是规模相当大的旅行社，否则一个部门往往要兼营数种不同性质的业务，或一个主管以其经历背景身兼数个部门的工作。

一般旅行业的组织可区分为经营阶层、管理阶层和执行阶层。经营阶层为负责人如总经理，其工作内容涵盖经营计划、预算分配、资金调度、人事组织、市场分析、营销策略等诸多方面。而管理阶层为部门经理，协助经营阶层将政策化为行动，并督导部属履行职务。执行阶层的基层工作人员则应遵照公司要求开展工作。

旅行社每个部门人员的配置，一般是在部门经理之下，设置副理1～2名，副理之下设置主任 1～3 名。基层的操作人员（OP）、管理人员或销售代表则视业务量或性质适度安排。

需要指出的是，随着旅行业发展步入全球化和信息化快行道，旅行社内部组织架构也面临重大的调整。尤其是在网络行销方面，需要有专门的信息技术人员及网页运作人员，相应地，运作模式及组织结构也会随之发生变化。目前，管理当局已经取消对旅行社营业处所（分支机构如办事处）及营业面积的限制，并相应增加了在旅行业中应用计算机网络的管理内容，如“旅行业管理规则”中第三十二条、第三十三条等。这也是台湾地区进入 WTO 之后的适应之道。可以预料，台湾地区旅行社的规模会朝着极大极小两极分化的方向发展。在未来的重新洗牌过程中，台湾地区的旅行业将面临重新定位和结构重组。

第四节 旅行社各部门的功能职责

虽然台湾地区旅行社的规模大小不一，且其经营及专业背景亦不尽相同，但旅行社内部几个重要部门的功能和作用却大同小异，大多数旅行社都包括下列部门：

（一）产品部

本部门负责公司产品的开发设计与估价核算。产品分为年度定期出发的旅游团或散客旅游项目。本部门设主管一至数名，或由副总经理兼管。

下设线控经理、副理等主管。本部门需经常与航空公司及海外旅行社互递信息，有很强大的领队阵容，并可利用资深专业领队的特长设计或主导一些特殊的、深度开发的旅游产品。也有些旅行社将证照组划归由本部门管辖。

（二）客户服务部

本部门视公司的需要而命名，有的取名为业务部，有的亦称为“国外部”。本部门主要目的即是将产品部的旅游行程贩售出去并提供全套的服务。本部门人员对于产品的内容、售价、出境手续及相关的收费及解说等都应该很熟悉。

本部门人员接受客人的委托将行程安排、售价及服务内容等回报产品部，即刻做估价工作。本部门亦需培养合格的领队人员以备消费者指定时派上用场。当本部门被称为业务部时，有可能这是一家经营批发业务的综合旅行社，服务对象为旅行社同业。

（三）商务部

本部门主要是提供散客旅游者出境游购票、酒店订房及其他证照服务。有的旅行社还将电子商务引入本部门作为一项重要的新业务。

有些外商公司，出于语言考虑，安排专人服务。本部门设主管及副主管数名。

（四）票务部

本部门处理所有有关机票购票、订位、退票或其他周边服务的业务，如电子机票，航空公司散客包价等。一般规模较大的旅行社都是国际航空运输协会（IATA）会员，也是几大国际 CRS/GDS 系统（如 Abacus, Amadeus 或Galileo）的入网成员，并享有银行的 BSP 服务。有的不设产品部的小公司则将团体机票开票、酒店订房等业务纳入本部门的工作。也有的公司将本部门扩大成票务中心，贩售机票给其他旅行业同行。

（五）作业部

本部门主要负责旅行团从出境前的运作至说明会以及返程后的作业流程，有时也负责签证、票务等工作。本部门需经常保持与客户服务部、领队及航空公司的基层票务人员或团控人员互动往来，搞好与这些部门及人士的公共关系。本部门设主管及 OP 作业人员数名。

（六）“国民旅游”部

本部门主要负责台湾地区居民的省内旅游业务。业务涵盖了整个旅游行程，从接洽生意、估价，甚至带团，经常是提供一条龙服务。因此，在本部门人员配备上尤应注意培养多面手和通才型员工。由于“国民旅游”

没有语言障碍，所需的专业知识反而比出境旅游要求更高，因此对于领团人员的培训要比海外领队的专业要更精深、知识面更宽广。由于本部门的业务量较其他部门要大，有时同时出发十几批，甚至几十批旅行团，故有必要建立一支由专职和兼职人员组成的领队队伍。此外，由于经常有公司组织省内的奖励旅游，故本部门须配备麦克风、音响设备、团体娱乐活动道具等以便于活跃旅程。

（七）企划部

本部门工作除产品企划之外，还包括研发、广告及旅讯、刊物及专业书籍的编辑等，视各旅行社需要而定。有些公司基于需要也承揽大型项目的企划活动或包机业务。本部门配备有美工、设计与印刷的设备和人才，可以自行设计宣传品或广告。有的公司也将产品的设计放在本部门来做。

（八）计算机信息室

本部门主要负责公司产品、行程制作、产品上网及信息的更新维护等工作。如果是电子（网站）旅行社，其员工队伍中信息科技人员的比例较高。本部门人员需与航空公司及旅行同业保持密切联系，以保障上游供应商对于产品供应的不虞匮乏。同时，公司内部操作系统的维护（MIS、CRS及BSP等）和数据库的管理（如旅游者资料）都是重要的日常工作内容。本部门设主管及计算机工程师数名。

第五节　旅行社经营项目的内容与选择

一家旅行社的主营范围或经营路线的确定往往是与企业中主要管理者的经历背景有关，或者是该社在某项业务的操作上有过其辉煌的历史传承，要不然就是持有某种特别的授权或背景关系而经营的几乎是垄断的业务。旅行社是直接面对客人提供服务，而不是生产有形产品的行业。虽然，旅行业在国际化、自由化的发展趋势下，其内部营运的项目及人力资源分配，有了重大的改变，但是就旅行社提供旅游信息、代办出入境手续、签证业务、组织旅行团或替个人及团体设计安排行程的传统内容，并没有本质性的变化。而这些无形产品的内在价值逐渐在社会上达成共识，成为其产品的价格量化标准，这就是旅游产品在市场上的商品化过程。

旅行社的规模及所需的软硬件设施和人员配置，应视其营运的项目而定。如果营运项目是以票务为主，则票务的专业人员和航空公司计算机订位终端就显得非常重要。如果业务量集中在出境游（outbound）上，则一个阵容强大的团队就成为关键因素。因为必须要有业务销售人员、OP作业人员、领队、签证组等各个部门的密切配合，才能圆满完成任务。因此，在决定自己公司的营运范围之前，应先考虑自身的财力、人力、设备、经验等重大的因素后再相机决定。

旅行社的营运范围，大致可以分为下列几项：

1．办理“出入境”手续。

2．签证业务。

3．票务（个别的、团体的、批发的、出境的、省内的，网络票务等）。

4．行程安排与设计（个人的、团体的、大众的、特殊的行程）。

5．组织出境旅游团（批发、直售或贩售其他公司的产品）。

6．接待外宾来台业务（包括旅游、商务、会议、翻译、接送等）。

7．代订岛内外酒店及其与机场间的接送服务。

8．提供岛内外各项观光旅游信息服务（有些内容已经可以收费了）。

9．游览车业务或租车业务。

10．承揽国际性会议或展览会。

11．代理航空公司或其他各类交通工具（快速火车或豪华邮轮）。

12．代理各国旅行社业务或游乐业业务。

13．代理或销售旅游用品。

14．经营领队或导游服务公司。

15．经营移民或其他特殊签证业务。

16．收集、加工整理和发布旅游信息或出版旅游专业书籍。

17．开班训练专业领队、导游或OP、票务操作人员。

18．航空货运、报关、贸易及各项旅客与货物之运送业务等。

19．参与旅行业相关之餐旅、游憩设施等的投资。

20．与保险公司合作，开发各种旅游平安保险和其他新险种。

21．经营或出售效用良好的计算机软件（亦可另组计算机公司）。

22．经营银行或发行旅行支票。只有规模相当大，且具国际性声望的跨国企业才有此能力。如英国的通济隆和美国的运通公司都是以旅行社起家，然后再扩展到旅行支票业务的。

23．于某些特定日期或特定航线经营包机业务。

24．经营旅游信息咨询、交换中心。

25．承办奖励旅游团或特殊项目团、包机团。

第二章 旅行社产品的设计与开发

第一节 旅行社产品的设计与开发

旅游产品本身是一种无形的、累积经验及声誉的商品；是旅游完成之后才能体会产品的好坏，而且是必须先付费后享受的商品。旅游产品的口碑来自于顾客的认同与服务的高品质。优质的产品并不代表高价位或独享尊荣，却是物超所值、顾客满意或边际效益最大化的代名词。

旅游产品的种类，在消费者需求的改变，各种上游供应商的推陈出新及信息科技一日千里的推波助澜之下衍生出来了丰富多变的式样。而且，在消费者个性化需求的强烈刺激下，上游供应商（包括航空公司、旅馆、大型旅行社、网站旅行社、信息公司等），更提供了依据消费者诉求的条件而组装成的产品。

旅游产品，涵盖的范围从办理手续到信息提供，从个人旅行到团体旅游，只要对消费者能提供具价值感的信息或服务，则获取回报即是合理的代价。而近年来陆续实施的“消费者保护法”及“民法”债篇旅游专章条文，更加强了旅行业在专业责任方面的责任。旅游产品的类型，基本上分为四种：

（一）散客套装旅游行程（FIT package）

1．旅行社自己组装的散客自由行产品（一般有别于航空公司的产品）。

2．航空公司规划、组装的自由行产品（以目前有关“法规”，尚需通过旅行业来销售）。

3．自助旅行（backpack travel）。

4．航空票务（含电子机票、团体自由行等）。

5. GV1、GV4、GV6 等因适应市场需求而出现的人数组成模式（GV 原是为 10 人以上团体而设的最低团体人数模式的机票优待方式，航空公司为加强竞争力而降低所需组成的基本人数）。

6. 学生票：部分航空公司在特定的航线中，提供给学生使用的优待票。

7. 旅馆订房服务（旅客持 voucher 即可前往）。

8. 门票、车票等的代售。

（二）团体套装行程（group package tour）

1. 现成的旅行团（ready-made tour）。

2. 量身订制的旅行团（tailor-made tour）。

3. 特殊兴趣的旅行团（special interest tour）。

4. 奖励旅游产品（incentive tour）。

5. 参加成员的诉求雷同而组成的团体（affinity group），如登山团、游学团、亲子团、孝亲团、朝圣团等。

6. 主题旅游行程（theme tour），如岛屿度假系列团、文化艺术交流访问团等。

7. 节庆活动（event）产品，如 1999 年 12 月 31 日在台东举办的迎千禧倒计时活动等。

8. 包机团（charter），因市场供需而出现的特定期间的飞行班次。

（三）仅提供单项服务者

1. 经办出境手续。

2. 经办各国签证手续。

3. 提供咨询服务而收取顾问费或设计费。

4. 信息整合和咨询服务，如 Attinet-abacus Taiwan Travel Information Network 的信息交换中心，国际分时度假计划信息交换中心（RCI）、零码团（last minute club，stand by club）。

（四）其他相关服务

旅游用品、旅游保险、差旅费管理等也开始成为旅行业经营中的一项业务。

第二节 旅游行程安排与设计

行程的安排和设计关系到旅客游览的兴致和费用，旅行业提供旅客旅游业务方面的服务，即是提供这一方面的专业知识和经验。不管是旅客个人的旅游安排或是团体的设计，应讲求让客人以最低的费用与最适当的行程安排，享受最物有所值的品质。

自从台湾地区于 1979 年 1 月 1 日开放观光以来，出境手续不再是问题，所以旅行团的行程有了很大的变动。1979 年以前，出境人数不多，取得护照也较难，所以一般旅行团旅游的天数都较长。例如美国团大多约 25 天，东北亚团约 17 天，东南亚团约 16 天，欧洲约 35 天。总的来说，出游天数较多，行程中游览的景点较多，旅游费用也较高，主要是因为团数太少成本较高的缘故。观光开放之时，台湾地区居民收入所得已达相当水准，很多人都有出境旅游的消费能力。尤其是年青一代的上班族，在外语能力、经济情况及带薪假期等方面都发生了很大变化。出境旅游市场也随之变化，这样 13 天以内的美西团行程出现了，纯日本 7 天游的线路也很畅销，12～13 天左右的欧洲游则成为年轻人的喜爱。这种变化本在预料之中。如何根据市场需求情况的变化设计符合市场需求的旅程，则是我们要讨论的话题。这里我们以美加团为例对如何安排与设计行程作一解说。

（一）航空公司的选择

当你设计行程时，首先要想到：前往的地区到底有哪几家航空公司的航班可以到达？班次有多少？服务水准及机上餐食如何？游客对该家航空公司的接受程度如何？其航线的分布是否适合游客的需要？票价的竞争力强不强？回程时的航线对旅客方便吗？机票的有效期多久？等等。这些问题都会对我们的行程设计产生决定性的影响。

现在飞美国的航空公司中大部分都可以选用来赴美旅游。这里我们列举几个主要的航空公司在经营上的特点：

1．西北航空（Northwest Airlines）

西北航空由台北前往日本、韩国以及夏威夷、旧金山、洛杉矶、西雅图等地的航班非常多，几乎天天都有。而且最重要的，它的国内航线更是遍布全美重要城市。同时，西北航进入台湾地区市场已经有好几十年，业界对其已经相当熟悉。近来西北航更推出一种非常便宜的国内线机票，只要在跨越太平洋航线上乘坐西北航飞机，就可以享受此种优惠。这种称之为游遍美国的国内线机票通票（Visit USA Pass），对于去美国国内多个城市旅行的人来说非常合算。对于多天数的美加旅行团来讲，更是十分方便，这种优惠机票几乎可以到达所有的旅行团必去之处。

2．联合航空（United Airlines）

联航是1986年2月才进入台湾地区市场的，虽然它是世界最大的航空公司之一，服务水准及餐食都很值得称赞，但因它本身生意不错，所以在团体机票营销上一度不够灵活。联航的航线同西北航空一样，其航线之广真可谓是无远弗及，尤其承接下了泛美航空的太平洋航线之后，声势更加咄咄逼人。以前远东地区的航空公司，在机票价格的竞争上较富弹性，费用较低。但近年来，西北航及联航这两家美国航空公司也加入到混乱的价格战中，联航的市场占有率由此增加不少，与西北航旗鼓相当，势均力敌。

3．中华航空

华航因占语言及航线之便，散客旅游者在他们的营业中占了不小的比例。华航有很多直飞夏威夷或旧金山、洛杉矶、纽约的班机，而其他航空公司的同样航线大部分是在日本或韩国、菲律宾经停转机的。就美东团来说，因华航没有美国国内的航权，所以在行程设计上，需迁就其他航空公司的航线及忍受较高的票价（尽管在市场上机票价格随时会变动），无形中减低了它的竞争力。因此，华航在航线的编排上，偏重美国西海岸，或以纽约为主轴的小美东行程为主。

4．长荣航空

自从1991年开航以来，由于其机队充实、服务优良和公司的形象推广等方面屡获好评。加上短天数、一地游的旅游渐成风气，因而经过几年的苦心经营，长荣已在美国市场占了一席之地。其航线以小美西、小美东、加拿大、落基山等为主。

5．日航及日亚航

在台湾地区市场上，这两家母子公司因具备了班次多、服务好、语言障碍少（很多台湾同胞可以说日语）的特性，因此在美国西海岸占了相当高的乘坐率。虽然在前往美国途中需经由日本转机，但在返程时，却有不少的人愿意借此顺访日本，而且不需要增加费用。另外，日航及日亚航不但有台北出发的航班，还有延伸到高雄出发的，每天前往美国的班机有4～6个班次之多，其密度之高足以应付日本及台湾地区的市场需求。但就市场区域来说，它和华航一样局限于美国西海岸，在美国国内一样没有航权。

6．新航、达美航空等

除上述几大主要航空公司外，还有新加坡航空、马来西亚航空、加拿大航空、达美航空、大陆航空等。新航在国际同业中的服务评价甚佳，所以生意很好，也因此新航偏重于个人机票的销售。在夏季团体票常常出现供不应求、一票难求的局面。达美航空在美东及美南的航线具有一定的竞争力。其他多家航空公司陆续加入到飞行美加航线的竞争市场中，给台湾地区旅行业者带来了福音。

（二）旅行天数的计划

旅行团的天数安排，一方面应考虑大部分客人的实际需要、假期的长短、旅游的区域和游客的经济能力。青年人由于假期较短、消费能力较弱，一般都以两段式的方式来旅游，即美国西海岸八九天，外加美国东海岸14天左右。

行程安排上，一般也只求走马看花，对目的地做蜻蜓点水式的浏览即可。例如夏威夷3～4天，如游外岛再另加2天行程；旧金山2天，拉斯维加斯2～3天，洛杉矶4天，整个行程大致在两个星期以内。就旅游的兴趣和体力而言，这应该是一个很理想的旅游方案。以后继续的行程安排是黄石公园3天、芝加哥2天、奥兰多3天、尼亚加拉瀑布2天、多伦多2天、华盛顿3天、纽约3天。这样美东的行程，也恰好在14天左右。

在台湾地区普通民众心目中，美国的东部和西部是两个差异很大的旅游目的地。许多台湾同胞的亲朋好友在西海岸定居，所以主观印象中觉得那里离台湾地区很近，且由台北直飞的航班也不少。但美东就不一样了，给人感觉很遥远，所以大部分的人都是在去过了美西之后，才会去美东游玩。另外，美东的机票也较贵，生活水准及费用也高出不少。以往台湾地区居民尚未大量出境之前，只有经济能力很好的人才能出境旅游，在20世纪70年代初期，只有一种行程，即美加24～25天，因为在他们的观念上，此生可能只会去美国一次，为什么不一次玩完呢？到了1985年后，短天数的夏威夷或西海岸团才渐渐盛行。及至1992年之后，8天行程的小美西更成为美西团的主力市场。

（三）成本的关键与市场的竞争力

依经济学理论，量少成本高，量大成本低。旅客人数的多寡直接影响到整个费用的计算。其影响的层面有：机票、旅馆等级的使用、巴士费用、入场券的包括与否、餐食费及F.O.C的分担等。

一二十年前，风气未开，经济能力有限，旅游人数少之又少。因此，经营策略往往是高品质高价位。团价也容易制订，只要把国际线的机票价格加上加码（add on）即可无限制地安排美国国内的班机，例如由拉斯维加斯－盐湖城－波兹曼－黄石公园－芝加哥的路线，以往很容易地，只要有任何可适用的班机，即可以安排下去，因此以加码为计价基础的票价，只要不超过某个规定的里程数即可，虽然成本较高，但票价也水涨船高，而这对当时有能力赴海外旅游的人来说并无大碍。但10年来，旅客数量上大量增加，旅行业之间互相竞争日趋激烈，团费年年下降，甚至低于10年前。有鉴于此，作为团费中的重要组成部分的机票成本价就必须下调，以求得旅行社的降价空间。也因此有了类似西北及联合航空游遍美国通票（Visit USA Pass）或地段收费（Zone Fare）之类的国内线票价。以上述的行程而言，需要变成如下走法（UA）：旧金山—丹佛—毕林斯—黄石公园—毕林斯—奥兰多。这样一来，省掉了盐湖城及芝加哥等重点城市而改去奥兰多。行程的安排实际取决于航空公司的票价，而且受制于其飞行的航线，除非有与它联营的航空公司才可以部分使用，也因此整个票价才能大幅度地降低。其他旅馆及巴士、餐食等亦可因量大而大幅降低成本。

台湾地区居民传统保守节俭成性，一分钱一分货的观念尚未培养出来，很喜欢以价格的高低来决定消费行为。因此收费之多寡对其决定是否参加旅游的影响极大。行程的内容及品质和旅行社信誉对他们而言并不是最重要的。受这种消费观的影响，旅馆不需要讲求气派和设备，只要舒适、清洁即可。巴士的新旧不再计较，只要达到基本的要求即可。至于餐食，只要五菜一汤吃饱即可。其实，就观光旅行的目的而言，游览的重点才是目的，车船住宿等条件相对而言变得不太讲究。因此，针对旅游大众化的目标，应在提升国民知识水准的基础上培育市场。

激烈的市场竞争必然会出现削价搅局、压价揽客的现象。但做法不正规的旅行业，只是在夹缝中求生存，时间会淘汰一切不上轨道的业者。为了求取生存的空间，也不妨尝试以不同的行程排法及服务内容来避开市场的主力行程（利润必然微薄），以便争取部分独立出团的市场。

（四）前往地点的先后顺序考虑

1. 地理上之先后顺序及地形上的隔绝因素

就地理上来说，由台湾地区前往美国，除了关岛以外，最接近的领土应是夏威夷群岛，加上夏威夷所具有的强烈吸引力，本身就是一个旅游目的地。所以夏威夷成为第一站就理所当然了。到了美国大陆，一般来说有三个点最常选用，即旧金山、洛杉矶和西雅图。这三个城市，距夏威夷大致上一般远，就地点及地形而言并无区别，其主要的不同在于航线及旅程长短之考虑。除非有特殊目的，否则在编排美加行程的秩序皆由西部往中部再往东南部，然后往北部，最后是东北部这样安排下来。仅就美国西海岸之团体而言，洛杉矶及西雅图是旅客的最后一站，一方面旅程结束可以直接由此二大站飞回东京、台北。另一方面洛杉矶这一站，有着众多的亲朋等着观光客于结束之后去拜访。而在东岸的纽约，也可以在此结束之后，再单独前往中部之亲朋住处如芝加哥、达拉斯、休斯敦等地再经由旧金山或洛杉矶回台北。这样的地理顺序，应是合理的配置。

再就地理上的隔绝因素来说，例如由拉斯维加斯至大峡谷国家公园，或再北上锡安国家公园、大蒂顿国家公园及黄石公园，常因路途遥远或空中交通不便而需舍弃部分精彩行程。又如在欧洲的阿尔卑斯山，因它的阻隔由威尼斯要安排去奥地利的维也纳，常发生车程太长或必须在中间站葛拉兹停留的头疼问题。要不然就只好由威尼斯至茵斯布鲁克去，或经由米兰至卢森堡，而省掉维也纳（视需要而定）。再者，在法国的蔚蓝海岸(Rivierra)、尼斯和摩洛哥等地，其在地理上的阻隔因素也很明显，因为不管你由东部的意大利来，或由瑞士南下或往西部的马赛、巴塞罗那或马德里，不是机位很难拿到，或行车成本太高、火车轨距不同，再就是比利牛斯山的阻碍，所以如要安排这段行程需多加小心。

2. 航空公司的航线和票价因素

各家航空公司的航线有其固定的航权，尤其外国的航空公司一进入夏威夷，往往由夏威夷至美国西海岸就丧失航权，无形中限制了很多的客源。同时，也给美国籍的航空公司提供了极大的方便，例如西北航空及联合航空，它们由夏威夷至西海岸的每个重点城市都有很多的班次飞行。而外国的航空公司如中华航空及日本航空于此段航线，却常转交夏威夷航空或其他美国籍的航空公司来飞，这对于机位的控制及机票的利润都受到相当大的影响。

至于延伸至美国国内的航线，则是西北及联合航空的天下，其航线密布之广，可以涵盖整个美国。西海岸诸城不说，黄石公园、芝加哥、奥兰多、尼亚加拉瀑布及华盛顿、纽约也都在它的航线之内。至于价格，它们亦在国际航线颇具竞争力之下，相对的，推出各式形态的四段、六段、八段等周游券或通票。以至于全美的旅行团，莫不选用西北及联合。而美西的行程，则各家皆占据自己的市场，如中华、日航、新航、长荣、西北及联合等。

3. 签证问题的因素

签证对于台湾地区居民来讲，有时会有问题。现在欧洲的申根签证已可适用于欧洲 15 个国家，很多亚洲国家也都陆续放宽对台湾地区居民的限制。

由于加拿大在台北设有签证处，手续较以前方便很多。加之，已有多家航空公司飞行两地之间，以往加拿大签证困扰旅行业的问题已不复存在。但因加拿大与美国紧邻，边界又长达五六千公里，团体或个人进出之间较为频繁，应注意签证类型是多次出入或限一次出入，是经由陆路或空中进出，这些都会关系到其适用性。

行程上还有一个问题，即在美国圣地亚哥越过边境到墨西哥的蒂华纳去参观时，身上一定要带着护照、美签及入境时移民局签发的 I－94 才可短暂进入墨西哥。否则，不能安排去蒂华纳。

4. 特定目的地的因素

台湾地区与美国在商业、文化、艺术、运动等活动的来往相当密切。尤其商务交往的活动，往往借着商展、电子展、机械展或推广活动、互相组团，从事更深层次、更直截了当的面对面交易，以至每年台湾地区和美国的贸易额高达数百亿美金以上。

在这么多的商务团体前往美国活动中，还是以参加在美国举办的世界性的活动为主，例如在芝加哥的会议商展中心，每年就举办数十次以上的大型展览。在洛杉矶或其他城市每年有诸如 POW WOW、VUSA MART 之类的国际旅游展。在纽约每年的国际发明展及各类商展会议更不计其数，拉斯维加斯及旧金山也不断地有各种类型的活动。这些活动很直接而有效地提供了台湾地区商人的推展商品机会。商展的活动中，有人只是前往参观看看而已，有人租下摊位摆出产品。他们在当地的活动，视组团成员的目的而定。

这些有特定目的的团体，一般而言，大都直接前往目的地，完成了所有的活动之后，顺道再进行其他的参观、拜访或观光活动。譬如，参加完了在纽约的发明展之后，如果他们希望在二三个星期之内沿途旅游回到西海岸的话，那么，他们可以有选择性地前往尼亚加拉瀑布、华盛顿、芝加哥、拉斯维加斯、洛杉矶等地，至于行程如何安排，那就得视其使用哪家航空公司而定了，以方便的程度而言，则 NW、UA、AA、DL、US 等美国国内航线皆相当不错。

又如，每年台湾地区都组织舞蹈或民俗技艺团访美，宣扬中华文化或慰问侨胞，而做多场次的演出。在这些演出中，其地点及场所往往不限于大城市或主要的观光点，其造访的范围可能要大得多了。还有，每年为了减低台湾地区与美国贸易逆差而组的采购团，因常常需要采购农产品，而需到几个农业州去访问。

总之，对有特定目的的团体，其安排的前后顺序，应以主要的目的地为首站或前面几站，只有在办完正事之后，再从事其他观光活动，心理才能轻松无忧。

5. 旅程情趣的高低潮因素

团体行程的编排方法，各具特色，各具诉求的重点所在，但奥妙之处，实有赖于各自的丰富经验。高明的排法，让客人游览起来轻松愉快，体力不劳累，旅游的情趣高潮迭起，达于顶点而结束。

旅客于出发之际，都是兴奋而体力充沛的，当然团员年龄的大小亦有关系，美国团通常以夏威夷为第一站，除了取其地理位置及航空公司航线方便之因素外，夏威夷带给人的感觉是相当舒适而新奇的，尤其是它的气氛，更给一般在工作紧张且压力大的环境下的人一个松弛精神的绝佳机会。离开夏威夷之后，进入美国大陆，首先是旧金山，多雾而寒气袭人迎着你而来，让你感受美国的另一面。继之而来的刺激城市拉斯维加斯，不但给你在感官上的高度享受，更给你有一生从来没有过的体验。美西团的最后一站——洛杉矶，除了文化遗产不够丰富以外，我们可以这么说，它的内涵太多了，这又是另一次高潮。如此这般的行程，时间短，节目又丰富，旅客的情趣几经起伏和刺激，在旅客意犹未尽中，留下美丽的回忆而结束其旅程。同时，也带给客人下次继续旅行美国中部及东部的意念。美国地大物博，建设精进，不仅在大自然的奇观异景上丰富多彩，且在现代科技及娱乐设施上各展雄风。因此在安排行程上，很容易制造高潮，其间的前后顺序，以配合航线为主，辅以要求的日期长短。而其最后之结束点，通常为西海岸的洛杉矶及东部的纽约。

(五) 旅游方式的变化

1979 年在台湾地区正式开放海外观光之前，任何人要出境一定要以某种名义办理手续，不是探亲，就是商务考察推广或访问活动，这样的方式从数量上来说，很难做大，而且能够出境者，大都属有钱阶层。因此在行程的安排上偏重于时间较长，包含的国家多及成本高。例如，欧洲团的行程一次就包括了 15 个国家、36 天以上的游程，费用大致在 5 000 美金；美国团也设计了 25 天的行程及大约 3 000 美金的费用（当时的汇率为 US$1=NT$40）。

在 20 世纪 70 年代，几乎没有美西两个星期以内的行程存在。而任何一家推出 25 天行程团体旅游项目的旅行社，只要一个月出一个团，其所获得的利润，几乎可以维持公司两个月的开销。80 年代观光开放之后，起先大量的观光客涌向香港、东南亚或日本，继之美国及欧洲。工薪阶层成了海外游客中的绝大多数者，考虑到这一市场群体的经济能力及假期时间，海外团的天数一定要缩短，价钱也要降低，并可以相应地以量定价，同时提高一点品质，以适应海外旅游大众化时代的到来。

欧洲及美国的观光客，因为语言的问题较少，从早期开始，个别或家庭式的旅行方式就很盛行。这对于台湾地区游客来讲并不适用，所以开始还是以团体旅行为主要的旅游方式。但其逗留天数也逐渐由多变少，以适合大众的需求，由于现实环境和条件不允许，原先想采用一次性全部玩完的方式，也会演变为分期、分段式的旅游方式。目前的旅游方式虽能再维持一段不算短的时间，但内容的变化将趋向于：只包括基本的机场接送及旅馆住宿、早餐和简单的市区观光，其他就让观光客有较多的选择机会去参加额外的旅程。而在每一城市地点的停留也会增长，但城市或国家之数量将尽量减少，这一点也会导致航空公司因为经由的地点减少，或只是来回两个城市的简单旅程，而在机票票价上大幅度的下降，尤其是年轻人，英语水平慢慢地适应了各地的旅行条件，因此，寻求每地停留较久，费用较低的情况将会在以后几年内出现。

（六）淡旺季的区分与旅行瓶颈期间的处理

目前不管在旅游习惯上，还是在航空公司的团体票价上以及旅游地点的合适性上，对台湾地区游客而言，淡旺季有很显著的分别，现就各个路线的特性分述如下：

1. 美洲线

一般而言，美西路线全年度皆可以前往旅游，但是美东路线就局限于每年的5月至10月了。因为美东重点之一的黄石公园开放时间仅在5月初至9月底，10月以后就要另排地点了。而且东部及北部11月以后气温明显下降，不适合于团体旅行。至于阿拉斯加，能够旅行的季节就更短了，大致上只有每年的5月底至9月中旬才能安排行程，其成本费用之高就可想而知了。中南美洲的旅游季节并没有很大的差异（除非是专为感受节庆气氛，否则应注意避开巴西的狂欢节、复活节及圣诞节等），因诸多城市都位于一二千公尺高的地方，气候变化不很大。但台湾地区游客的出游季节习惯，偏向于每年的10月至次年的4、5月。这与旅行业界每逢大旺季期间（5～8月）出现诸如签证及高价位的团费等困扰有很大的关系。至于航空公司的团体票价，淡旺季有着很大的差异，旺季期间的7、8月和其他一般的月份，大约有4000～8000元左右的差距。有些较热门的航空公司甚至在春节期间也会调高票价。另外，如回程时间是在8月底，则常会出现一票难求的情形。

2. 东北亚线

这一条路线，同样适合于全年度前往。但是，受日本节日及连休的假日瓶颈影响很大，必须在行前做好适当安排。例如，每年的樱花季节和前任天皇生日（4月29日）、北海道札幌的雪祭（每年2月的第一个星期五之后5天）、10月份的"国民旅游"、毕业旅行季节及年底的圣诞节至隔年1月5日左右的长假期间的瓶颈，都得特别注意。偶尔也会碰到一些星期六、日和假期连在一起的连休，也引起日本人大量的外出旅游，其造成的爆满状况甚难想像。票价方面，7、8月份属旺季，只调高1 000元左右的范围，但春节期间却调高2 000元左右。基于台湾地区游客的习惯及语言适应性，第一次出境的游客一般都以东北亚或东南亚为第一优先考虑。因此，就数量而言，前往东北亚的游客，一直是排名最前面。此外，前往韩国的免签证及日本签证的快速容易取得，亦是台湾地区居民乐意前往的重要因素。

3. 东南亚线

东南亚地区各地的气温变化很小，机票票价稳定，生活成本较低，加之各国签证一直在简化当中，例如马来西亚签证一天即可取得，新加坡及印度尼西亚又是免签证，这都使得这一条旅程航线的远景无限。此外，香港及新加坡是购物的天堂，泰国的普吉岛及印度尼西亚的巴厘岛等都是度假的好地方。因此，东南亚线成了全年度适合旅行的热门路线。

4. 澳新线

最近几年来，澳新线（在台湾地区习惯称为"纽新线"）的崛起逐渐使原本冷僻的角落出现了活泼的生机。原本很封闭的这两个地区，在多家航空公司航线的拓展下，使大家对他们有了较深刻的认识。原本较高的票价和高生活成本，也在几年内拉到了欧美的水准。虽然这两个地区本身并没有很明显的景观季相差异，但根据台湾地区游客的出行习惯，还是将其分成淡旺季。从每年的9月底开始进入旺季至隔年的4、5月份以后，旅行业界又开始忙碌欧、美、东南北亚的大量团体了。航空公司的票价，整年度并无淡旺季之分，只是航空公司为了适应市场，争取市场才做出价格上的调整。1991年9月以后，新西兰航空、澳亚航、中华航空、长荣航空等相继直航后，本地区的市场渐被重视。以单一国家为旅游目的地的方式也成了市场的新宠。

5. 欧洲线

长期以来，欧洲线和美、日等航线同属大宗且热门路线。但是，气候的因素使得旅游习惯有了较明显的区别。每年的4月份开始，整个欧洲好像从冬眠中复苏过来，一直延续到10月份都属旺季。11月以后偏北地区的国家如瑞典、挪威等国观光设施多处关闭，本国居民也大多去温暖的南欧地区度假去了。所以，此期间旅游团体的安排，多偏重在南部较暖和的地区，如希腊、意大利、西班牙等国。为了鼓励台湾地区游客能在冬季期间前往欧洲旅行，来往欧洲与台北间的中华、荷兰、国泰等航空公司都推出比原价便宜四五千元的票价吸引台湾地区游客前往欧洲地区旅行。从目前的票价来看，如此的长途飞行票价比起澳新、印度、尼泊尔等中近程路线的票价反而要便宜得多。

6. 非洲、中东及印度尼泊尔古文明线

这几条路线原来的客源不多，但其发展潜力相当大，因古文明蕴含着巨大的吸引力，可观赏性相当高，只是因为线路成本较高或因政局不稳而导致风险太大，造成市场低迷而已。但从发展上看，前往上述地区的游客将会逐渐增长。一般来说，这几条路线前往参观的时间以冬季为佳。例如印度、埃及等国5月至8月之间气温太高，实在不适宜旅行。而如能在南非的贾卡兰达紫色花树盛开的9、10月份前往欣赏，则整个国家真是美丽无比。其他地区倒是没有特殊的季节限制，机票价钱亦无差别。在要前往阿拉伯诸国的情势下，使用以色列航空公司时，需特别注意机票的开法与签证的盖章问题。而前往中东地区时如你持用的机票或护照有前往以色列的行程证明，将可能被这些阿拉伯国家拒绝入境。在伊斯兰国家的斋月期间，也需注意其活动情形。

（七）节目内容的取舍

我们设计行程，应将最具价值及吸引力的观光重点作为基本的目标。如以价格为取向进行团体设计，则会受到严重的扭曲。原则上讲，只要是这个国家的特色吸引物，不管在文化上、古迹上的观赏价值如何都应尽量纳入行程中，只是在时间的分配与行程的比重上有所斟酌。安排节目的内容，其取舍的标准有：

1. 是否具有世界性的知名度：例如洛杉矶的迪斯尼乐园、旧金山的金门大桥。

2. 是否具有其国家的代表性：例如埃及的金字塔。

3. 是否为其他国家或地区难以看到的：例如肯尼亚的树顶旅馆及夜

间观赏动物。

4. 判断市区观光的重要性有多大：例如罗马，处处是古迹，的确不是一天建成的。

5. 需不需要给旅客留自由活动时间：例如伦敦，基本的市区观光是不够的，大英博物馆再花个几天的时间都还不够。

6. 班机的登机时间之前能否安排节目：班机起飞时间往往是在下午或晚上，我们可利用中午离开旅馆之后安排节目。

7. 节目的时间性及季节性：例如西班牙的斗牛，大部分在星期日才有。加拿大维多利亚的布恰花园冬天花园景观平平，但在春夏季却是非常迷人的。

8. 成本的考虑因素：例如法国巴黎的丽都表演，成本需约100美金，安排与不安排相差极巨。又如埃及的肚皮舞，表演的时间，除非特别安排，不然都在晚间十一点以后至半夜二三点。成本与游客的精神体力都要考虑进去。

9. 行程上的顺路与否及机票成本关系：你所使用的航空公司路线及票价算法与行程有很直接的关系。例如前往黄石公园的美东、美加行程，如使用西北或联合航空，则都是顺着地图向东行进，而且票价亦不加钱。如使用其他的航空公司，则要进入黄石公园，需绕一大圈才能进入。

10. 在整个行程的天数上其比重的考虑因素：例如中南美团，如你只安排20天左右的行程，则你必须将哥斯达黎加、厄瓜多尔、巴拉圭等国的行程删除方可排定。否则，每天蜻蜓点水式的旅游让人毫无兴致可言。

11. 政治情况与治安的考虑因素：一国之政情不稳或有军事行动则应考虑是否排入；如果治安情况足以影响一般的旅游活动亦应避开。

12. 签证的考虑因素：例如以往印度尼西亚的签证，取得方式烦冗及费用价高，我们就干脆不安排前往。现在已全面开放了。又有些国家，如果不是很值得去参观，签证取得又困难，则最好考虑不去。

13. 保留成本费用较高，或不适合每位游客前往的旅程由游客自费报名参加，顺便弥补一些利润。例如大峡谷旅游、阿拉斯加朱诺的直升机冰河之旅。

(八) 交通工具的交互运用

不管是个人旅行或团体旅游，在整个行程的安排中，交通工具占有很重要的地位。以目前旅行的方式而言，交通工具有大小型客机、直升机、水上飞机、气垫船、飞翼船、豪华邮轮、渡轮、游艇、火车、游览车、巴士、租车、猎车、骑象、骑骆驼、搭皮划、缆车等。

如能将上述的工具于行程中交互安排，增加游客旅游情趣，则或将成为强大的吸引力吸引其前往，并成为行程上的一大特色。

现将各类型交通工具运用的重要观光点提供出来，以作为安排行程时的参考：

1. 民航客机

在世界各地，有许多不同航空公司、不同机型的民航客机，速度、价格、舒适程度均存在差异。安排行程时要根据客人的需求特点，综合考虑经济、时间、体力等要素，选择适合的民航客机。

2. 包机（Charter flight）

此类包机行程，一般没有固定的起飞时间，而是按照旅客的需要及指定而出发的。例如美国的大峡谷旅游，危地马拉的帝卡（Tikal）金字塔旅游，南非共和国的克鲁格（Krugar）国家野生动物园旅游和秘鲁的那兹卡线空中鸟瞰等，都需采用包机的方式（或与其他旅客共同包机）。

3. 直升机（Helicopter）

直升机因速度较慢且可较深入，故游客亦常喜欢以此为观光的工具。如纽约市曼哈顿之摩天楼观光、美加边境的尼亚加拉瀑布巡礼、旧金山渔人码头的湾区观光等都是很吸引人的。此外，阿拉斯加州朱诺附近的门登霍尔冰川（Mendenhall Glacier）直升机之旅因可停留于冰川之上实地观赏冰川奇景，更是刺激有加。

4. 水上飞机（Hydroplane）

对于还想深入沼泽区或海岸边景致特殊的地区的游客，则常以水上飞机来作为参观的工具。例如巴西的亚马逊河流域探险及美国阿拉斯加州克奇肯（Ketchikan）地区的空中之旅（TEMSCO Airlines）。另外在朱诺及其附近的冰河湾也很适合租用水上飞机观光。

5. 水翼船（Hydrofoil boat）、气垫船（Hovercraft）

此类型的交通工具主要是适应中短程而量大的游客。例如香港与澳门之间，英国多佛与法国卡莱之间的交通船。

6. 豪华邮轮

此种邮轮是提供给较能长期旅行的游客的，费用成本较高。例如航行纽约—加勒比海—南美洲—麦哲伦海峡—里约—开普敦—肯尼亚—印度—

新加坡—香港—基隆—东京—夏威夷—洛杉矶—巴拿马运河—回到纽约的伊丽莎白皇后号邮轮（属于 Cunard 邮轮系统）。也有较短的邮轮路线，例如来往阿拉斯加州与温哥华之间的冰河之旅，其间的日程约 4～12 天左右。如 Sundance Cruises，Princess Cruises，Cunard Cruises，Royal Viking Line，Holland America Line 等。

7. 渡轮、游艇

在每日的观光行程中，配合河上或海上的旅游活动，可以给较枯燥的陆上行程增添一点趣味。如旧金山湾区的渡轮或游艇巡弋，澳大利亚悉尼杰克逊港漫游、纽约环游曼哈顿岛的轮船及自由女神观光船、加拿大温哥华与维多利亚之间的渡轮、挪威的奥斯陆与丹麦哥本哈根之间的渡轮（夜宿轮上）、希腊爱琴海的古文明诸岛之旅、巴黎塞纳河、伦敦泰晤士河、新奥尔良密西西比河蒸汽船之旅、埃及尼罗河之旅、德国的莱茵河之旅等都是极为出名的船上旅行。又例如，由哥本哈根开往德国汉堡的火车于渡过波罗的海时，整列火车开进渡轮，上陆地后再原班火车开出，旅客无不感到新奇有趣。

8. 火车

搭乘火车的旅行由来已久，尤其对于自助旅行的人来说更是简便，花费又少。在日本、欧洲及美国也都有限制天数的旅游廉价票。例如日本的国铁券，欧洲地区通用的铁路通票（Eurail Pass）、美国的铁路客运公司（AMTRAK）等。目前台湾地区的团体常常用的火车旅行有：日本的新干线、法国的高速涡轮火车（TGV）、埃及开罗与路克索之间的夜快车（法国人经营）等。在市区内，自由活动时间或前往餐厅用餐，更是常常会去搭乘地铁。目前地铁系统较佳的都市为：华盛顿、旧金山、东京、大阪、汉城、巴黎、伦敦（较古老）、多伦多等。日本的国铁已于 1987 年 4 月 1 日改为民营，称为日本铁道集团，简称 JR。

9. 游览车、巴士

当飞机抵达某一个城市之后，最平常的安排一定是游览车去接机。如果因为人数的关系，那就有可能安排机场至市中心的交通车（Limousine Bus）或快速火车。在一个城市内的观光或续程中有连续的观光重点出现，则可考虑此行程全部用游览巴士来进行。一般而言较长的行程，交通费用较低。但在考虑的因素上应注意车况、路况、气候、司机素质及游客体能适应情形，以及签证上的问题。对于一些喜欢自助旅行的人似乎可以考虑使用，如美国的格雷莱恩（Gray Line）观光旅游公司、灰狗汽车公司

(Greyhound)、日本的 HATO Bus 等当地的市内观光或长途巴士。

10. 租车

当你旅行到某一个城市时，要视当地的交通情况来决定是否需租车。譬如在欧洲、日本、韩国等地区，出租车或火车等都算方便，因此不太需要考虑租车。但当你旅行至美国、加拿大、新西兰或澳大利亚等国时，情况就不一样了。也因此美国、加拿大等国的租车业务非常发达，他们有以里程为计算标准的，也有以天数来做收费依据的，你可以在甲城市租车，而在乙城市还车。这些租车公司的车况以及保险制度也都很上轨道值得信赖，较著名的租车公司有：赫兹（Hertz)、艾维斯（Avis)，国家汽车租赁(National Car Rental)、节俭汽车租赁（Budget Rent A Car）等。需要做租车旅行的人要特别注意你的国际驾驶执照有效与否，或是否持有信用卡？因为这两者关系到保险的理赔与责任。

11. 猎车

排有至野生动物园的行程才会安排猎车，这种行程大都为了适应动物出没的时间，而在黄昏或凌晨出发前去寻找动物。猎车又因为地区的不同，而有无盖的吉普车和有顶的小猎车之分。安全问题应是自己要特别注意的事，较出名的观赏野生动物地点为：南非的克鲁格国家公园、肯尼亚的树顶旅馆（Tree tops)、山区旅馆（Mountain Lodge)、尼泊尔的奇旺(Chitwan）国家公园（旅馆为 Tiger Tops Jungle Lodge)。

12. 骑马、象、骆驼等动物

行程中，基于交通之不便或为因其特色而常有骑动物的有趣行程。例如在印度杰普尔（Jaipur）骑大象上琥珀堡（Amber Fort)，在尼泊尔骑大象于奇旺公园找寻猛虎及犀牛。于南非共和国的奥次颂骑大鸵鸟竞跑百米，在约旦你可以骑马前往贝得拉（Petra）神秘古城。如果你有机会去埃及，更可由二次大战签订开罗宣言所在地的米纳旅馆（Mena House)前骑骆驼前去你梦寐以求的金字塔，真是惬意极了。

13. 皮划

自从盛行泛舟活动以来，古老的交通工具皮划有了崭新的变化，其品质及安全性受到了肯定，也因此受到了年轻人的喜爱。凡是溪流湍急、利于行舟的地方都吸引了不少人前往寻找刺激，但安全问题及管理还是不容忽视。较出名的泛舟地点有：美国科罗拉多河的大峡谷地段，科罗拉多州的秀姑峦溪。

14. 缆车（Cable car）

很多观光地点位于崇山峻岭之中或在高山上，因而也显现了它的特性。现代科技文明已能解决大部分的交通问题，我们最常见的登山办法即是缆车。缆车有两种，一种在坡度很大的地区，直接用缆线把车厢以对开的方式拉上山，例如瑞士的铁力士山、祖国大陆的黄山、新西兰皇后城的斯堪伦（Skylon）餐厅等。另一种为缆线埋在地下而其缆线一直在传动，车厢上的钳制设备夹得愈紧则车行速度愈快，反之愈慢。最出名的为旧金山的缆车，它不但已成了旧金山的特殊标志，且在实际应用上适合当地的特殊地形。

第三节　奖励旅游行程设计及执行要点

一、奖励旅游的定义

奖励旅游的含义很广。就广义而言，凡是公司或单位通过安排各种旅游活动的方式，回馈并奖励公司员工或经销商，以达到提升员工士气、创造更好业绩的目的都可称之为奖励旅游。而随着时代观念的改变，奖励旅游讲究的内容与诉求有了较大幅度的转向。除了提升旅游行程内容的质量之外，更加入了下列的元素：

1. 安排凝聚员工或经销商向心力的活动。
2. 强化公司的企业文化，大力展示团队精神的魅力。
3. 激发员工或经销商的潜能，以便提升来年的绩效。
4. 从公司所安排的示范活动当中，引导被招待者在无形中达成不可能的业绩目标。

以上可称之为严谨的奖励旅游定义。

新加坡旅游局在解释奖励旅游的定义中，特别提到，它并不是一般的员工旅游，因为旅游的成员、行程安排、费用、目的和预期效果完全不相同。新加坡旅游局同时强调奖励旅游的特色具有下列要件：

1. 参加者必须具备特定的审核资格。
2. 参与过程创造无穷惊喜与梦幻天堂。
3. 结束活动后留下毕生难忘的经验。
4. 每位参加者都想再试一次。

奖励旅游的种类，大致可分为下列三种：

1. 公司或机构年度的商务或会议旅游。

2. 公司或机构奖励特定期间内表现特优（或定有级数）人员的活动。

3. 出境至特定地点，利用各项方便的设备及讲习课程，进行训练兼旅游的活动。

二、安排奖励旅游行程的原则（或争取中标的要项）

1. 依主办单位对于该活动之参加人数、预算、主诉求等要求安排营造声势巨大、热闹有趣的场面，以团队整体活动为主的行程，或要休闲、尊荣、轻松为主的安排。

2. 运用主办单位及旅行社本身的资源，以创意、安全、活泼为原则安排行程。

3. 思考在活动中加入开发潜能的企管专业课程，或在活动中纳入脑力激荡的节目，以便让团员们重新认识自己，激发潜能并运用到将来的业绩上（试想为何一些激发潜能的课程在结束培训时，要能通过炭火区的过火仪式才能取得结业证书就知道了）。

4. 举办大型的晚会活动，事先的规划很重要。除了要有主题之外，会场的布置及节目主持人更为重要。怎么把会场的气氛推向一波接一波、连续不断的高潮是主轴。在会场上被表扬的人才是主角，而非主办单位的高级主管。

5. 会场内，团队与团队之间的拼劲，更是主办单位希望看到的场面。因此事先的沙盘推演也是必要的。其他如寻宝活动、认识人（与同事或陌生人建立关系）活动等亦都可穿插在行程安排中。

6. 当人数很多时，可考虑包机、包船、包火车、包主题乐园或整个村庄。亦可借用机上、船上的场地或设备安排活动或上课。因为此时，最能吸引参与者的注意力。

7. 造势的活动，可通过媒体传播（或录像）；制作统一的服饰，让现场场面浩大；并尽可能在公共场合展示公司或主办单位的形象及魅力，使参与者心里充溢着荣誉感。

8. 行程的动线及接待人员应连成一气，不应有断层。每个环节除了事先的规划案之外，应有备份的准备。否则如有不可抗力的因素需要变动时，则会手足无措。

9. 安排奖励旅游行程，很多的活动靠创意及布置，费用成本难以掌握精确，所以理想而合理的费用报价为：所有费用实报实销再加服务费（Handling Charge）及税金。各种开销完全透明化，并需有收据或发票（国内外都要）。其实创意及经验是无价的，然而因为市场的竞争关系，这些可能都只能以服务费来涵盖了。

兹提供一份安利公司（Amway Co.）对外招商时旅行社参与的奖励旅游演示文稿及标单内容参考事项。

奖励旅游演示文稿及标单内容参考事项：

事　　项	说　　明
出发时间	11/19~11/23 2001
预估团体人数	350 人（不含安利职员及旅行社人员）
既定行程	业务研讨会、欢迎会、主题派对、盛装晚宴（Gala Dinner）。
行前考察	次数________次。
	费用分摊方式________
	旅行社参加人数________、层级________（是否具决策权、经验丰富等）
手续费	亚洲区每人 NT $ ________ 欧美区每人 NT $ ________
	台湾地区旅行社费用每人 NT ________ 是否含当地旅行社费用：□是　否，另加每人 NT $ ________
	计算方式
	□依总费用比例计算□依人头计算，请列出收费标准，例：200 人以上每人 NT $ ________，300～400 人每人 NT $ ________，计算方式供参考
	明定及详列收取手续费之服务范围
出团时旅行社人员机票食宿费用计算	

续表

事　　项	说　　明
工作人员是否需领取出差费或小费	□是每人　小费 NT $ ________，出差费 NT $ ________，□否
出差费、小费计费方式	详细说明
明确食宿费用、杂支之归属	
提供大型团体顾客满意调查表	□无，□有
专职安利团队	□无
	□有，共____人，平时需带团，于行前____月及回国后____月专职配合服务安利团体。□有，共____人，平时不带团，于行前____月及回国后____月专职配合安利团体服务，□提供组织图，□无法提供组织图

当地机场接送：

事　　项	说　　明
欢迎条幅（悬挂地点）	
行李出关、运送方式（小费计算方式）	
游览车停靠位置，团体上车方式	
车次安排（车次卡、安利 logo）	
矿泉水、湿纸巾	
随车导游	

酒店住宿安排：建议使用旅馆及以下细项

事　　项	说　　明
报价（免费）	
标准房间数量及位置图	
皇冠大使、三钻石、双钻、EDC、钻石、套房数量及位置图	
水果篮费用（分等级）	
纪念品及送达客房方式、费用	
床头小费、行李运送方式	

业务会场布置：场地、设备、参加人数

事　　项	说　　明
场地及费用	
场地布置时间	
桌上文具茶点、名牌桌卡	
场地平面图、尺寸（横幅位置、大小）	
声光设备、追光灯、音响、录像带、麦克风	
桌椅布置方式	
工程操作人员	

主题派对、盛装晚宴布置：场地、设备、参加人数

事　　项	说　　明
宴会形式、主题、费用	
场地、主题布置、餐点	
菜单、饮料酒单、素食选择	
表演节目（形式、费用）	
声光设备（详见附件）	
接待及照相处	

安利公司服务台：服务台需在一明显便利的位置，位于与旅馆大堂、客房部及行李部联络便利之处，此外，饭店的代表人员应与服务台随时保持联络，以备不时之需。团体事项众多繁杂，应备大型白板，随时将最新情况、行程公告于上，以利工作人员交接。

事　　项	说　　明
服务台位置、租金	
电话、白板、挂旗位置	
可上锁会议室及办公室	
旅馆平面图	
影印及传真设备（费用）	
计算机及打印机	
电子邮件	
邮寄明信片的方式及费用	
与各部门联络的人名、电话	
紧急联络系统	

欢迎宴会、告别宴会：场地、设备、参加人数

事　　项	说　　明
地点位置	
迎宾（送客）方式、节目	
钻石级以上桌次安排	
声光设备	
菜单、饮料酒单、素食	
餐前酒会	

每日小礼物：人数、房间数

事　　　项	说　　　明
列出可供选择的礼物	
费用	
打样、包装	
每日统计送出的房间数量及小费	

行程安排：

事　　　项	说　　　明
地点选择、计费方式	
车次及人员安排	
小费	
旅游景点布置	
车次、当地导游手册	
团体照地点	
各车次（分团）抵达时间	
摄影队	

餐点安排：

事　　　项	说　　　明
提供选择餐厅、规模地点	
餐厅、餐点形式	
费用、每桌人数	
菜单	
饮料酒单	
小费	
素食安排（素食桌牌）	
导游、工作人员用餐安排	

交通：

事　　　项	说　　　明
航空公司及路线选定	
当地接送机	
旅游平安保险	
两地机场税	
游览用车形式、费用、容量（编排车队、团次）	

财务结算：

事　　　项	说　　　明
每班机确认搭乘人数及名单	
结账时清点行李、费用	
每日清点、记录房间数	
每餐清点并记录用餐人数及酒水费用	
请每车导游及随车员工清点、记录人数，确定门票费用	
要求饭店当日（最迟隔日）结算业务会议会场、主题派对、盛装晚宴、欢迎宴会费用，并要求单据	
大团于退房前一晚结账，未结清者当场要回单据	
饭店的免费项目	
机位的免费项目	商务舱、经济舱
汇率换算依合约确定	

其他：

事　　项	说　　明
时差	
货币及汇兑	
服饰着装重点	
气候	
特殊民情	
供印制宣传品之用的正片及其他资料	

当地旅行社工作重点：

事　　项	说　　明
安排接机送机、礼车、通关、行李接送、矿泉水	
协助所有行程的安排（交通、餐饮）	
餐厅沟通协调、事前布置	
旅馆事前做好入住登记的安排、宴会场地布置	
协助纪念品采购事项	
提供原始单据、合约供团后结账	
掌握当地导游素质	
协助安利公司进行当地导游教育	
提供沟通渠道供安利公司与所有（包含当地）合作厂商沟通联系	
每日会议检讨	

旅行社人员工作重点：

事　　项	说　　明
提出行前考察计划及预算，至少需涵盖：行程规划、建议搭乘的航空公司、住宿的饭店，并比较优劣。创意设计内容：如宴会活动、每日小礼物之建议案等项目	
提供行前说明会所有资料，并召开行前说明会	地点：北：______ 中：______ 南：______ 场地：北：______ 中：______ 南：______
协助并配合安利公司安排行程	
核实旅馆订房、机票订位、参加人员证件无误	
选定当地合作厂商、纪念品供安利公司选择	
提供沟通渠道供安利公司与所有（包含当地）合作厂商沟通联系	
要求并确认旅馆房间数、机位的报价	
提供与航空公司、当地厂商签订的合约	
提供原始单据供团后结账	
配合安利公司 7/11 于服务台轮值工作、制作值班表	
掌握当地导游素质	
提供领队导游基本资料供安利公司审核面试时参考	
协助安利公司进行当地导游教育	
确实掌握并记录用餐、搭机搭车、酒水数量及时间地点	
每日会议检讨	

附注：1. 以上若有未尽事项，或表格不敷使用时，投标的旅行社得于投标同时，另附详尽的书面说明，逾期则不接受补充说明。

2. 上述标单内容将明列于双方合作合约中。

基本资料：

安利公司海外旅游研讨会协办旅行社招标资格审查标准表

（旅行社版，说明处空格不敷使用时可于企划书中补述）

项　　目	评估细项	说　　明
1. 公司规模	总公司	地点：
	分公司	数量：地点（详列）
	员工总数	
2. 公司历史		
3. 财力、资本额	资本额	
	资产	
	旅行业履约保险	
4. 300人以上奖励旅游举办经验		
5. 专长区域（欧洲美加、东南亚等）		
6. 具代表性之行程（列举承办保险业、直销业相同性质奖励旅游操作的经验）		
7. 旅馆合作经验及关系		
8. 航空公司合作经验及关系		
专责项目团体（提出组织图供评估）		
9. 承办人员背景及资历	平均年资	
	外语能力	
	专长区域	

续表

项 目	评估细项	说 明
10. 专长区域当地代理商素质		
11. 导游及领队素质	自有领队人数	
	外聘领队人数	
12. 出团前人力配置	证照处理人员	
13. 出团时人力配置	团体操作运用	
14. 返回后人力配置	账务单据处理	
15. 手续费	明确收取手续费之服务范围	
	依总费用比例计算	台湾地区旅行社费用 当地旅行社费用
	依人头计算	台湾地区旅行社费用 当地旅行社费用
16. 出团时旅行社人员机票食宿费用计算	工作人员是否需领取出差费或小费	出差费、小费
		计费方式
	明确食宿费用之归属	
17. 汇率计算方式	以美金为计算的标准，明确预付款项、签约及当地花费等汇率的计算准则	
18. 行前考察	行前考察计划	
	预算	
	费用负担	
19. 品保协会会员		□是 □否

续表

项　　　目	评估细项	说　　明
20. 行程设计	主题宴会提案	
	纪念品提案	
	报到及接送程序	
21. 账务处理能力	报价与费用预估（准确与正确度，完整性）	
	结账时间	
	提供原始单据凭证	
	提供与航空公司合约	
	提供与旅馆合约	
22. 付款方式		

报价标准：

表 1　机票费用

费用内容	单　　价	数　　量	金　　额	概　　要
经　济　舱				（包含工作人员）
商　务　舱				
头等舱				
免　　费				
合　　计				

表 2 签证费用、台湾地区机场税、保险费、手续费

费用内容	单价	数量	金额	概要
签证费用				(包含工作人员)
台湾地区机场税				(包含工作人员)
保险费用				(包含工作人员)
其他杂支				请列举项目
合计				

表 3 住宿费用

费用内容	单价	数量	金额	概要
喜来登豪华五星级度假饭店				
1. 豪华房 R. O. H.				
2. 豪华海景房				
3. 佛罗勒斯/西里伯斯套房*				
4. 海景套房				
5. 苏木都剌套房**				

续表

费用内容	单价	数量	金额	概要
喜来登拉古那顶级度假饭店				
1. 行政套房				
2. 湖景套房				
3. 苏丹和酋长套房				
4. 皇家套房				
免费				
合计				

注：饭店将选择喜来登酒店。

*为印度尼西亚的两个岛名。

**为印度尼西亚的一个历史地名。

表4 餐饮费用

费用内容	单价	数量	金额	概要
第二天中餐				
第二天中餐饮料				
第二天晚餐				
第二天晚餐饮料				
第三天中餐				
第三天中餐饮料				
第三天 Poncasa 主题晚会				（晚宴）
第五天中餐				
第五天中餐饮料				
合计				

表 5 车费及观光花费

费用内容	单 价	数 量	金 额	概 要
五天四夜游览车费				
机场通关				
巴厘岛机场税				
警车开道				请注明几辆警用摩托车、几辆警车
鸟园门票				
泛舟(Sobek)				
Bounty Day 游船				
房车接送				
泡温泉浴				
合计				

注：机场通关报价需包含：快速通关、舱前欢迎仪式、行李交由行李员带至行李车、门口美女献花、约 100 位小学生着传统服装门口欢迎、行李车将行李送至饭店。

表 6 承办手续费、小费

费用内容	单 价	数 量	金 额	概 要
饭店行李小费				
每日小礼物(4 天)				请建议纪念品
送每日小礼物进房间小费				
当地代理承办手续费				(不包含工作人员)
司机小费(五天四夜)				计算方式:
当地导游出差费				计算方式:
当地导游小费				计算方式:

续表

费用内容	单　价	数　量	金　额	概　要
台湾地区代理承办手续费				(不包含工作人员)
台湾地区代理服务人员出差费				计算方式:
台湾地区代理服务人员小费				计算方式:
合计				

表 7　喜来登（Sheraton）酒店餐饮费用

费用内容	单　价	数　量	金　额	概　要
欢迎宴会				(第一天晚上)
欢迎宴会节目费用				
会议费用				(第四天早上)
庆典宴会				(第四天晚上)
庆典宴会节目费用				
合计				

第四节　奖励旅游团队操作要点

1. 奖励旅游的定义与观念的落实

依据旅客的需要并依其特殊要求所安排及设计的行程，是奖励旅游之精神所在，在行程中要表达主办单位对其团员的尊重和重视，并进一步希望激发被接待者的潜能及回馈的意愿，以达到两者之间的互动及双赢的目的。

行程的安排与主办单位的预算及配合度

奖励旅游的成本无法用一般旅行团的方式来操作，因其出发点不同，但基于主办单位成本的考虑及其特定目的，可以在硬件方面尽量利用一般团体的设施，但在软件的要求上一定要完全不同，且其细腻的程度甚至达到苛求的水平标准。

出发前的考察行程与修正及协调

如人数达到一定的数量，事先的考虑绝对是必要的，但凡手续的经办、出入境机场的安排、通关的方便，乃至于旅馆、餐厅、菜单、餐桌、餐盘、会议场所、音响、进出场的排序等都要设定好。工作人员及领队都须在节目进行前做缜密的安排与确认，并要以进度表及图表的方式让相关的人员都熟悉状况。

如飞行时间长或时差变化大，则须提供解决时差的方法，事先做好心理准备，如前往气候变化落差很大的地方，亦须提供各项预防措施的告示。

2. 出境手续与签证办理及需注意的问题

（1）手续是否来得及办理?

（2）签证是团签还是个签？团签要不要有代表出面？所需时间多久?应备哪些证件?

（3）证件截止收件日为哪一天？有否赶件的渠道？万一有所失误，有哪些补救方法?

（4）核对名单的正确性及掌握旅客的证件。（原则上要统一收齐）

（5）一定要指定经办手续的统一负责人，以便事权统一。

（6）贵宾的证件，不管是有效期内的，还是过期的，都要原封不动地退还给旅客。

3. 航空公司的问题

（1）是否可以同一批出发？如不行，可以分几个梯次出发？或用包机?（要看是否合算）

（2）目的地是哪里？那家航空公司的载运量够吗？形象如何?

（3）票价的竞争性如何？航班多不多？替代性如何?

（4）是否可以提供先遣人员的优惠票价?（最好是 C class）或免费?

（5）总共可以给几个 C、几个 F？费用如何算？是否计入年度累积里程计算?

（6）是否可以提供机上广播、扑克牌等特别服务？是否允许于座位上贴上该公司标志的枕头套贴纸?

（7）所有团员（除了 C class）是否安排来回都可以坐在同一个区域

内？（普通航空公司都只安排去程，要注意回程）

（8）如有必要是否可以优先办理登机手续？

（9）如果旅客都乘经济舱，应想办法让 VIP 团中的 VIP 客人至机场的贵宾厅休息。

（10）特别餐食的安排务必落实。

（11）服务人员如领队或主管人员，在安排座位时应安排在靠走道上及较前面的位置以方便服务。

（12）用餐时或遇紊流时，领队应主动出面服务或提醒团员。

（13）前往美加地区的航班，于机场办手续时需自提行李挂牌，需特别注意。

（14）如何在机上妥善休息及调整时差，领队应主动教客人。

4. 交通工具的问题（除了航空公司的问题外）

（1）游览车最好为 2 年内的新车，座位数最好比实际旅客人数多出 8～10 个，车上最好有备用的厕所（但最好不要用）。

（2）最好有放像机设备。

（3）冷气、空调设备如何？如果在热带地区的国家尤其需要注意。

（4）座位与座位之间的间隔多大？最好了解是何种品牌的车子及座位数。

（5）行李箱的空间有多大？

（6）司机工作时数的限制如何？每天行车最好不超过 300 公里。（在 200 公里以内最好）

（7）对游览车公司保险的范围要了解，晚间、行李箱及车上不能放置贵重物品，司机旁的座位没有保险，车上不能抽烟，喝饮料等都要注意。

（8）其他如 TGV、AVE、ICE 等快速火车的票价，要注意取消订位的时机，到站下车提行李的时间限制等亦需要注意。

（9）搭邮轮旅行时，船上的节目与餐食及上岸活动的费用、小费、港口捐等都要考虑。

（10）司机的小费、购物回佣、超时工作的费用与小费，额外的超公里费等，亦需列入成本。

（11）车上要挂的公司标志的印制。

（12）如有好几部车子一起行动，为了避免因路上交通问题而互相耽误，因此，如有购买入场券或等待导游等诸事，最好有独立作业的弹性，千万不能一味等待，以免导致更严重的失误。

（13）领队、导游及司机与他车人员的讯息联络一定要畅通，绝不可以为了省一些通讯费而误事，每个人手边应有移动电话，此电话费公司可以报销。

（14）巴士司机如有违规事项，领队应迅速反应，必要时即刻换人换车。

（15）出发时，机场与出发地之间的运送及台北高雄之间的接驳班机、费用或公司派专人接送，亦应妥善安排。

5. 旅馆的问题

（1）旅馆大厅的空间够大吗？是否可以挂公司的旗子？

（2）旅馆地点方便吗？是否适合夜间自由活动？自由活动时如何安排？

（3）团体人数多时最好要预先入住登记，房间表先安排好，在车上就宣布每个人的房号，抵达旅馆时，都注明好自己行李上的房号。

（4）早餐的餐厅一定要够大，因为是一起进入餐厅的，因此，务必使用自助餐，如果可以与其他旅客区隔座位最好。领队于前一天最好再确认其座位区及要求的服务。如果许可，最好请他们准备多一点的热牛奶及新鲜水果。对素食者也要先问一下有哪些可以吃。

（5）上行李时，领队要帮忙，快速送入房内。如果一下子人太多，最好请旅客将手提或轻便的行李自己提上去。下行李时最好给行李员至少45分钟收行李的时间，而且要随时注意收行李的进度，行李小费的预算也不要随便节省，否则行李员一捣鬼，会给领队造成很大麻烦。

（6）VIP的房间或升级的房间要先看一下有没有问题。原则上，我们应要求旅馆都给我们两张单人床的双人房（Twin room），而不要只有一张双人床的房间（Double）。这个要点在事先巡视时应予注意。

（7）馆内各种设备及开放的时间都要弄清楚，必要时向旅客介绍。

（8）VIP房放置水果篮或问候信函等。

（9）旅客中希望住一起的人，在安排其房间表时应尽量使其靠近，实际入住登记时更应注意是否相邻或靠近？或为同一楼层？

（10）每个旅馆入住登记后最好分派一些领队做巡房工作。

（11）要给团队中重要的主管或服务人员所有旅客的房间分配表。因此，每次的入住登记可能都需要复印至10份左右（视实际需要而定）。

（12）至旅馆时，几乎都已是晚上了，有必要时，所有的领队及导游需要开会讨论当天的问题及次日的行程。

(13) 旅馆房间如有面湖或背山的问题，应有一致性，否则客人会有不公平的感觉。邮轮上的房间分配亦同。

(14) 房间内的电话使用方法，每一间都要先探问清楚，在抵达前即可以宣布。

(15) 旅馆内是否提供欢迎客人的鸡尾酒？要不要收费？

(16) 对旅馆的地点及前往市中心的公众运输系统要了解清楚，以便需要时领队可以有所安排。

(17) 如在旅馆用餐，领队必须在开始用餐前一二十分钟即在餐厅门口招呼一些早到的旅客。

(18) 必要时，要在旅馆大堂设置服务台，有专人轮值为团员服务。尤其是在有些客人有个别的需求时，更要尽量满足，以使团员感受我们服务的周到。

6. 餐食及餐厅的问题

(1) 空间够不够大？是否可容纳好几百位的旅客？

(2) 是否有单独的空间可用？如需要隔间，是否够分隔？

(3) 有否舞台？有无必要？如要举行大会餐或举办晚会场地合适否？是否方便布置？

(4) 整个场地及厕所卫生条件如何？

(5) 有否摆设麦克风或伴奏乐队的地方？

(6) 菜色及菜单如何？酒类可以自带吗？要不要收开瓶费？如要收，费用如何算？如不能带，每瓶啤酒、红白酒或烈酒如何算？如可以带，小费该如何算？(不要省)

(7) 会场布置的费用要不要？

(8) 服务人员的态度很重要，碗盘不能有缺角破损的，上菜时不能太快，要配合主办单位的速度。

(9) 桌与桌之间不能太挤，需保留一些空间。每桌要编号，主桌座位原则为 12 个，主桌上最好摆鲜花。使用的碗盘杯子不能用塑料制品。

(10) 每天各桌次（要放牌子）的座位名单有可能都不一样，需事先向主办单位人员要名单。

(11) 如有筵席料理餐要注意是否包含酒类或饮料？菜单中应谨慎审查其菜色的搭配。每天的菜单是否重复太多？是否供应水果？

(12) 整个行程中，每天的料理，包括风味餐、中式或西式、自助餐等都要考虑客人的需要。客人中如有特殊餐食要求的（如素食或不吃海鲜者等）更应优先安排，如有必要，领队应带罐头或做其他准备。

（13）主办单位如要请喝酒或饮料，需事先规划准备，避免支出超过预算。

7. 旅游景点及节目的安排

（1）应确认是否开放，门票要事先买好，不能等到了门口才买。

（2）当地旅行社如用支票付款，千万要注意分开，不能好几个团开在一张支票上，万一无法统一行动，或抵达有先后，让客人久等，结果是很糟糕的。

（3）必要的地方，需安排导游解说，不能只由领队任意解说（除非领队有导游身份和能力，并为当地法律所允许的）。

8. 夜间活动的安排（配合旅馆的地点等等）

（1）考虑主办单位的意愿及预算，旅馆最好订在有捷运系统附近的地方。但不必要者就不必考虑。

（2）夜间的活动，经常也是参加者最注重的活动重点，表演秀或其他吸引人的节目要先打听好演出场地的容量并谈好价格，也要考虑交通接送的问题。

（3）基于安全上的考虑，外出务必组成各小队，分头由领队、导游或辅导员带领照顾。

9. 大会师或举行年会时的安排

（1）大会师的地点，主办单位最在意。因此打前站的时候，对于会场的地点、布置、节目进行的程序、余兴节目、乐队、抽奖奖品等等都要详细规划，马虎不得。

（2）要考虑人数众多时执行上的难度，与场面的控制，会场的布置。需有部分人员提前抵达，考察包括看板、布条、餐桌、表演空间，以及食物等，如饮料、酒类等的搬运，餐厨人员或管理人员的配合，有否小费应给的问题，等等。

（3）是否包场或者隔间？要考虑主办公司都想要有独立的空间及特别的权利。

（4）摄影人员、主持人及带动气氛激活人气也都要事先演练程序及节奏。并在合适的时段收场。

10. 沿途中可能安排的活动或开发潜能的课程

视主办单位的需要而设置。因奖励旅游被招待的贵宾都是身份特殊或绩效奇佳者，因此节目活动的安排不能粗俗，而处处需有创意。另外，在游乐当中，我们也要为主办单位设计一些活动或课程，是有关开发潜能的课程。主办单位除了花大钱精心安排此次回馈活动之外，当然也希望这些被招待者能够对公司有更强的信心并反映在下一年度业绩的表现上。此重点是我们处理奖励旅游的行程当中最重要的要项。

11．领队、导游、司机与主管的配合（含当地旅行社）

任何一个活动与行程的顺畅推动，肯定需要多方面的配合，而我们旅行业者应是去串联这些活动的主要推动者。有能力与有经验处理奖励旅游并不代表一定会做得很好。除了我们本身要有整体规划的概念及主办公司的全力支持外，领队、导游、司机等的协同搭配，更是让整个活动能一气呵成的最佳保证。

12．安全性上的考虑与编组

（1）再好的安排抵不过安全上出了纰漏，因此有安全隐患的地方原则上不要安排，且绝对不能单独行动。

（2）为了节省上下车、集合点名的时间，最好能分组。自由活动的时候也须以分组行动为原则。

（3）离开饭店或行程中，要请团员随身携带住宿旅馆名单及旅馆名片。

（4）要随时提醒团员，重要的证件及金钱是否放置妥当。在治安不好的地方，要尽到事先告知的义务。

（5）有旅客生病或遭受重大的冲击时，务必迅速处理。当领队判断该送医时就不用再询问旅客的意见了。

13．礼品的准备、酒类的购买及其他注意事项

（1）需不需要准备礼品及抽奖用物品？

（2）大会师时要用的酒类或饮料在哪里买较合算？

（3）全体团员都需送礼品吗？

（4）需带扩音器吗？或者哪里可以借到？

（5）车上沿途要用的录像带、录音带是否准备妥当？

（6）要准备麻将、扑克牌或其他娱乐用品吗？

（7）是否有客人会要求带槟榔去？

（8）根据气候的因素确定需带的衣物及器具。

（9）泳衣、墨镜、各国不同的电压、插座、吹风机、电汤匙、充电器、变电器、移动电话、电池、鞋子、信用卡等是否带好？

（10）美工刀、瑞士刀、胶带、胶水、奇异笔、绳子、布条等？

第五节 团体成本估价与风险

(一) 团体成本估价的项目

团体的成本和内容与质量的关系是相对的，而且与组团的方式有很大的关系。团体的成本所追求的无非是低成本高质量，但是，除了以量来达到目的之外别无他法，否则只好改变走法及做法来达到降低成本的目的。

一般团体的成本花费包括下列诸项：

1. 机票：国际线与国内线机票。全票、半票、1/4 票、免费票分别算入。

2. 交通工具：游览巴士、火车、渡轮、缆车、水上飞机、飞翼船等费用。

3. 旅馆住宿费及单人房多出之费用（Single supplement）。

4. 正常餐费、额外餐费支出及加菜、请酒等费用。

5. 表演秀、各游乐场所参观处所入场券费用及接送费用。

6. 运送行李的费用。

7. 导游费用。

8. 签证费用。

9. 机场税、海关服务费。

10. 各处小费。

11. 领队出差费用。

12. 保险费用。

13. 其他杂项费用：说明会费用、印制小册子费用、行程表印刷费分担、广告费分担、旅行袋费用、电报电话、传真机费用分担、员工薪水办公费用分担、税捐、工本费等。

14. 汇率变动因素及较难成行之团体风险分担（请参考后面的风险评估项目）。

团体的组成，除了以品质为我们诉求的对象之外，其组成的人数多寡与成本更是关系密切。尤其对免费或半价票的数量，其差额更不可不特别注意，往往团体的盈与亏就在这上面见分晓。就人数方面来说，团体机票的开出原则上为：

10 PAX + 1 ESCORT（半价票）

15 PAX+1 ESCORT（免费票）

（有的再加 1 个 1/4 票，即 15+1+1）

30 PAX+2 ESCORT（免费票）

（或 34PAX 时再加 2 个 1/4 票）

45 PAX+3 免费票

但是，各路线的团体票，却各有不同的开票方式与票价。例如欧洲线，大致上可分为 GV25 与 GV10 两种不同之价钱与最低开票人数。而美国线则只有 GV10 一种。但你又不得不注意，某些航空公司的国内线是没有免费票的，即领队的机票，也是要付出费用的。

另外，当你在凑人数时，也要注意到游览巴士或交通工具的搭载量问题。例如，人数达五六十人时，在日本或许你可以找到 60 人座的 Saloon car，但如在其他国家就有可能只能分为两部大巴士了，如此一来成本并没有降低，反而达不到 30 加 2 个免费的低成本估价。又如人数在 14 或 15 人时，这是最糟糕的数目，因为一方面机票达不到开一张免费票的程度，另一方面在巴士方面也存在问题，使用 21 人座车或大巴士不合算，租用十四五人座的小巴士，搭座起来很不舒服，行李又没地方放，那就真是两难了。一般的大型游览车，座位只有 45 个，但是理想的人数应为 35～40 个旅客，否则车上能够活动的空间不但很少，整部车每到一地参观，上下车的时间都会拖延很久，要是领队没控制好，很容易招致旅客的抱怨。

团体成本的估价级数，一般分为 15、20、25、30、35、40 等几个级数，但关键处却是加入几个免费数额。如果本公司自己需派遣一位领队随团服务，那么原则上 30 个以下的团体，就不应该再放出一个免费的名额。如遭遇竞争时，则不得不考虑以 25+2 或 25+1.5 的方式来计算其成本了。偶尔也会碰上的情况是，如果有 10 个左右的旅客加入本团的话，那么团体的人数就增加到一个很理想的级数，如此在这 10 个人的成本估价上应该可以做特殊的考虑。

当我们估算团体各项成本时，通常是照各地旅行社报来的全报价（Full Pension）或半报价（Half Pension）来计算的，而不是照前述各项内容逐项加起来的。各国旅行社的报价方式，也都因时因地而异。也常因各旅行社作业及领队的能力与经验等而异。最需要注意的是，当我们手上拿到报价单后，应明白报价到底包含哪些项目，及其所使用的品质等级。

汇率的变动，这些年来也是一个值得重视的大问题。当美元汇率强势而稳定时，对我们的成本是有利的。反之，当美元贬值或不稳时，对于其变动的幅度一定要经常做调整，或在报价上做较大幅度的弹性调整。有些强势货币，如德国马克或日元，其涨幅虽然只有几个百分点而已，但如团队天数长、单位成本费用高的话，其影响则往往达好几千元新台币。

（二）风险评估项目

旅行活动本身就带有一定的风险。从每天移动行程的交通工具到购物活动，表面上或暗地里，都有发生异变的可能性。为了减少团体或个人在旅游活动中成本的支出，并尽量使得行程能够顺畅，在设计行程时，即应把各项可能出险的频率及风险成本加上去，以符合实际的情况。

我们在估算成本中，有可能出险的项目如下：

1. 交通工具——包括飞机、轮船、火车、汽车、缆车、公共汽车、出租车、骑马等的设施及供应量。且在订位时要确定是否有计算机联网作业能力？出发之前是否都能预先安排订位？正常的班次频率多少？是否大都为包机或包车性质？其维修及替换能力如何？另外，票价的报价是否明确？临时涨价的可能性有多少？

2. 旅馆——旅馆的等级及其被调换的可能性，旅馆的地点、设备、安全性及费用。

3. 餐食——卫生条件、风味餐、酒水预算、水土不服等。

4. 导游领队及司机——各地的导游、司机的专业知识素质、服务态度及心态。专职的领队或自由领队（Free Lance）对公司的认同感及负责任的程度和专业水准都需探究。

5. 旅游路线或景点——各个景点的旅游条件，旅游旺季的月份，气候的情况带来的危险性，景点的重要性及游客量。各个路线是否适合个人旅行、自助旅行或最好参加团体旅行？

6. 购物活动——国营的友谊商店，承包制的商店，旅游定点商店，个体户，路边摊贩及各公私立营利单位的诚信程度，订价和佣金问题及其与成本报价的探讨。

7. 救护系统——各旅馆、旅游景点、医院的医疗设施及服务的速度和精神，这会关系到出事时急救的时效。

8. 政治风险——一个国家的政治制度及其稳定性，政策的推行，主政者的理念，甚至有否经常性的政治运动都应有所考虑。

9. 治安风险——各国的治安状况，旅客遭受威胁的程度及民族性等的考虑。

10. 汇率风险——对于经济及政治的不稳或整个国际间的汇率冲击，都需考虑做某种程度的保护措施。尤其当所经营的主力市场的国家汇率的变化幅度足以决定组团的成败时更需注意。

11. 通讯条件——各地的联络与确认，或行程上的改变，依赖通讯设施之处很多，尤其有紧急事故发生时的时效更为重要。

12. 法令与制度的风险——各国旅行社的属性，服务的意愿，法令改变的可能性及旅游契约书履行的程度如何？

13. 保险——本国与对方国保险所涵盖的范围与种类，发生事故时的仲裁及理赔，法令规章认知上的差距，各交通公司或旅游设施单位出险时负责任的程度。

14. 天灾——各种的意外灾害如水灾、旱灾、瘟疫、地震、气候突变、台风等的侵袭而影响到行程的运作，以及产生的额外费用。

15. 团费——团体交给对方的组团社之后，确认团费的高低与品质是否成对比？如经杀价，是否有后遗症？是否以购物佣金来弥补不足之团费？或以其他不正常的手段来降低成本？

16. 签证风险——一般而言，签证都没有问题。但是，像南美洲诸国或签证较严的美国、澳大利亚等，则有可能因签证不准而取消。也有时，因传递证件或提出申请时目的国基于政治的考虑而不批准。

17. 行李遗失风险——在整个旅程之中，行李的运送也是经常出问题的项目。有可能发生的有：行李运送途中，送错航班或行李吊牌遗失，行李被打开遭窃，行李箱损坏，甚至不明原因的遗失。除了运送行李的各相关单位，如航空公司、游览车、旅馆行李员等各需负担其责任外，旅行社亦有相当的风险成本存在。

以上诸点在风险评估之中应予适度的考虑。但是不要把他们看得过于严重，否则全世界各地没有一个地方可以放心前往了。

第三章 旅行社市场营销

旅游产品是一种无形的商品，旅游业者所提供的信息尚无法明确地标明其品质。所以一个优质的旅游产品除了旅行业者需提供好的交通、住宿、饮食、导游人员及行程安排之外，更需有口碑的佐证与配套的保障机制，方能称之为好产品。旅游产品的营销，有他的市场特殊性，样样都好的产品不见得人人都需要。有的消费者着眼于花费的开销，有的只希望轻松一下就好。因此，站在营销的角度，满足消费者的诉求即有商机。在旅游产品商品化的过程中，产品安排的内涵及消费者取得产品信息的渠道一直在变。外在的环境，包括管理机构及消费者保护单位所制定的“法律条文”亦已陆续实施，例如1999年11月实施的“消费者保护法”“定型化契约”中规范的相关条文，及2000年5月开始生效的“民法债篇”旅游专节条文（第五百一十四条），都深深地冲击着台湾地区旅行业的经营业态。因此旅游产品必须偏向于保护消费者，行程内容完全透明化，要事先告知并负无过失（有）责任的额外义务。如此而言，一般的小旅行社哪里有能力来承担这么大的责任呢？所以，将来旅行业的规模势必走极大极小化的路子，方能有所作为。至于营销渠道方面，更是起了革命性的变化。这几年来成立的大型旅行社几乎都是财团投资的网络旅行社，而现阶段较成熟的旅游商品能在网络上贩售的不外乎：岛内线机票（国际的较少）、散客自由行（FIT Package）及旅馆订房。可是以上这三种产品，航空公司及旅馆本身自己都在贩售了，旅行社的空间有多大呢？是否有另外突破的机会实在值得深入研究。

第一节 台湾地区旅游市场的推广与营销

来台游客市场，目前以散客（FIT）为主。团体游客则以日本及华侨为主，将来应是以祖国大陆游客为大宗市场。

（一）目前台湾地区的入境市场主要推动的单位为

1.“观光局”：（1）以国际组为统筹的策划及执行单位。（2）其“驻外办事处”分设于东京、汉城、旧金山、芝加哥、纽约、香港、新加坡、悉尼及法兰克福等城市。

2.“台湾观光协会”：每年接受“观光局”委托办理ITF活动，即台北国际旅展（Taipei International Travel Fair）。并随时协助“政府”推动观光宣传，整合与旅行业相关各行业的立场，促进协调与合作。

各公会或观光促进协会举办的访问团，每年组团前往海外各地参观访问并邀请当地重要成员来台熟悉市场。

旅行社自己的促销活动。配合台湾地区的庙会、美食或各种活动请各国旅行社组团来台。或在台湾地区旅游淡季期间强力推出促销活动。有的旅行社则利用交换团体的方式接待来台旅客团队。

（二）旅行业推广的营销策略

1. 广告宣传：以报纸、杂志、海报、广告看板及邮寄广告为主要诉求方式，辅以电视媒体、广播等方式，在各国旅展期间主动参与。

2. 促销活动：在台湾地区旅游淡季期间或有大型民间活动期间推动民俗文化活动。亦可积极参与配合管理当局和相关单位举办的旅展。

3. 人员推销：每年定期派遣高级主管，前往目的地国家拜访。最好也能运用交换团体的方式增加互动的几率。

4. 公共关系：除积极参加各国旅展或研讨会之外，应主动与各相关国家和地区旅游局及航空公司举办或参加其Workshop、FAM Trip等活动。也可邀请其记者或旅游作家来访。

（三）旅行业推广的对象

1. 先锁定我们的产品属性再决定推广的年龄层。如文化、艺术之旅可考虑学生层面的人；登玉山主峰者，考虑登山协会会员；养生之旅则以银发族为目标。

2. 考虑对方合作公司的属性，再研究台湾地区旅游资源的条件。例如对方为以年轻学生为主的市场，则我们可以提出以青年旅馆设施为主的接待安排。

3. 考虑台湾地区旅游资源最强势的项目，设计包装最有利的产品，以投入目标客源地的消费市场。例如对祖国大陆同胞设计包装最有吸引力的阿里山、日月潭、太鲁阁、台北故宫等产品，但在阶段性安排上应考虑旅馆住宿的供应量。

4. 对一般的旅客，则提供适合大众的产品即可。

5. 目前，我们的客源有一半以上为散客、商务客，故包装套装的FIT Package不失为一个广大的客源。

（四）旅游推广的内容与重点

1. 自然风光：如太鲁阁峡谷、日月潭、阿里山、东北角海岸、澎湖、白河赏莲。

2. 战地风光：金门、马祖等“国家公园”。

3. 博物馆：故宫、历史博物馆、科学博物馆、屏东海生馆、台东卑南文化史前博物馆。

4. 风土人情：如鹿港、台南古都、花莲原住民等及冬山河亲水活动。

5. 美食文化：新竹米粉、贡丸、京兆尹、鼎泰丰美食、基隆庙口、台北市饶河街夜市等。

6. 温泉养生：台湾地区有众多的温泉资源及养生推广组织。

7. 民艺特产：三义木雕（及博物馆）、草屯手工艺研究所。

8. 庙宇文化：三峡祖师庙、大甲、北港妈祖庙、马公天后宫。

台湾地区值得我们推广的世界知名景点，除了台北故宫博物院及太鲁阁“国家公园”、东北角海岸风光属于世界级的之外，其实并不多，但我们要认知到，不是务必要世界知名的才值得去推广。台湾地区的夜市及夜生活就让很多老外流连忘返；深山内的社区文化也常令游客思念不已；我们引以为傲的慈济功德会义行，科学工业园区，重工业区（有开放的）等也都是台湾地区旅游业推广的重点。

（五）旅行业推广的渠道与方式

1. 配合管理当局大方向的政策做导向（可以节省经费）。

2. 管理当局单位或相关推广机构如印有宣传资料，最好能善加利用。

3. 自行印制行程说明书。

4. 摄制幻灯片或推广用的录像带、影片。

5. 参加旅游展，设置摊位，派主管驻守。

6. 邀请海外旅行社主管来台考察并研拟合适的行程产品。

7. 邀请海外的推广单位、航空公司、媒体记者等。

8. 组团前往各国主动推销。

9. 刊登广告（对FIT的旅客较合适）。

10. 寻求合适的总代理（GSA）或设立分公司、办事处。

第二节 旅行社产品市场的营销

随着信息技术的快速发展，旅游产品包装的多元化，旅游产品的营销已不再限于过去单纯的、传统的方式了。旅游者对于旅游产品的要求，不只希望在行程安排上能够自主化，更希望能够个人化。至于要从哪里取得信息，则更有广大通路渠道来满足消费者。传统的旅行社业务人员营销，各地设立分支机构或刊登广告等模式已蜕变为大企业财团涉足旅行业；旅游的上游供货商直接设立旅行社；旅行社直接与这些大企业异业结盟；或通过设立网站旅行社、旅行社设立网站等方式以便获得网络交易的先机。

市场营销组合（Marketing Mix）是由哈佛大学尼尔·鲍敦教授于1964年提出营销组合的可控因素，后来密执安大学杰罗姆·麦卡锡（Jerome McCarthy）教授归纳出4Ps，后被哈佛大学菲利普·科特勒扩展到6Ps、10Ps和11Ps等。1990年美国北卡罗来纳大学的罗伯特·劳特朋（Robert Lautcbom）教授又进一步将4P推广到4C。他提出忘掉产品（Product），考虑消费者的需要或需求（Consumer needs wants）；忘掉价格（Price），考虑愿意旅游者支付的费用（Cost）；忘掉渠道（Place），考虑方便获得（Convenience）；忘掉促销（Promotion），考虑与旅游者互相沟通（Communication）。

在21世纪的新思维中，时间与空间的概念不再局限于自己生活的范围而无限延伸到地球村的理念了。因此，我们可以看出现代旅游产品的营销有以下几个特性：

（一）无时间空间的限制

透过网络的搜寻及信息的交换，任何的国家或地区，只要它是开放的，都可以找到合作的对象，地球村的理念意味着无国界的交易空间，画地为牢的结果只会被淘汰。

（二）多元化的通路（旅行业同业之间以及同业与异业之间的结盟）

由于旅游的资源需要互补，因此通路亦需纵向及横向的联系。旅行业本身的营销渠道除了传统的方式之外，亦需通过同业及异业的合作，以达到营销多元化的目的。

（三）消费者自主性的意愿强烈，旅行业倾向提供多样产品的选择性

台湾地区居民累积几十年来出境旅游的经验，团体旅游的模式已不再

是最受欢迎的方式，而具有自主性的团体自由行或散客自由行（FIT package）套装行程才会受到消费者的青睐。因此，旅行业者必须多方面提供行程中单位旅游（Unit package）（或称旅游的零组件）的选择。例如机位舱等、旅馆住房、餐食、观光节目内容等的选择。

（四）消费者亦可反客为主，提出各项要求，而由旅行业主动适应满足其要求（旅行业与旅客的互动）

消费者的自主性，不只体现在要有所选择，更期盼能按照他的意愿去取得必要的资源。因此，旅行业者必须在其专业及信息取得的方便环境下，提供更直接且有用的信息给旅游者。

（五）信息交换中心的角色愈来愈重要

亦即透过信息快速的传递与交换，旅游业的资源取得互补的好处，而不要重复投资浪费人力物力。前几年，先启信息曾推动过 ATTI Net 网站，想帮助旅行业者减少人力的开销及推广同业之间资源的互补，可惜并不是很成功。另外，如国际度假村饭店分时度假计划信息交换中心（RCI-Resort Condominium International）将一个度假村的房间设备，与其他会员来分时（Time Share）享受的概念也给旅行业者一个很大的冲击。

（六）社群（社团）组织通路的形成

现代的社会活动层面是多元的，具有同一个背景属性的社群组织习惯性地从事各项活动推动，其中旅游的活动自不例外。例如，扶轮社、工会、教会、青商会、糖尿病友联谊会等等。

此种社团组织因背景、理念、诉求相近，所以组织性较强，可以减价包租飞机。我们称它为亲合团体（Affinity Group），其活动力及人数都有超强的能力。加之奖励旅游的需求亦走俏，一些保险业者及直销企业因讲求绩效的激励机制，也产生了社群旅游活动的巨大需求。

第三节 旅行社传统营销模式

旅行业是服务业中性质较为特殊的行业。虽然它是特许行业，需要专业经营，但在目前台湾地区信息科技发达，土地面积狭小、人口众多的环境下，却好像很多人都可以投入这个行业。综观 21 世纪旅游大环境的变迁，营销的通路绝对是多元化及信息化的，这是毋庸置疑的。

传统的旅行业营销通路为：

1. 旅行社总公司及自行设立的分公司

旅行社根据自己的业务能力，除了总公司的编制之外，在台湾地区内各地设立直属或财务独立的分公司。由于现在信息科技的发达，各地分公司存在的方式各有不同，但有倾向各地分公司发展为财务独立的子公司的趋势。至于超大型或大财团设立的旅行社及分公司，则在网络联机、信息交流方便的条件下，走向以销售总公司产品为主的直属形态。

2. 旅行社联合营销（PAK or PACK）

如果个别的旅行社所能创造的销售量不足以达到经营规模，则会向同业们寻求合作的机会，以确保出团率的提高。

3. 媒体营销

运用媒体广告树立品牌形象，并增加出团量。（但要考虑如果没有广告了，消费者是否一样会选择你？）

4. 口碑营销

资格较老、口碑不错的旅行社，在一定的消费层内保持其商誉于不坠，持续出团。

5. 类似旅游经纪人的靠行人员，凭着善解人意的口碑及地缘关系延续其服务

这一类型的销售通路正在迅速减少中，除非提升其服务素质并转化成为真正的旅游经纪人角色。

6. 与综合旅行社结盟或加盟至其旗下或成为其分公司并与其网站联机

7. 与异业之结盟（合纵）

（1）寻找有兴趣及有相对条件的大企业合作（如裕隆、莱尔富、统一、新光等）。

（2）与各国旅游局、航空公司、铁路局、交通公司等结合。

（3）寻求与高知名度或具备特殊设备或经营理念的大饭店合作（加贺屋、度假村、地中海俱乐部、PIC、温泉社区等）。

（4）与银行及信用卡公司的结合（如联名卡）。

（5）结合各级学校、机构的海内外旅游、游学、交换学生、生活体验营、夏（冬）令营、文艺活动等。

（6）与医疗、休闲等机构配合举办非假日的养生之旅。

（7）结合社区、联谊会、扶轮社、顾问公司、出版公司、展览会议公司等的项目活动。

第四节 旅行社现代营销趋势

信息科技的发达，使最新的营销理念大部分与网络信息有关。例如票务中心、网站旅行社等皆是以此为主要渠道。

（一）网站旅行社

经过几年来市场的检验，以网站的营运为主要渠道的旅行社，存活率不到20%。除非他是大企业底下的一环而已，并不需要负太多盈亏的责任。在台湾省，就B2B的业务而言，雄狮旅行社的表现最好；就B2C的领域而言，则玉山票务及易游网（EZ Travel）的业绩领先。其中雄狮旅行社兼营传统的批发业务，玉山票务只做机票生意，易游网则兼设店面的营销据点。网站旅行社服务的机制，目前已有一部分已可以在线作业，可以在网站上订位及付款，至少它已经降低了许多传统旅行社的人力成本。

（二）票务中心（旅行社）

EZ Fly、玉山票务（钰林旅行社）、浩瀚旅行社（Travelwindow）等是以营销机票及航空公司的散客（FIT Packages）产品为主的旅行社。电子商务的服务，最大的特色就是网络会帮你找到解决问题的方法。亦即在你需要的条件范围内，它会提供多样的选择并帮你决定哪一组最合适。票务中心及网络旅行社都具有此功能。

（三）旅游信息交换中心

旅行业从业人员早有资源共享的理念，所出之团不一定完全用自己的名称。因此，汇集整个旅游市场信息并提供给旅客运用。同时，亦可在某个领域开辟零码团的信息，以便提供给有闲暇时间、随时可以后补的游客，使他们可以购买到较低的旅游产品，造成三赢（旅客、经手旅行社及出团旅行社三者）的局面。

（四）旅游经纪人通路

由于旅行社人事成本太高，加之业务人员也在自我提升其服务素质，因此不领基本底薪的旅游经纪人应运而生（目前大部分以靠行的形态出现，不过有一部分专业人员的水平已达旅游经纪人层级）。在旅行社强化信息功能的情况下，旅游经纪人只要手持一部手提电脑即可全方位地随时随地提供旅游信息，并正确而快速地展示产品的完整性。不过，最好依附在有较完整信息体系的大型旅行社之下。（在“法规”上，目前也不允许个人独立作业。）

（五）数据库营销（Databank Marketing）

一般的旅行社经过数年的经营后都足以累积不少的客户群。但不少旅行社都只顾开发新客户而忘了已认同其公司服务水准的旧客户。所以，定期的重拾旧客户名单，就其生日、结婚纪念日、问卷回函卡等贵宾最在意的事情，给他们惊喜与感动，大大有利于加强与他们的凝聚力。这些事也都可以由计算机来处理。

（六）通路营销

除了传统的同业营销、直客营销及邮寄营销之外，从网络上的 B2B 亦是不可忽略的一环，那是创造扩张的绝佳方法。此外，在自己体系之下的加盟店或专卖店亦可以较无限制地延伸。相信随着世界经济一体化进程，限制必会放松。如此，我们旅行业才能够真正走向规模极大极小化的理想境地。

第五节 营销策略的运用

（一）营销策略理念的定位

1. 应凸显公司的企业文化，培养员工的向心力。

2. 专业化的经营。

3. 要有永续经营的长远目标。

4. 如果能力许可，应走向国际化。

5. 员工在职训练应持续，并适时派遣主管或员工至分公司或海外公司任职或实习，以开阔其视野开阔。

6. 对趸售或直售的比例，应有阶段的弹性调整。

7. 在整体公司财务的考虑上应侧重资产负债表的组合，避免不当的运用。即它是整体的运作，不管是财务上的调整或部门上策略的变动都应一体配合。

（二）市场策略的制订

1. 利用自身原有的品牌形象，加强产品企划及包装的工作。

2. 引导同行或游客更积极地走向市场价位及品牌的区隔。

3. 每个单位部门及总管理处都应做好每季或每年的业绩比较表，以免脱离市场变化而不自知。

4. 因旅游市场变动太快，应随时观察游客需求的动向。例如，在市场区隔强烈需求之下，更讲求个性化的单位包价旅游（Unit Package Tour）应运而生，同时也给旅游业带来一线生机。

5. 深入了解同行间价位及经营取向，知己知彼立于不败之地。

6. 除了正常的团费收益之外，应开源节流，增加各种产品的销售，如保险的产品、旅游用品的售卖，投资关联产业，并注重管理利润，减少汇率风险等。

7. 重视市场的占有率。如果无法达到“惟一的”优势，则应结合同行的共识，避免恶性的竞价，但也需注意“公平交易法”的相关规定。

8. 产品的设计要走向深度，有主题，方不致被消费者抛弃。

（三）销售渠道策略

1. 健全销售网络，视需要设立分支机构。

2. 适度配合运用广告媒体。利用媒体销售已是目前最被经常使用的渠道，其比重愈来愈高，不可忽视。

3. 建立良好的业务员销售渠道及电话服务系统（Direct Marketing），提高业务员对产品的认识与洽谈技巧。制订奖励办法，只要达到目标以上即有奖金，以激励员工士气。

4. 直接邮寄广告（Direct Mail）。

5. 适应总公司与各分公司或加盟店、代理店信息网络的完整性与快速服务要求。将来在时机成熟时，更要开放上网服务，让所有的消费者或同业得到公司产品的信息。

6. 总公司发行旅讯或以建立旅友联谊会的方式，增加回头游客的比率。（由公司就现有的人力资源中，调派有能力、独立作业或具有某些专业背景的主管级人选组成数个联谊会，如健康会、美食会、探险会等，以发挥出团体的组织功能。）

7. 重视口碑相传的影响力，维护公司品牌形象。

8. 旅游情报信息的收集、编纂与应用。

9. 建立完善的会计、财务、稽核制度。落实代收转付凭证开发制度，引导旅游市场价位的正常化。

10. 如为大企业所设立的旅行社，可以考虑是否可以组成一个信息交换中心，如 ATTI Net（Abacus Taiwan Travel Information Network）或 RCI（Resort Condominium International）等的大型网络系统。如为小旅行社，则可以考虑是否加入成为其会员。亦可考虑加盟大型旅行社的系统，成为其销售网络中的一员。

（四）价格策略

1. 扩大上游供货商的采购量，降低成本，与同业或内部同仁分享。

2. 大量出团，达到经济规模，创造更多的效益。

3. 迅速反应市场最新的价位及做法，求取最合适的平衡点，然后弹性出击。

4. 定期或不定期地评估本公司价位在市场上的竞争能力及获利率。

5. 加强市场开发的工作，锁定某些市场主力行程或产品，全力推广。每年或每季推出营销运动（Campaign）类似价格战，推广促销的产品。

6. 采取预约订位先缴订金给予优待折让的方式（Early Bird），鼓励游客及同业提早订位，计划旅行，降低营运的风险。

7. 运用业绩目标、返还奖励金、利润中心制等方式激励同行或员工的斗志。

8. 注意国际间强势货币的走势，对于汇率的变动应有所准备与动作。

9. 利用非假日时段的各项优惠措施，设计适合于自己公司营销的产品。

第四章

旅行社组团与接待作业

第一节 出入境手续及组团作业

(一) 出入境手续作业

1. 出入境手续

旅行业从业人员专业素质的养成，需要工作经验的积累。但基本的出入境手续的知识却是每一位初入这个行业的新手必须掌握的。台湾地区在国际化、自由化的大环境及海峡两岸来往日趋频繁的形势下，各种出入境的控制办法日新月异，而且，在朝着简化、方便的目标在改进。台湾地区当局已经明令废除出入境证的手续；“护照”有效期也已延长至 10 年；后备军人或具国民兵役义务者，除第一次申请出境时需提示相关证件外，废止了每次出境需办理通报单的规定。服役男身份者也从 1998 年 6 月 26 日起，不再限制出境。

兹以图表方式列出出入境的程序（见下页）。

2. 出境签证

台湾地区因为情况特殊，除了少数几个国家可以免“签证”或落地“签证”之外，大部分都必须取得“签证”才可以前往。因此，“签证”作业在旅行社的作业中占有相当重要的分量。近年来，台湾地区的对外关系屡有变动。而全世界各国对台湾地区每年超过 400 万以上出境观光客源甚为重视，均朝着设立办事处或简化手续甚至免签证的方向来做，以吸引庞大的客源市场。也正因为如此，旅行业从业人员，所需熟知的“签证”作业日新月异，有时一年数变。所以本章节所列之信息，仅供参考，实际的作业请随时查证，以免有误。

1. 申请"护照"(有效期 10 年) —— "外交部"护照科
2. 依各个人所欲前往的国家
3. 办理各国"签证"
4. 预订前往的路程及航空公司的机位并购票 → 已有多家旅行社与航空公司的订位组计算机联机，因此询问旅行社即可
5. 依个人之需要结汇及买保险 → 如有必要注射预防针
6. 双重"国籍"持有居留证者另有规定,办理出境登记手续
7. 前往国际机场或港口办理搭乘手续(护照、机票、签证、行李) —— 机场税，2 岁以上每个人 NT $ 300 元(1999 年 4 月 1 日以后在机票内一起收取)
8. 经过"移民局"、"海关"、登机门、搭机出境
9. 回台时经由"检疫移民局"、"海关"等关卡入境

一般而言，团体旅行团所持的“签证”分为两种：一种是个人“签证”，个别发给。另一种则是以团体大表的方式，把所有旅客的资料印制在一份表格上发给，这种团体“签证”，需全团旅客同时进出，不得分团或分次进出。从业人员需注意有否最少进入人数之限制（例如：在团队中取消人数太多时，可能会有此问题）。至于第一种的个别签证，要注意其进出方式及有效期，一般来说，只要是在有效期内都可以使用。

各国“签证”的发给，一般来说，两国有“邦交”者是盖在“护照”上面的，而且是按照互惠的原则给予相当的有效期。如无“邦交”，则以另纸发证的方式给予，不盖在“护照”上。不过，也有例外情况，如美国、瑞士、奥地利、澳大利亚、加拿大等国都将“签证”直接盖在“护照”上。

1985年6月14日，欧盟部分国家代表在卢森堡的一个小城镇——申根（Schengen），签订了一份单一签证公约，自1995年5月起生效。其宗旨即在于进出申根会员国的人民可以自由往来，外籍人士持有任何一个申根会员国核发的有效签证，可以多次进入申根会员国，而不需另外申请签证。最初的申根签约国共有7个，为法国、德国、荷兰、比利时、卢森堡、西班牙、葡萄牙。意大利及希腊也在1997年年底之前正式加入申根签证公约。另外，奥地利也已于1997年11月加入为申根会员国。

2001年5月间，申根会员国已增加至15国，即增加了北欧四国（丹麦、芬兰、瑞典、挪威）及冰岛。

有关“签证”的申请办理有下列方法：

(1) 向“大使馆”、“领事馆”申请取得。

(2) 向各国驻台湾地区商务办事处或相关机构申请。

(3) 航空公司代办手续，取得签证。

(4) 由私人的签证中心代办手续。

(5) 由相关机构代办，获准之后用 Ok Board 方式上机。

(6) 落地签证（Visa Granted Upon Arrival；Visa on Arrival）。

(7) 用过境免签证方式（Transit without Visa - Twov），但须订好续程机位及办好目的地国签证，且须在同一机场进出。

(8) 在甲地申请，在乙地拿签证（因申请时间急迫而用 REFER 的方式）。

(9) 如签证临时遗失，或转机有误而须进入该国，则请当地旅行社或航空公司作保，取得临时签证。

(10) 登岸证（Shore Pass），此为提供给搭船的旅客于抵达他国国境

24小时之内短暂停留之用。

3．签证的种类

签证的种类，大体可以两类来区分：

(1) 非移民签证：

包括：观光签证（包括探亲签证）
商务签证
过境旅客签证
外国政府官员签证
船员或航空人员签证
学生签证
条约商人、条约投资人签证
外国政府派驻国际机构代表的签证
新闻工作人员签证
交换访客签证
国际公司受调派人员签证
有杰出成就及能力的临时工作人员签证
提供短期劳务的临时工作人员签证
培训人员签证等

上列的签证属于居留签证。停留期间大约在180天以上，抵达目的地国之后需申请外侨居留证。

(2) 移民签证

移民签证，因事关重大，涉及因素较多，所以申请的条件及时间都不同于一般的非移民签证。况且，由于事关申请人的权利，旅行业者除了提供简单的信息之外，最好请当事人经由专门办理移民的律师来承办，以避免法律责任。

4．通关手续

各国入出境皆有其控制的有形、无形的关卡，持有合法有效的证件进出其他的国家是首要的条件，至于需不需要签证，那就得视“外交关系”和实际情况了。

进出各国，主要以国际机场为主，其次为港口及陆路国界间的关卡。一般来讲，机场的通关手续因来往的人数众多，且为各国交流的主要渠道，因此手续较繁，检查较为严格。

(1) 国际机场

出境时之通关程序为：

抵达机场的航空公司柜台 → 办理登机手续，护照、签证、机票、行李、机场税（出境证）

→ 取得登机证、行李托运收据、机场税收据（有的机场此时也检查托运行李） → 将所有旅客的证件夹于护照内，由领队保管。将旅客集合之后统一发放给旅客，以便控制所有旅客是否已全部进入控制区

→ 移民区或证照控制单位查证有否名列受管制名单的人（有些机场在进入移民局之前即进行全身安全检查） → 检查手提及随身行李。电子仪器全身安全检查是否携带危险物品

→ 经免税品区至登机门：有些机场需搭巴士或地下铁至登机门。领队需控制旅客在免税品区停留的时间 → 确认停在登机门外之班机是否为我们要搭乘的航空公司班机，并检视看板上的班机号码、前往地点及起飞时间是否正确，随时注意起飞时间及登机门是否有变动

→ 登机：一般正常的登机时间为班机起飞时间前的30分钟开始登机。头等舱及商务舱优先登机，其次为妇幼及行动不方便者。有些航空公司会广播座位的排数请客人进舱

入境时的通关程序为：

班机停靠停机坪。下机门。在机上应先填妥入境卡、海关申报单、健康证明书等 → 移民局或证照控制单位检查护照、签证或回程机票并询问停留多久、入境目的等。也有的国家须将护照押在移民局

→ 往行李厅的方向前进，寻找所搭班机的行李放置地点，有些国家对于团体行李的检查采取抽查方式进行，但大部分的国家都须逐个检查。行李如有遗失，请在出关前申报 → 海关检查行李：能够携带的物品限量各国皆有规定。违禁品及应税物品是海关检查的主要任务。另外可携带的外币限额及申报表格应特别注意填写。未携带任何应税物品者，可走绿色通道。反之，则走红色通道

→ 出关后，其走道方向通常有个别旅客及团体旅客之分，领队应交代向哪个方向集合，各地的旅行社代表、导游或司机会在此等候

(2) 港口

一般而言，经由轮船抵达港口而入境的证照检查及行李查验都比较宽松。虽然有些国家有移民局或证照控制单位的查验（如英国的多佛港、法国的加来港、比利时的奥斯顿港等），但也有很多国家并无查验（如挪威的奥斯陆、丹麦的哥本哈根等）。团体的签证作业中，如果遇到上述的一些没有查验的港口固然方便，但如果规定台湾地区居民“护照”持有者入境时需要签证的，最好还是签着备用，万一碰到需要改变路程或变更为搭飞机进入时，可能就没有补救的办法了。经由港口进入的团体，其行李大都装在小货柜中直接运送到游览车旁，而不再进行查验，方便省事。

(3) 经由陆路之关卡进入国境者

经由陆路的关卡进入另一国境者，其查验的方式并不麻烦，有下列 4 种形式：

①游览车排列过关，快到关卡时，领队把全体团员的护照及签证拿到移民局柜台去盖章，旅客坐在车上即可，但如有旅客购买可以退税的货品，需在关卡处出示货品及退税单（如为搭机出境，则在机场办理），在欧洲诸国的行程，大部分都是陆路通过，同时也不需填写出入境卡（E/D Card）。

②游览车抵达关卡时，全体团员需下车排队经过移民局及海关；其速度不像机场一样那么慢，而都可以在 10 多分钟内办理完毕，例如美加边境关卡。通过美加边境关卡另需注意：

如为两次入境，则于第一次进入时需向移民局官员讲明第二次进入的日期。

团体离开之时，需将团体签证表交还加拿大移民局，否则视同没有离开加拿大。

进出加拿大的地点及方式需在提出申请之际，即加以注明。

③陆路进出境均不检查者，有些国家的国情特殊，需依附其隔邻的大国者，根本无国界之分，故亦不需另加签证。例如罗马市区内的梵蒂冈、意大利境内的圣马力诺、法国南部的摩洛哥、瑞士境内的列支敦士登等。

④经由火车进入者，当火车进入其国境时，火车上的警察会来查验签证。此时，领队将全体旅客护照及签证交予警察查验即可。

(二) 组团作业

团体的作业是一种整体的作业组合（Team work）。个人的力量毕竟有限，应该是群策群力表现的时机。在整个的作业当中，领队人员或控制者（Controller）应该取得证照部门、作业部门（Operation）、票务部门以及其他资深领队等的全力支持，才能将各项团体事宜办理妥当。

现就团体作业的性质及其程序作一系列的介绍，并附上一般作业时所使用的表格作为参考。

1. 团体性质的分类

(1) 订制行程（Tailor-made tours）

旅行社根据一般直接的团体旅客的组成，视其人数、行程、出发日期、团费的高低、团体成员的素质等的不同而制定行程。这是目前甲种旅行社主要的业务内容，其行程安排的特色尽量避免与批发商（综合级）旅行社的行程雷同。因系个别组团，故其地缘关系较浓，同时组团时的个别要求较单纯。但因时间上较难掌握，出发日期的变动较大。

(2) 现成行程（Ready-made tours）

批发商性质的旅行社基于其以往的出团记录，在航空公司订位方面及票价方面享有较有利的条件。也因此批发商的旅行社必须在半年前就将整年度的一系列出境日期提交航空公司系列订位（Series booking）以便作业。至于航空公司分配机位的作业是否开始，就得视航空公司而定了。除了机位以外，整年度的旅馆、餐馆、巴士、入场券、船舱位等同样需要提前预订或缴纳订金（Deposit）。

特殊目的（性质）的行程或奖励旅行（Special interest tours 或 Incentive tours） 此种团体因有其特定目的，故成员方面大都属于同一行业，但因目的特殊，行程上应配合的要求也格外得多。例如参展团体、开会团体、考察团体、表演团体、参加比赛团体、厂商招待经销商或员工出境旅游等。

2. 预订机位及与国外接待社的联络

决定了行程即可以决定使用的航空公司，但在预订机位的同时应慎重考虑欲前往国家的航线是否很拥挤？票价是否符合成本？关于航线上的机位是否难订，应考虑下列诸地区、国家的旅行季节、瓶颈期间及旺季是否加价？

日 本

每年春节期间、雪祭期间（每年 2 月第一个星期日以后的 5 天）。4 月 25 日～5 月 5 日之间的樱花季节及前任天皇生日（4 月 29 日）的长时期连休。8 月 10 日～8 月底、12 月 25 日～次年的 1 月 3 日连休。

美 国

春节期间、复活节期间（3 月 21 日或这一天以后的第一个月圆日后的星期日）。此后 5、6、7、8 月都不好订位，尤其 8 月底回台北的机位更难订，感恩节期间（11 月的第四个星期四）及 12 月 25 日圣诞节前后的日期亦不好订。此外，纽约及芝加哥经常举办大型展览会，班机及旅馆时常客满。

东南亚

春节期间特别难订。其他整年度都可以出团，但座位都不太好确认。

欧洲地区

欧洲诸国常举办大型的展览会，如巴黎、法兰克福、米兰等地，尤其 9 月份旅馆的问题常大于班机问题。

中南美地区

巴西的嘉年华会期间（每年 2 月间的狂欢节）、复活节期间及圣诞节期间最需注意避开（但目前也有特别为观赏嘉年华会盛况而组的旅行团）。

关于预订机位应注意：

何时需要订位？订多少个座位？（应考虑车子的座位容量问题及成本分担问题）

淡旺季的客源多寡与票价及气候的因素。

你所订的航空公司的航线与价格及其在市场上的竞争能力。

在确定了当地接待社之后，后续的工作就开始了。但是，如果有长期合作的接待社，则有可能旅馆房间、交通工具、门票等的预订都是全年度的系列订位。由于旅游市场的变化多端，对于外在市场的波动、汇率与机票的变动、旅客的需求等都要保持高度的警觉。现将在团体作业中与国外接待社联络的样本及自己的记录列出以供参考。

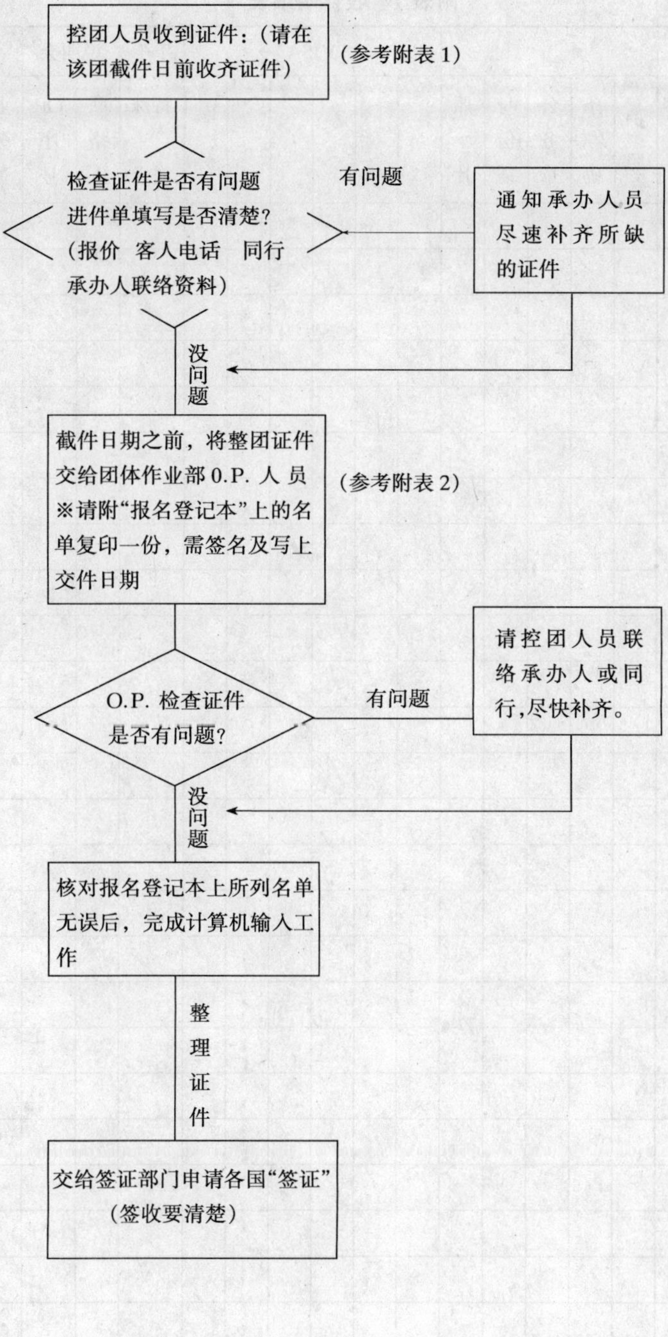

控团人员收到证件：(请在该团截件日前收齐证件)
(参考附表 1)
检查证件是否有问题
进件单填写是否清楚？
(报价 客人电话 同行承办人联络资料)
有问题
通知承办人员尽速补齐所缺的证件
没问题
截件日期之前，将整团证件交给团体作业部 0.P. 人员
※请附“报名登记本”上的名单复印一份，需签名及写上交件日期
(参考附表 2)
O.P. 检查证件是否有问题？
有问题
请控团人员联络承办人或同行,尽快补齐。
没问题
核对报名登记本上所列名单无误后，完成计算机输入工作
整理证件
交给签证部门申请各国“签证”
(签收要清楚)

附表 1 收件明细表

团号:										VISA				T/L	说明会			OP:	
NO.	分房	中文姓名	『护照』	条码	公务章	身份证	照片							特殊需求	联络人	OP序号	业务员	说明会	旅游契约
1.																			
2.																			
3.																			
4.																			
5.																			
6.																			
7.																			
8.																			
9.																			
10.																			
11.																			
12.																			
13.																			
14.																			
15.																			
16.																			
17.																			
18.																			
19.																			
20.																			
21.																			
22.																			
23.																			
24.																			
25.																			

附表 2　OP 作业检核表

团号：	ADT	CHD	INF	TKT	JOIN	T/L	TTL
本团 FINAL 人数：							

一、航空公司
境外段：______ 航空　PNR：______ HK：_____ HL：
人名单：__________ 更改名单：______ 时间更改：
境内段：_____ 航空　PNR：______ HK：_____ HL：
人名单：____________ 更改名单：_____ 时间更改：

二、订团作业
TKT ONLY：_____ 已订团 LOCAL：_____ 订团日期：_____ 接团名义：
□飞机时刻　□参考行程　□FINAL 行程　□饭店一览表　□分房表：
分房表 FINAL：________ TWB ________ SGL
LOCAL GUIDE：_______________ SHOPPING GUIDE：
WORKING ITIN（核对中文行程、合约及订团单）：
其他：

三、签证
截件日：_____ 送签人数（团签）：________（个签）：
FINAL 件数：ADT ______ CHD _____ INF _____ T/L _____ VISA 自理

四、开票
FINAL 开票人数：________________ 线控签名：
□建 MK□PNR□COUPON 张数□登记票号□名单□行程
特殊状况之要求（入卡号：　素食餐：　儿童餐：　蜜月蛋糕：　）

五、领队
领队派遣单：　T/L：　（先生/小姐）
领队证复印本：　领队切结书：　费用申请：　T/L 借调书：

六、保险
团体保险：　保险证号：　保单回传日期：　个别加保：　人

七、说明会
说明会时间：　地点：　参加人数：
说明会资料（中文行程/班机时刻表/饭店/手册/胸牌/旅行袋/旅游要约/自费活动一览表）
班机/时间更改通知：　旅游契约书：_____ 人　尚缺人数：

续表

八、领队及送机人员交班 FILE 领队：______________ 交接日期： □T/L 交接报告书　□分房表　　份　□团体大表　份　□保险单　　份 □各线注意事项　份　□开票名单　份　□PNR　　份 送机人员：____________ 交接日期： 交代事项：

3. 说明会、结汇、保险、收费、旅游要约

(1) 说明会

● 预订日期及地点（考虑大部分客人的住所）最好选择各城市的旅游服务中心。

● 说明会当天应备妥的文件：

- 班机时刻表
- 旅馆表
- 行程表
- 各地气温表
- 各国币值兑换表
- 各国注意事项

（以上）或编制一本小册子（长程团）

- 地图、旅程路线
- 旅客资料、相片、地址、电话
- 调查表（同宿者、饮食习惯、回程日期、额外服务）（附表 3）

● 安排预防注射（目前只有经过肯尼亚、埃及、巴西等国者才需要注射黄热病及霍乱疫苗，但请注意注射黄热病需 10 天后才生效）。

● 说明会：

- 集合时间、地点、交通工具
- 携带物品、钱币、衣服的注意事项
- 旅游服务中心提供的影片及幻灯片介绍
- 领队自我介绍
- 解说各国特殊习惯及注意事项（包括进出海关）
- 旅行袋（不都会送给客人，视公司或团队而定）
- 胸章

－行李牌、贴纸（如来不及编号，则留待出发当天于机场发给）

附表 3　团体旅客资料表

※敬请详细填写以作本公司服务之参考

姓名：________________ 团号：________________
地址：________________________________
电话：________________________________
1. 是否携伴参加：　□是　　□否　　同宿者姓名：______
2. 对于食物有哪些禁忌：□不吃牛肉　　□吃 素
　　　　　　　　　　　□吃早斋　　□无禁忌　　□其他
3. 出发日是否搭乘本公司专车前往桃园机场：
□搭专车　　　　□自行前往机场
4. 团体结束后：
□随团返回　　　　□自行返回
如为自行返回请填国外停留的地址、电话及亲友的姓名：________________
____

行程及日期

城市名称	日　期	预订班机	备　注

※自行返回者，如果其预定返回日期的班机，无法确认，本公司将尽力争取，但无法保证符合旅客意愿的回程班机。同时，请注意各路线团体、国际线及国内线机票之有效期，以维护自身的权益。

旅客签名：__________

日　　期：__________

（2）结汇

1987 年 7 月 15 日起已经解除外汇控制，观光、商务、探亲、留学等出境结汇额度不再受限制，每人每年可申结 500 万美元。个人随时可持身份证至有外汇的银行结汇，并自由持有外币。至银行结汇时，可以申请结现金、旅行支票及汇票等外汇。但出境时身上携带的外币现金不得超过 5 000美元或等值的外币，台币则为 4 万元。

（3）保险

从事旅行业，因所有的活动都一直在运动、变迁，事故随时都有可能发生。因此绝对不能省掉投保的费用。行程中的费用可以因团费的多寡而决定要不要包括进去，但保险费用的支出一定要保留，而且要记得去办理(旅行社亦可代办)。

保险的观念，在欧美、日本较先进国家已经很深入人心，而且认为理所当然。目前人们对于此观念也已经渐渐地接受了。于 1995 年 7 月最新修订的“旅行业管理规则”，将旅行平安保险由游客来自行投保。而旅行社需要替游客投保责任险及履约保险。

依据“旅行业管理规则”的规定，旅行业从事团体旅行业务，应有下列投保内容：

- 每一旅客意外死亡新台币 200 万元（至少)。
- 每一旅客因意外事故所致体伤的医疗费用新台币 3 万元。
- 旅客家属前往处理善后所必需支出的费用新台币 10 万元。

※惟并无规定应涵盖海外紧急救援，海外紧急救援是属于附加的项目并不是主要险种，但如保险费被砍得太低，则此项附加的项目经常被暗中拿掉。目前全世界专业的海外紧急救援公司只有两家：一家为亚洲紧急救援中心（AEA-SOS)，另一家为 IPA（Inter Partner Asistance)。此两家紧急救援的业务，是执行受保险公司所委托的各项工作。旅行社及消费者，在检视保险涵盖的项目时，应详细地了解是否有此项服务，否则会因为小小的疏忽而导致莫大的损失。

至于履约保险，则亦有明确规定（即准时出发的保险，或旅行社应履行约定的保险)：

- 综合旅行业新台币 4 000 万元（至少)。
- 甲种旅行业新台币 1 000 万元。
- 乙种旅行业新台币 400 万元。
- 综合甲种旅行业每增设分公司一家，应增加新台币 200 万元，乙种旅行业每增设分公司一家应增加新台币 100 万元。此项履约保险须经观光主管机关核准（“观光局”)，以同金额的银行保证代之。

目前，每位游客参加合法旅行社所组之旅行团，基本上来说，应有下列的保障：

- 履约保障（综合旅行社全产品 4 000 万，甲种 1 000 万)。
- 200 万责任险（或以上)，3 万元医疗给付及 10 万元游客家属前往出事地点处理之费用。
- 应查证是否有海外紧急救援服务（AEA-SOS 或 IPA)。

- 刷卡付费之保险。一般而言，此种保险只保障飞安险，即要严重伤残或死亡才有理赔，额度在 1 000 万至 2 000 万台币左右。因此，你也可以考虑另外购买（自费）旅行平安保险，其保障反而更多、更符合旅行时所需。
- 各类交通工具（飞机、火车、游览车或定点往返的客运车才可以）本身所投的游客保险。
- 各住宿酒店投保的游客保险（火险及其他）。
- 游乐区、风景区、主题乐园的游客险。
- 其他特殊行程如划水、潜水、登高山或具特殊身份者，如记者、运动员等的保险须另外购买。

关于游客须自行投保的旅行平安保险应注意，如果系 14 岁以下者，依“保险业管理办法”第 31 条规定，以 60 万元为限；70 岁以上者，以 30 万元为限（但也有一些保险公司放宽些规定）。其他必须注意的是，旅行平安保险的保障范围，通常不包括犯罪行为、战争、内乱、潜水、滑水、滑雪、登山、跳伞等原因所致的伤害在内，而且对意外伤害的医疗费用保险给付额，每次以保险金额的 10% 为限。另外，如果参加比赛或其他特殊目的的活动，则须另外加买运动伤害险等保险。

由于各主管机关及消费者协会或消费者方面的“法律”保护过当，虽然消费者得到较大的保障，但无形中使得消费者变成对其权益认识不清，无法有效地认知其应有的诉求。同时，消费者亦无从监督素质良莠不齐的旅行社，有些品牌形象优异的旅行社原本不需要再花费成本投入此保障。消费者在选择购买某一家旅行社的产品时，也应该透过保险公司对旅游市场评鉴的机制来决定要不要购买履约险。我们认为，当保险公司推出类似此市场信用度查验的商品时，不只保险公司会做严谨的市场调查，各家旅行社更会为维护其品牌而全心全意地经营。否则，每一年到了年关将届之际，主管机关及消费者莫不为旅行社的信用伤透脑筋。故把保险产品商品化，不失为一个永续维护旅游市场营运正常化的办法，主管机关的责任也不必太沉重。

旅游市场的保险产品，在各项“法令规章”的完整保障之下，目前并没有太多的项目可供消费者及旅行社选择，当消费者考虑对其权益的保障是否需要付费时，他就会用心地去查核有否必要购买？保险公司为了对其产品出事的比例有一定的认知，必会严格监督，在如此良性的循环下，旅游市场秩序才得以持久维系。

另外，有关“旅行平安保险”与“旅行业契约责任保险”的比较，请参阅附表4。

附表4　“旅行平安保险”与“旅行业契约责任保险”的比较

项　　目	旅行平安保险	旅行业契约责任保险
一、保险种类	人身保险的伤害保险	财产保险的责任保险
二、保险人	人寿保险公司	财产保险公司
三、要保人	被保险人本人：或对被保险人具有保险利益的人（不得以旅行业为要保人）	旅行业（经观光主管机关核准注册发给执照的旅行业者）
四、被保险人	游客	旅行业
五、受益人	身故保险金：要保人指定的受益人，未指定受益人者，其保险金额视为被保险人的遗产。 残废保险金及伤害医疗保险金：被保险人本人。 受益人同时或先于被保险人本人身故，除要保人已另行指定受益人，以被保险人之法定继承人为本契约受益人。 前项法定继承人的顺序与应得保险金之比例适用“民法”继承篇相关规定	旅行业
六、保险标的	人身 保障对象：被保险人本人	责任 保障对象：旅游团员；系指任何参加由被保险人所安排或组团旅游且经被保险人载名于团员名册内并经保险人复核的游客（含经由被保险人指派的领队）
七、保险利益	“保险法”规定的人身保险保险利益	因旅游契约而产生的契约责任
八、保险费	游客负担	旅行业自行负担，不得转嫁给游客团员

续表

项　目	旅行平安保险	旅行业契约责任保险
九、保险范围	被保险人于契约有效期间内，因遭受意外伤害事故，致其身体蒙受伤害而致残废或死亡时，保险人依契约的约定，给付保险金 所谓“意外伤害事故”，系指非由疾病所引起的外来突发事故	在被保险人所安排的旅游期间内，因发生意外事故致旅游团员身体受到伤害或残废或因而死亡，依照旅游契约的约定，应由被保险人负赔偿责任而受赔偿请求时，保险人依照保险契约条款或批单的约定，对被保险人负赔偿责任 保险契约所载“每一个人意外死亡或残废之保险金额”，系指在任何一次意外事故内对每一个人残废或死亡个人所负的最高赔偿责任而言。但仍受被保险人申报的团员名册所载“每一个人意外死亡或残废保险金额”的限制 前项“意外死亡或残废”，意谓旅游团员因遭遇外来的突发意外事故，并以此意外事故为直接且单独原因，致其身体蒙受伤害因而残废或死亡
十、保险期间	以保险单上所载时日为准。保险单上所载时日以中原标准时间为准	“旅游期间”，系指旅游团员自离开居住处所开始旅游起，至旅游团员结束该次旅游直接返回其居住处所，或至被保险人所申报回台日期为止，以先发生者为准。前项旅游团员若于申报回台日之深夜返抵机场，保险契约将自动延长至旅游团员直接返回其居住处所而终止
十一、保险期间之延长	被保险人以乘客身份搭乘领有载客执照的交通工具，该交通工具的预定抵达时刻系在保险期间内，因故延迟抵达而非被保险人所能控制者，保险单自动延长有效期限至被保险人终止乘客身份时为止，但延长的期限不得超过 24 小时	“旅游期间之延长”，系指旅程因故无法控制而必须延长者，但该延长期限不得超过 24 小时。若旅游团员所搭乘的飞机遭劫持，而且于被劫持中保险期间已终止，保险契约将自动延长至旅游团员完全脱离被劫持的状况为止

(4) 收费

为求团费的统一与方便，最好于开说明会当天一起收费。如有特殊情形再行处理，以防游客怀疑团费有别（但旅游批发商实际通常无法如此做）。又因为目前美元与台币汇率之变动很大，某些业者已分开收费了，即团费部分收美元、部分收台币。如果要全数收台币，团费中的美元部分需以当天的汇率来计算，剩余部分再收取台币。综观各路线之团体，除了前往美国地区及东南亚地区旅游的汇率受影响较小外，美金在欧洲及澳新、日本等国汇率变化的幅度较大，旅行业界应随时掌握变局。通常应变的方法有：团费全部收取新台币；或部分收取美元；购买期货市场中的外币；调整售价。

(5) 旅游要约的签订

为了保护游客的权益，同时也为了保护旅行业者的权益，“观光局”特别规定旅行社与游客之间要制订各自的权利与义务规章，只要依约行事两不相干。除了一般的规定之外，对于游客的特别要求或行程上包括与不包括的部分应写明，以免节外生枝。因此，备注栏上的特别约定要充分利用其空间。游客如以刷卡付款，请注意报价是现金价或是定价？如为定价则旅行社不得加收刷卡的手续费（约为3%），此外，有些游客会在杀低团费后再表明要刷卡付费，需小心报价。

4. 开具机票

开机票需注意：

- 团体机票的基本规定，如GV25、GV10、GV7、Excursion Fare等，其有效期各有不同，如CI，SQ可适用一年，UA，NW有效期半年，QF35天，KL 30天等有不同的适用范围（但注意，它们不一定符合正式的规定）。
- 是否因签证的关系需先开具机票？
- 不随团返台游客的个别回程日期活动的预订。
- 游客个别回程时，国际线与国内线变通路线的适用范围及是否需增加费用？
- 旺季期间回程的瓶颈问题，例如8月底，前往美、日等国的台湾地区学生都急着赶回来上学（9月1日）而造成的机位难订问题，需提示游客尽量避开或随团返回，并言明无法如愿返回的责任问题。
- 检查机票的乘机联。

● 回程的班机，当天如无法转机回台，是否有食宿招待券（STPC，Stopover Paid by Carrier）等。

（三）团体机票使用概况（需随时注意市场的变动）

1. 东北亚地区（日本、韩国）

由于市场变化快速，以前大部分的团体机票都使用普通票，机票有效期达一年。但现在都取消此种做法了。团体机票的有效期，中华航空定在14天，长荣航空定在10天。日亚航，限制脱队的人数不能超过20%，西北航空则规定，凡是离队都需变更机票性质为普通票（有效期一年）。现在，大部分的行程为单点来回或进出两点。结合日韩两国的行程亦已大幅减少，大多为单国的行程设计了。不随团返回的游客人数亦受到限制，大约为20%，超过此数就可能要加收费用了。

2. 东南亚地区（菲、新、印、马、泰和香港等国家和地区）

根据其航线及机票票价的优劣点，使用单程票各段加起来即为团体机票的架构，其间亦有可转让与不可转让之别。

往返票（round trip ticket）为普通票（normal fare），有转让与不可转让之分。

至新加坡、吉隆坡及雅加达等地可以使用优惠票（excursion fare）。

至香港者亦可使用Excursion fare，其机票有效期为2~90天。

团体票（group ticket）其中有不可转让、不可退票、不可改变行程等诸多限制的有与否。

3. 美洲地区（旺季为7、8月，其他时间为淡季，但春节期间另有规定的票价）

单程票(one way ticket)

- normal fare
- budget fare（Non-stop）
- immigrant fare

团体票（group ticket）

GV10有效期为14~35天，但实际运用上却有一些不同。

美国国内线（有效期原只有60天，现有些已延长至120天）：

西北航（NW）及美联航（UA），三段票淡季389元，旺季419元(7月1日~8月31日)，以后每加一段加60元，最多可加到八段，国际线需搭乘西北航、美联航。其他有必要的段落，西北航、美联航没有飞行则另开Sector。UA及NW的美东团亦适用zone fare（机票票价仅供参考)。

合众国航空(US AIR)在美国国内，三段票淡季389元，旺季419元(7月1日~8月31日)，每加一段加收60元，至多十段。国际线须搭乘下列航空公司(SQ，CX，GA，MH，PR，TG，JL，OZ，KE，CI，CA)班机。

※有关NW及UA团体与个人的台湾岛内线机票规定，请参考其通知，每一年几乎都有变化，应随时注意其变动。

4. 欧洲地区

单程票(one way ticket)

－normal fare(一年有效)

往返票(round trip ticket)

－normal fare(一年有效)

－excursion fare(有效期14~90天)

GV10(group ticket)

－10paying tickets＋one half 15＋1 FOC，有效期为14~60天，其票价约为normal fare的65.88%(因市场竞争激烈，真正的底价变量很大)。回程如不随团有些航空公司需另加收费用。

GV25(group ticket)

－最低开票人数需达25人，而且没有free ticket，有效期为14~30天，其票价约为normal fare的54%。目前愈来愈少使用。

5. 非洲地区

单程票(one way ticket)

－normal fare(一年有效)

往返票(round trip ticket)

－normal fare

－point to point fare

－excursion fare(有效期7~45天)

团体票(group ticket)

－15 paying tickets＋one free

－10 paying tickets＋half

有效期为14~60天，没有GV25。

团体票GV7

－至南非共和国的南非航空有GV7机票，即最少应有7人才能开票，且要同时出发，有效期 7～45 天。中途可停留毛里求斯或香港，台湾岛内线可利用 virsa fare。GV7 国际线之机票约为 normal fare 的 45%，但没有任何优待（half，F. O. C）。

6. 澳新地区

单程票(one way ticket)

- normal fare

往返票(round trip ticket)

- normal fare
- point to point
- individual it Fare

团体票(group ticket)

- GIT fare（Group Inclusive Tour）亦即 GV10。

如果只到澳大利亚，有效期只有 7～35 天。

如果澳大利亚及新西兰都去的话，则有效期为 10～35 天。

不随团返程者，有些航空公司需另加收费用。

第二节　领队作业

(一) 领队的专业范围和职责

领队的工作，其实是很广泛的。不像导游只要把他工作范围内要解说的细节向游客讲清楚说明白，即可获得大部分游客的认同。领队在旅程上整个工作的时间很长，角色的扮演也经常在变换，要得到游客的高度赞赏实在不容易，因此，领队的专业训练需要长时间的经验加上个人的努力。

领队的工作是团体自出发至结束全程陪同团体成员，执行并串联公司所安排的行程细节，以达成上级交付的任务。其内容涵盖交通、住宿、餐食、参观景点等，并在适当的时候做翻译或解说的工作。除此之外，还需安排自费行程或购物及自由活动等。同时，注意团员的安全与健康，维护公司形象与利益，可以说责任重大。

领队的英文称谓为：Tour Manager、Tour Leader、Tour Escort 及 Tour Conductor。从字义上亦可明显看出，领队的工作任务中“解说”只是其中的一部分而已。一般人都把领队与导游混为一谈，其实其工作任务有很大的区别：

领队：自出发点起至行程结束的所有活动的执行及串联。

导游：其工作重点偏向在定点（或一个地区）的导游及解说上。

由于时代的进步，人们出外旅游的经验丰富了许多，因此有一部分的团体及大部分的散客自由行游客，都已不需领队来带领，而只要求当地导游来服务。

1. 领队必须具备的专业知识

（1）对旅游产品的认识。

（2）通关的C. I. Q手续及各国的护照与签证知识。

（3）个人及团体票务知识。

（4）外语能力及专业术语。

（5）旅行业大环境的发展趋势。

（6）旅游产品的营销渠道（传统的及先进的）。

（7）对游客心理认知的研究。

（8）要对国际政治局势及环境卫生有认知。

（9）熟悉相关“法令规章”（“旅行业管理规则”、旅游契约书、“民法”债篇旅游专章、“消费者保护法”等）。

（10）具有文化艺术哲学的修养。

2. 领队的专业技能

（1）执行行前说明会及每日行程安排的能力。

（2）充分的外语及专业术语的沟通能力（外语不一定要非常好，但要具备能与对方沟通的能力）。

（3）处理紧急事件应变的能力（应变能力有一半是天生的，另一半为学习而来的，领队应变能力的培养至为重要）。

（4）前往海外地区旅游保健的知识及预防的方法（不只是要知道而且要实地能为游客消解非医疗性质的问题）。

（5）带动团体气氛的技巧（团体康乐活动的设计、执行）。

（6）新的“法令规章”（尤其是“民法”旅游专章及“消费者保护法”）实施之后，具备解决旅行社与游客之间纠纷的能力。

（7）要有发现新景点及设计新产品的能力（产品是日新月异的，经常带团的领队应有此敏感性）。

3. 领队的职责

领队需负责全队的生活起居，团体的活动及安全，因此必须面向广大团员，不能只照顾少数人，所以要做到立场超然。

4. 领队的工作态度与职业道德

(1) 真诚对待游客。

(2) 既要照章办事，也要随机应变。

(3) 把自己也当成团员之一，设身处地、换位思考。

(4) 以维护大部分团员的利益为宗旨。

(5) 了解服务业的特性及可能面对的困难。

(6) 认识现行“法令”偏向保护消费者的现实。

(7) 在处处有诱惑之际，事事能把持职业道德与良知。

(8) 知行合一，报账开销要合情合理。

5. 领队与游客的人际关系及游客心理的研究

(1) 相处时间长，故与游客之间的互动要起动得早。

(2) 游客如有错，亦应给他有下台阶的机会。

(3) 要以领队的专业及诚挚的服务感动游客。

(4) 要做到告知的义务，这是法律赋予专业经营的道义责任。

(5) 在自由活动及自费行程中，为保障游客的权益应适时参与。

(6) 了解游客贪小便宜的心态，适时地满足他，反而更能收到好效果。

6. 领队解说时应注意事项

(1) 领队在不同时段扮演的角色应有所不同。

(2) 如扮演翻译的角色时应以团员们熟悉的口语、数据或年代来表达。

(3) 如果行程中有中文导游服务，则应扮演引言人的角色。

(4) 在宣布重要事情时务必注意是否每位团员都已知悉了（告知的义务）。

(5) 要注意团队的成员是否已跟上，不要只对前面几个人说话。

(6) 在进入解说的景点之前，应先给游客以整体的概念，再加以细说。

(7) 除了用国语之外，如需再用方言讲一次者，需把握时间及重点。

7. 国际礼节的告知与遵守

(1) 出发前的行前说明会或使用文件的告知及责任（没来参加时，要用文件告知，再用电话说明）。

(2) 旅馆内的礼节（大堂、房内电器、电视、浴室、服装、声响、床头小费）。

(3) 餐厅的礼貌（预约、带领入座、抽烟区、高声喧哗、喝酒、小费等）。

(4) 各种交通工具上的礼节（飞机、游轮、游览车、轿车等）。

(5) 会议场所、表演场所的礼仪（可否照相、幕间入场、中场休息时间等）。

(6) 参观景点及节目中应有的礼节（不能践踏草坪、触摸展示品、照相等）。

(7) 领队的服装与仪容（第一天第一印象、胡须、衣着、谈吐举止等）。

(8) 小费的真谛（TIP = To Insure Promptness）（小费是认同领队的服务，给领队鼓励的方式之一，但不应带有强迫的意味）。

(二) 紧急事件与旅游纠纷的处理（要事先熟悉法令规章）

1. 紧急事件的处理：

(1) 遗失证照、机票、金钱、行李等。

(2) 游客走失、团员失散。

(3) 交通意外事故（飞机、火车、巴士、轮船或马路交通等）。

(4) 游客重病或死亡。

(5) 当旅馆失火、失窃或抢劫发生时。

(6) 游客饮食出现问题时。

(7) 预定行程变动或导游、汽车没按时到达时。

2. 旅游纠纷：

(1) 行程变动时（线路、景点、门票、参观地点不开放等）。

(2) 收费有落差、涵盖的项目不清楚时（领队如何弥补游客心理的不平衡）。

(3) 旅游契约书上的争议、“民法”内旅游专章的规范、“消费者保护法”的精神所在。

(4) 购物、自由活动、餐食（口味）、旅馆（等级、地点）、自费行程等。

(5) 要考虑如何以保险的理念来避险，并使之成为旅行业的收入之一。现在的“法令”所保护的已够多了，反而造成消费者对于产品的认识不清。有的风险似乎应让保险公司来评估并制作成产品给消费者选购更好些。

第三节 领队作业流程与管理

领队作业服务流程

(一) 出境前

1. 依守则准备

- 复习职责。
- 了解职权。
- 牢记戒律。
- 熟悉产品内容与特色诉求。
- 记住特殊服务事项、时间与重点。
- 导游暨服务内容预习。
- 与业务、OP 召开会议，了解团员特点。
- 确认沿途付款方式（票券、现金）。
- 确认参加人员（性别结构、亲属关系、年龄层、特殊需求）。
- 制作电话联络表。
- 确认行程中交通公司名称、每天发车时间、司机姓名。

2. 至线控主管处报到及作业

- 再次确认团况、游客结构属性。
- 依行程搜集、补充相关资料。
- 依行程表核对国外目的地旅馆、餐厅、巴士与旅游经营商资料。
- 检查资料袋（书面资料、团员手册、名牌、布旗、赠品等）。
- 了解行前说明会场地、布置场地。
- 与 OP 分工，一一通知游客参加说明会，并确认参加人员。
- 不清楚处向管理部或相关作业部门反映。
- 检查游客是否签订旅游要约。

3. 行前说明会

- 依规定着装，并提前一小时抵达会场。
- 检查相关资料，不全时立即补足。
- 迎接、问候、招呼客人，安排客人就座，发放资料。
- 观察游客属性，为后续作业准备。
- 事前了解游客特殊需求。

● 准备开始说明（视客人出席与当日交通状况，随机应变）。

● 检查缺席游客，紧急电话联络，确认出席与否。

● 说明会开始（依“说明会领队 SPEECH”规定说明）。

● 回答团员的疑问。

● 询问游客特殊需求，并做成记录。

● 提醒游客确实了解旅游契约内容，并亲自签名。

● 向 OP 部回报游客需求，并提出作业请求。

※领队人员说明会应提事项

（1）致词，代表公司欢迎贵宾并自我介绍。

（2）说明事项：

● 检视公司所发的行程表资料及赠品（如有）。

● 填写问卷表。

● 说明集合时间及地点。如有必要请用图标。

● 说明各地气温及应携带之衣物、手套、墨镜等。

● 各国插座与电压的不同（或由领队准备）。

● 个人应携带常用的药品与物品。

● 沿途各地与台湾地区之时差（时差较严重之地，请提供解决时差的方法）。

● 讲解各国汇率。

● 各地旅馆有无提供牙膏牙刷、拖鞋等，或有无冷气设备及其他应注意事项。

● 各国饮食卫生条件，要求吃素或不吃何种食物等的提醒。

● 各国预防注射或准备黄皮书等事宜。

● 结汇及携带外币之方式。

● 本公司提供的保险种类及游客可自行购买的保险（或由本公司代办）。

● 各国打电话的方法，移动电话是否适用？如何打电话回台湾地区？

● 退税的相关规定。

● 购物的注意事项。

● 治安、安全等注意事项。

● 行程概要、旅馆住宿、餐食特色、旅游景点、自费行程、夜间节目等的介绍。

● 说明小费的情况。

● 收费。是否可以刷卡？订金已收多少？需不需交外币？代收转付凭证如何开立？

● 其他各项权利及义务的提醒。例如：证件及重要物品的保管，不定因素的预先告知，旅馆住宿的安全维护，在海外迷路或走失的心理准备，台湾地区驻外单位的认识等。

● 留一份班机时刻表及旅馆表于家里，以备需要时使用。

● 其他因各地之不同，应携带的物品及注意事项。

（3）请教贵宾有什么问题？

（4）回收团员问卷表及收费。

（5）结语。

※领队可按自己的方式说明，但应涵盖上述要点。

4. 行前交接作业

● 核对行程表、工作单、游客需求单。

● 核对游客证照。

● 一一再确认作业流程。

● 领作业款项、票券、作业资料袋。

● 预做游客机位分配与旅馆房间分配表。

● 领取游客胸章、行李牌、领队识别旗帜、巴士布旗等。

● 确认游客餐食的特殊要求并与航空公司再次查证。

● 领队及 OP 人员都须在交接单上签名。

5. 出境前置作业

● 检查团体机票、游客证照。

● 填妥 ED 卡中大部分内容。

● 整理游客分房表。

● 研究行程，并再次复习、熟记各景点进出时间与作业程序。

● 检查游客特殊需求请求单，并了解执行状况。

● 了解出团当日本地天气、交通状况，必要时提醒客人。

6. 出入境作业

● 制订“领队出入境作业 S. O. P”，作业内容应包含台湾地区出境、中途转机、国外入境、国外出境、返程入境等环节，制订作业细则。

● 作业细则内容应凸显“体贴、周到、细致、以客为尊”的精神。

● 拟订“危机处理”作业规范（如被拒绝登机、游客临时遗忘应携带证件等情况）。

(二) 出境后

● 制订"领队境内外带团服务作业 S. O. P",作业内容,要顾及交通工具、旅游景点、旅馆饭店、餐厅等环节的确认与串联、转机流程,认真制订服务规范。

● 制订"领队带团危机处理作业规范"。

● 制订"领队带团导览、解说规范"。

(三) 返程后

● 报账与核销。

制订领队结团作业实施细则。

账务整理、事故报告、报账核销。

● 行程检讨。

上交游客满意度调查表、领队带团服务检查表、游客意见反映、国外市场信息报告、国外业者意见反映、领队个人对行程意见与建议、海外行程现况报告、提出强化服务与产品行程的建议。

● 后续服务。

游客回程后亦即再出境的起步、照片的交换及心得报告、与游客之间的互动(但以批发为来源的游客则需避开)、提供旅游新知及新产品讯息、定期寄生日或结婚纪念日贺卡、经常性的电话联系或聚餐。

第四节 旅游保健

出境旅游,尤其是长途飞行的旅程,对于领队本人及游客们的身体机能、时差的变化、水土空气的适应等都产生极大的影响,同时经常搭乘飞机、游览车或游轮更是会在移动中产生身体的不适或者在紧急的事件中需要去面对,医生不可能随侍在侧,但必备的专业知识却可以说是举手之劳,我们不妨深入认识它。

以下提供给各位参考的是,出外旅行经常会碰到的一些应变措施:

1. 解决时差失调 (JET Lag) 的方法

对于目的地的时间与台湾地区相差超过六七个小时以上的地方,经过长途飞行之后,会使我们身体的生理时钟会产生错乱的情况。其症状一般为疲劳、想睡觉,有时日夜颠倒,该睡的时候又睡不着。尤其是往东飞时,时差更大,生理时钟受到的冲击当然更大。因此如何让领队人员或经常搭机旅行办事的人，能够迅速恢复体力，抵达目的地之后，即能生龙活虎地马上接下去办事，成为当务之急。

其解决方式，可以依下列方式择一或两种方法去试验，一定会有很好的效果，不妨试试。

(1) 在出发前一两天即发出一个意念，把我们身体的生理时钟调到目的地国家去，先做个心理的调试。出发当天记得把你手表的时间，调到目的地国家的时间。同时，意念中要想着我们目前已处于当地的时序了。

(2) 如此次行程是往东飞的（如美、加等国），则在出发前几天开始，每天提前 1 小时睡觉，以便较容易适应当地的时间。往西飞的行程（如中东、欧洲等地区）则往后推迟 1 小时睡觉。

(3) 抵达目的地之后，尽量在白天活动或工作，入夜之后再睡觉。因为外面光线的亮度会影响我们身体的内分泌。

(4) 在飞机上的时候，控制自己的饮食，不要吃太饱（七八分饱即可），尽量不要喝酒，可以喝白开水或纯果汁。

(5) 分配全程的飞行时间。如为领队人员，需把该做的事先做好，再充分休息。休息时应做到：

- 尽量不要看电影或书籍，因它只会增加你的疲劳程度。除非你实在静不下来，才以其他方式转移注意力。
- 身体完全放松，可以从头到脚，一部分一部分地放松。坐着的时候，背部不要靠椅，收腹塌腰、提会阴、百会（头顶）上领、全身放松。这样做，将令你在短时间内恢复体力。
- 休息时，务必将灯光关掉或关至最微弱的亮度。由于我们的呼吸，是用全身所有皮肤及毛孔整体开合来呼吸的，并且受光线照射的影响。因此，睡觉休息时最好要关灯。以往医生所认知的，眼睛是影响生理时钟最重要的因素，而在 1998 年，康奈尔大学的研究发现，全身的皮肤才是影响自身生理时钟的最大因素。
- 可以使用逆式腹部呼吸来数息，计算呼吸的次数。我们一般是用肺部呼吸，但如果转换为用腹部呼吸并配合吸收大自然能量的意念及数着呼吸的次数，则将很容易进入睡眠状态。此种方式对于一般的神经衰弱、不容易入睡、经常胡思乱想者都有奇效。（练习时要注意吸气时提会阴，外气内聚。呼气时，内气外放，呼气的时间要较吸气时为长。）
- 最好穿较宽松并有鞋带的鞋子及长裤，或者脱掉鞋子穿拖鞋较为舒畅。座位最好选在走道旁（尤其是领队）才方便进出，否则长途飞行实在不方便。飞行途中，最好2～3个小时就应起来活动一下筋骨，以防在高空加压舱内，心脏、手脚等有血液不流畅的并发症出现。

- 请医生开处方药，如褪黑激素（Melatonin）或镇静剂、安眠药之类的西药。但安眠药应尽可能不要服用，因它只能延后我们调试的时辰而已。褪黑激素在台湾地区是处方药，在美国为保健食品较易买得到。对于经常旅行的生意人或空中服务员，是他们经常服用的药物。不过，也有一些医学报告显示，褪黑激素尚有某种程度的副作用，不妨请教一下医生。但是，如果你在试验了前述的方法之后，觉得有效，就请尽量用自然的方式来解决时差之苦。
- 其他尚有各种解决时差的方式，但须视个人之所需或可以接受的程度而定。例如尿疗法，有些医生也曾建议可试试，因它的疗效与褪黑激素的效果都可以达到60%，但大部分的人无法接受。总之，以任何方式解除你的心理负担，完全放松心情及各部分机能，即能在较短的时间内恢复你的体力，补足睡眠的不足，并适度地适应因各地时差所带来的不协调感。
- 使用针灸疗法。
- 按压穴道法：内关、合谷、足三里、太冲等穴位。

2. 防止晕船晕机的方法

请教医生，是否合适服用晕船、晕机的药，以便降低中枢神经的敏感度（不过不要一开始就没信心，老是想着非吃晕船药不行）。

有机会就多搭机、搭船以便逐渐适应，否则一辈子都没有享受旅行的福气。

在飞机上、船上可以多做一些舒展肢体的运动，尤其是头部及四肢的运动。一个人不能在一个狭窄的空间内长时间不活动，你可以做的运动有：

（1）鹤首龙头摆动：这是头部的前后及左右两侧的摆动方式。首先两手叉腰，然后下颚回收颈项部后突上拔，头后仰，下颚上翘，向前、向下、向内，沿胸向上拔颈椎、头后仰、下颚上翘、向前，如此连续做9次。然后，反向鹤首的动作再做9次。接下来，龙头左右摆动，以左侧头角向左倾斜然后上顶，随即向右斜上方画圆，继续右侧头角向右倾斜，随即向左斜上方画圆。如此连续各做9次，左右摆动的弧度呈∞形状。

(2) 寒肩缩项开合：（坐着站着皆可）两手臂向两侧伸出与肩平，然后与头部、胸背部等 4 个点同时向第 4 胸椎处集中收缩，像天气寒冷打寒战一般。停留短暂后，再向四方分散出去（肩开项松，意念中有肢体开合的动作）连续做 9 次。

(3) 立掌分指畅筋脉：（坐着站着皆可）两手向两侧伸直，立掌成 90 度角，然后两手掌向两侧外撑（手掌向外撑出去，好像顶住天边一般）。之后，肩胛骨向内缩，数秒后再外撑，连续做 9 次。尔后，两手继续伸直并立着掌亦好似撑住天边，再做分指及合掌的动作，共 9 次。

(4) 揉腕的动作：（坐着站着皆可）两手十指交叉上举至头顶上方翻掌心向上，两臂伸直，大臂贴耳，做两腕交错向前→向上→向后的立圈画圆的动作。同时肩、背、肘要配合做相应的晃动，此动作重复做 9 次。

(5) 弹腿翘足：（坐着站着皆可）先将左腿伸直（小腿与大腿成一直线），然后足尖上翘，足跟外蹬（用力伸直），足尖下点，如此重复 9 次。之后用足尖画圆圈，先向内转 9 次，再向外转 9 次。接下来再做右腿的动作（同为 9 次）。

登机、上船前喝一些姜汁或含两片姜片、姜糖，这对解除晕船晕机有意想不到的帮助。若是在船上或车上则应尽量向窗外张望，使眼睛的视野变得广阔。同时深呼吸一下，再将腹部的空气及想要呕吐的味道呼出来，连续深呼吸几次（使用的方式最好为逆式腹部呼吸法。吸时，提会阴收小腹，胸部膨胀充满空气；呼时，胸部空气吐尽，气往下沉）。

登机、上船、上车前避免吃太饱，也不要喝酒或太多的咖啡、茶。前一天要睡眠充足，避免不必要的熬夜。

上船后，利用时间从最上层往下全部绕一圈，除了熟悉全部的设备之外，对于晕船的下意识反射亦具有消解的功效。因为你会想要将船上的所有设施尽量把它享受完。

于床铺横躺时，尽量放松全身，不能老是想着晕船，而应将注意力分散到其他地方，例如数息，即用心数着你呼吸的次数，愈慢愈好，还是要运用逆式腹部呼吸法的方式（每分钟约 8 次就好）。

做按摩两个耳朵的动作，提拉双耳尖端、耳屏、耳垂、耳轮等处，揉一揉、拉一拉、搓一搓，直到耳朵血液充斥，红热起来为止。也有人将贴剂贴于耳后或肚脐上以消解晕眩。

有心脏机能障碍或血液循环不良症状等的慢性疾病患者，最好在出发前请教医生是否适合旅行，并做适当的应变。

其实要解决晕机晕船的主要原则是使你身体上的血液及气（意念）流通正常，把晕的感觉稀释掉，并把我们体内对速度的感觉和视觉接收讯息不一致的落差做些调整即可，亦即，应将视野的感觉变得开阔，心情放轻松，即可改善晕的情况。

3. 前往低温地区旅游应注意事项

由于冬季有特殊景观或吸引人的景点，温度一定低得出奇，甚至低至零下一二十度，因此在旅游活动开始前要提醒游客提前准备，以防万一。

冻伤之处多发于肢体的末端，如手足的末端（手指、脚趾）、耳朵、鼻子与脸颊等处，且这些地方也是血液循环较少之处。其发生的情况为皮肤变白（没有血色），感觉很冷，然后皮肤会变成紫色，或发红，并渐渐有知觉上的障碍（如麻木、刺痛、发痒等）。当情况愈加重时会形成水泡或产生组织坏死的现象。当温度不是很低但风速不小时亦要注意其不小的破坏力。因此，防止冻伤的重点应为：注意手脚、口鼻、耳朵的保暖，要带手套、毛袜、帽子、围巾等物品；尽量不要抽烟；如已发生冻伤且时间不长，可迅速使用略高于体温的温水来水浴，或将患部置于腋窝下或两大腿间取暖。如你无法判断伤势的情况，则通常使用的两手摩擦生热的方式最好不要使用，如有水泡产生则不可自行弄破，最重要的，不能再让冻伤的情况加剧，而要保暖并就医治疗。对于轻微的冻伤，应在出行前准备防冻药膏及护肤的用品。

衣物的携带除足够保暖外，不应在大衣内穿太多的衣服，以免在室内及室外温差太大时，造成身体的调适不良。

鞋子的底部务必有防滑的效果，否则跌伤的几率很高。购买鞋子时应注意要加大尺寸，以便可以穿较保暖的袜子。此种鞋子一定是要用鞋带绑紧的。在雪地上不能任意快速奔跑，不然也很容易受伤。在不熟悉的地方，有雪之处应先试踩。

为了防止在雪地上眼睛受到伤害，最好戴墨镜。

对于一些慢性疾病的患者，如高血压、糖尿病、心脑血管疾病，或有末梢血液循环不良者，要请教医生是否适合低温地区的旅行。

如果搭机站为温带地区而抵达站为极低温地区，则上机时应预先准备好必要的衣物，以防抵达时一时无法适应。

在雪地照相时，如遇按不下快门，应先将相机置于身体温暖处取暖之后再拿出来拍照，拍完之后马上再放入温暖处。

旅馆的暖气设备最好开启，尤其对来自亚热带的人，体温的变化要特别注意。在旅馆房间也最好放置一杯水或洗澡水暂时不要放掉，以保持房间湿度的平衡。

在雪地上较滑之处，走路时应提着会阴（即提肛）、收小腹，才能保持快速应变的能力，尤其是年纪较大者，更应注意避免滑倒。此种提会阴收小腹的方式，在下楼梯及下山时，对步伐的稳健亦很有帮助。如果一个人可以随时保持这种姿势则可以令你保有较佳的精神状态（守住气及精神）。

在极低温度地区旅行，一切以保暖、安全为第一要务，千万不能因一时的兴奋而忘了潜在的危险。

4. 前往高海拔地区旅游对高山症的认知

一般而言，海拔超过 3 000 公尺高者称为高原，但高山症的发生从 2 500公尺高度起即有可能发生（如四川省九寨沟的牟尼沟及南美洲秘鲁的库斯科等处即是）。又由于地处高地气温与平地比较起来，每升高 1 000 公尺，气温可能降低 5℃～7℃（要看日照的时间而定）。而且，日夜温差很大，感冒未愈者更不要冒险前往。

高山症发生的主要因素为人体内组织缺氧之故。以 4 000 公尺之高度为例，其氧分压只有平地的 60％而已。所以身体马上会有氧气不足的反应，包括心跳加快、气喘、上气不接下气、头痛（因血管扩张引起的）、呕吐、失眠、口干舌燥等症状。

因此，前往高海拔地区旅游，务必要慎重评估自身的条件，不可贸然前往。现在把高山症所可能引起的问题，提供给旅游者参考。严重者一定要请教专业医生，确认没问题后，才可以上路。

（1）有下列情形的人不适合到高海拔地区旅游：

1）患感冒尚未痊愈者，或体能状况不佳者。

2）发现有心脏、肺脏、脑部、肝脏、肾脏等明显病变者及严重的贫血与高血压患者。

3）刚做完手术，伤口及体力尚未完全恢复者。

4）孕妇。

（2）适应方法：

一般人皆需一二天甚至四五天才能适应，此处有多种方式可以尝试，因每个人的体质不同，因此所用的方法亦可能不同。

1）发生高山症，一般都在搭机抵达两个小时以后开始出现，所以不要以为刚下飞机感觉没事，就欢蹦乱跳。如由陆路前往高山地区，最好循高度渐升的方式停留住宿，好让身体机能适应。

2）高山症开始发作后，如果不是很严重，最好不要去买氧气筒（袋）来吸。因为它会减缓你适应的过程。如果真的受不了，除了看医生之外，吸吸氧气筒也无妨（注意，氧气筒不能带上飞机只能在当地购买）。

3）出发前要准备一些药品及食物：解痛药（如止痛剂、百服宁、肌肉放松剂、镇静剂等）、红糖（即赤砂糖，用温水泡来当饮料喝，不过有糖尿病的患者少喝或不要喝）。

4）要多补充水分。但不要喝热开水（在高海拔地方水在摄氏80度就沸腾了）而喝稍温的就好。要量少而多次喝水，其总量应比在平地多一些。在一些风土民情浓郁的地区旅游，也尽量做到入乡随俗。例如在西藏地方，可和当地藏民一样喝酥油茶，吃牦牛肉及其他高热量的食物。一方面可以增加水分及热能的来源，另一方面亦可放松心情帮助入眠。

5）对于饮食，除了多喝水之外，最好多食蔬菜及富含维生素C的水果。不可暴饮暴食以免增加消化器官的负担。尽量不要喝酒及吸烟。不吃太辣的食物，咀嚼饭菜时要比平时多嚼一倍的次数，以减少胃部血液的负担。

6）要保持好身体的温度，因高山地区与平地温差大，而且日夜温差也较大，故要随身携带能保暖的衣物。尤其对于手部、脚部及面部的保护更要注意。

7）在高山地区，一举一动都会影响氧气对身体的供给量。所以，动作要缓，不要跑步，不拿重物；抵达的第一天最好不要洗澡、洗头；不要跳舞或做剧烈的运动。

8）大量的吸收氧气除了对身体能量的来源提供必要的元素之外，对于癌症的预防与治疗也可以起到重大的帮助作用。诺贝尔医学奖得主温伯格医师于2000年来台演讲时也特别提及此点。其实大量吸取氧气的方式有很多种，包括清晨在氧气浓度高的地方散步（如公园），都是很好的方法，如能讲究技巧，效果会更好。

5. 搭飞机时机位的选择及危急时的解决方法与注意事项

（1）选择机位的原则：要选择机翼旁、靠走道的位子，并要记住出口的地方（摸黑亦能找到）。选择此位子，领队人员可以解释，说这个地方是因为方便服务团员。请不要选择靠窗户的座位，尤其是客满时。

（2）示范安全措施时，每次都要仔细注意看，不要因为已经知道了而忽视。

(3) 要全程扣住安全带，不要因为气流稳定了就松绑。特别应注意的时刻为起飞、降落时、发生乱流时（晴空乱流也会有危险）、睡觉的时候。

(4) 穿戴衣物及鞋袜的原则：要穿有鞋带且较宽松的鞋子（在机上加压舱内，肌肉骨骼会膨胀，或者在紧急时要逃离，鞋子脱落很危险，会踩到玻璃碎片或烧烫的金属对象）。不要穿凉鞋及高跟鞋。不要穿尼龙质的衣裤及袜子，因为在高温下对皮肤伤害最大；最好穿棉质、毛质及皮制品。长袖上衣及长裤要比短袖或短裙安全。

(5) 在有可能发生撞击的时刻，要学习小孩子在当时的心理状态，保持放松的心情（虽然很难，但还是要学习，并处之泰然，才有获救的可能)。此刻，可以运用气功的原理，让全身的气机、肌肉、神经及意念尽量达到松、静的状态。

(6) 当飞机即将接触地面时，要接受空中服务员的指示，绑紧安全带，弯腰抱头，压低身体。抵达地面时，在空中服务员的指导下，尽快离开飞机。要记住千万不要再去拿没放在身边的手提行李。纵使身边有稍大的行李，在危急时也不要拿走。

(7) 如果可以，还是选择安全性较高、声誉不错的航空公司较妥当。全球各洲的航空公司发生事故的比率大致如下：

美洲地区	千万分之五
欧洲地区	千万分之六
亚洲地区	百万分之1.5
非洲地区	百万分之2左右
澳新地区	到目前为止为0

依此比率，全世界空难的概率约为平均每百万分之一，在各种交通运输方式中，航空仍然是全世界最安全的交通工具。

6. 不适合搭飞机的人

(1) 怀孕超过36周以上者，如一定要搭机需医生同意。

(2) 最近2～4星期内动过手术者，如眼球手术，或其他医生认为不适合搭机的头、脸、腹、胸部手术者，尤其是患有出血性的胃溃疡患者。

(3) 患有心脏或肺脏疾病者，例如心肌梗塞患者发病后4～6周或有严重的心脏衰竭病史者，这是因为其心脏及肺脏的功能无法适应在高空飞行时飞机内的加压舱环境。

(4) 血液疾病患者，如其血色素低于每100毫升8.5克者，在高空飞行时需要较多的氧气供应。对于血栓栓塞性的患者则难于适应在飞机内较少活动的空间。属于镰刀细胞或地中海型贫血患者，则不适合 6 700 公尺以上的高空飞行（远程大型飞机的飞行高度都在 10 000 公尺以上）。

（5）较为严重的气喘、肺气肿、慢性支气管炎患者，因在空中缺氧的情况会比平常严重，故不适合搭机。

（6）有鼻窦炎或中耳炎、内耳炎的患者，搭机时升空后，鼻腔及耳朵内的气泡会膨胀，无法缩小，使得患部涨痛令患者感觉难受，也不适合搭乘飞机。

（7）患有开放性肺结核的病人绝对不可以搭机，否则危害整架飞机的人。

（8）年纪较长或婴幼儿，可视情况而定。老人如有心脏血管疾病、高血压、心绞痛等最好避免搭乘飞机。婴儿必须出生满 14 天以上才可搭乘飞机。

（9）乘机前一天绝对不要去潜水，以免压力变化太大而发生危险。在平地上最好有 12～20 小时的减压时间，以调适变化。

（10）容易晕机、晕车者，如需搭机最好事先准备：

①请教医生服用晕机药降低中枢神经的敏感度。

②在飞机上多做一些舒展肢体的运动。

③耳部的按摩与拉揉（耳屏、耳轮、耳垂等处），按压翳风穴（耳后）。

④按压内关、阳陵泉、太溪等处。

⑤登机前喝一些姜汁或含两片姜片、姜糖。

⑥避免吃太饱，睡眠要充足。

⑦也有人将贴剂贴于耳后或肚脐上以消解晕眩。

⑧最好向医院申请一份病历表或医生处方随身携带。

7. 飞机上常见的疾病或症状

（1）晕机、呕吐（有多种解决方式）。

（2）耳鸣、耳朵疾病（可以咽口水、嚼口香糖）。

（3）旅游者血栓症（经济舱综合症），由于座位狭小、活动受限，如长时间不活动容易造成血栓症。如改搭商务舱或头等舱则发生此症的几率就相对降低很多。

（4）747 臭氧症（即缺氧症，因以前只有波音 747 的飞机才能在臭氧层的高度飞行，故因此而产生的缺氧现象叫 747 臭氧症）。

（5）皮肤干燥、口干舌燥、眼睛干涩、肠胃不适、小腿肿胀（多喝水及果汁。少喝酒、不戴隐形眼镜、多上厕所)。

(6) 密闭空间容易受呼吸道感染(感冒、肺结核等)。飞机上各个舱等的氧气供应量皆不相同,其换气量 Y: 20% C: 50% – 60% F: 80%。驾驶舱: 120%。

(7) 应携带自身需要的药品及病历表以防万一。如何用药,出发前先请教医生(因有时差的关系)。

(8) 换气过度、情绪焦急、恐高症等(用腹部呼吸法、纸袋呼吸法、吐纳术等)。

(9) 机上的运动、放松筋骨的妙方(意念及动作: 鹤首龙头、寒肩缩项、立掌分指、揉腕、弹腿翘足等)。

8. 领队的健康养生之道

由于领队人员的工作责任和压力较大,尤其是遭遇突发事件,或在极短时间内需要做抉择的时候,更会使领队的情绪产生极大的变化,导致体内内分泌失调,影响健康。对于新入行者,因为经验不足,考虑不周,意料之外的事情屡有发生,在责任感的驱使之下,更容易紧张,而导致消化系统的疾病频发。可是,对于经验丰富的领队,则因一切顺利,心情开朗,大部分的餐食安排又都相当理想,加上每天起居活动正常,结果胃口大开。天天如此,如不节制,营养过量就变成必然的现象,心脏血管毛病,高血糖高尿酸等症接踵而至,也不能掉以轻心。

这里将作者的个人体验,提供给业界同行一个参考,以期各领队导游能将每个人的经验与其他同仁分享。

(1) 遵守七分饱的原则,不贪嘴。

(2) 多吃高纤维质的蔬菜及水果,甚至成为素食者或吃便斋(但有癌症的患者不可随便吃素,应征得医生同意方可吃素)。

(3) 少吃肉类、盐渍物、油炸物、烤焦物、太甜或太咸的食物、动物的内脏、皮等。

(4) 其他有关饮食的习惯及应吸收的养分、热量比重等需请教专业医生或营养师。

(5) 喝酒一定要节制,尤其是领队有责任在身,绝对不能喝醉,否则其后果不堪设想。

(6) 如有可能最好每个月能断食一天,但仍吃少许的水果及喝开水。如要长时间的断食(对于一些慢性病效果很好)则务必遵医嘱。

(7) 当紧急事情在处理,或需消耗较多体力时,不要贸然进食,宁愿饿着肚子。

(8) 30岁以上的领队，每半年应抽血检验一次（检查血糖、尿酸、肝、肾功能、血脂等）。40岁以上的领队，最好每年全身检查一次。

(9) 在带团工作中，可根据各地旅馆或环境，早一点起床做散步、晨跑的运动（最好邀约其他游客一起活动）。

(10) 如在旅馆房间内，则可以进行轻微锻炼：如呼吸健康法、坐禅、瑜珈术、甩手、外丹功、气功等较不限场地大小的运动。这些运动对稳定心绪也有诸多助益。

(11) 不管在任何场所、时间、坐姿要标准，不能驼背，这点不要疏忽，非常重要。这对领队的形象亦很重要。

(12) 各地旅馆如有桑拿、游泳池、高尔夫球场、网球场等设施，应主动邀请团员一起去享受。

(13) 不做亏心事、忠于职守，自然身心愉快，不容易生病。

(14) 做事情应负起责任，但不要把它看得太严重，否则压力太大，问题得不到解决，身体也累坏了。

(15) 经常面带微笑，对自己充满信心，纵然有些挫折也应把它当做经历的一部分，以保持身心的健康。

(16) 对于自己身体已有的毛病，在出发前应再找医生拿足够在海外期间服用的药物。某些特殊的疾病最好请医生写好一份处方，放在身上以便紧急时使用。

(17) 前往某些疫区国家或卫生条件不佳者，除了提醒游客应有预防注射外，自己也应有所准备。

(18) 替游客搬运行李，虽然无所谓，但是千万不要勉强去搬动特别重的行李，以防坐骨及手足关节毛病的发生。有行李小费预算的地方不要省而不用。

飞行途中出现的“经济舱综合症”是由英、美两国的医生研究得出的。他们提出警告，飞行时间若在4小时以上，久坐不动，游客腿部的血管就有发生血凝块的危险，这可能导致胸部疼痛或是心脏衰竭。1986年英国医生在伦敦希思罗机场调查3年来的61件游客暴毙事件，据估计18%的死者死于血管阻塞。从事这项研究的英国医生建议，游客坐着的时候，尤其是在座位比较狭窄的经济舱内，要设法活动腿部肌肉以防止血管阻塞，或是站起来在飞机中走一走，同时不要抽烟喝酒。

9. 预防注射及出外旅游经常出现的疾病

出境旅行，面向的是全世界，我们无法预知哪个地区有疫情。所以，旅行社从业人员及领队们需要随时注意卫生单位或“观光局”、“旅游局”等单位发布的预警，提前去打预防针（因诸多疫苗要7～10天之后始有预防效果）。

（1）目前全世界法定的预防注射为：霍乱、黄热病和鼠疫。应注射哪一种预防针，视当时的疫情而定。至于个别地区的预防注射应就近询问各地“卫生局”或检疫单位。

（2）有关预防注射疫苗的资料列于下

●预防接种项目

疫苗种类	接种方法	有效期间	接种地点	备注
霍乱疫苗	皮下接种	6个月	各县“卫生局”、本所及各检疫分所	接种后第7天产生免疫效果
黄热病疫苗	皮下接种	10年	台北“市政府”“卫生局”、本所及台北、高雄第一检疫分所	接种后第10天产生免疫效果
流行性脑脊髓膜炎疫苗	皮下接种	3年	本所及台北、高雄第一检疫分所	接种后第10天产生免疫效果

资料来源：“行政院”“卫生署”检疫总所。

（3）境外主要传染病之讯息

●境外主要传染病

病名	传染途径	潜伏期	主要症状	预防方法	主要发生地
霍乱	食物、水	1～5日	下痢、呕吐、脱水	避免生吃、生饮、暴食暴饮	东南亚、非洲、中南美洲
黄热病	埃及斑蚊	3～6日	发烧、背痛、恶心、呕吐、黄疸、出血	预防接种、避免蚊子叮咬	中南美洲、非洲

续表

病名		传染途径	潜伏期	主要症状	预防方法	主要发生地
鼠疫	腺鼠疫	鼠、印度蚤	2～6日	发烧、意识障碍、淋巴腺肿胀	灭鼠、灭蚤、避免鼠蚤叮咬	东南亚、非洲、南美洲
	肺鼠疫	呼吸道	1～6日	血痰等肺炎症状	同上，并避免接触患者	东南亚、非洲、南美洲
肠炎弧菌食物中毒		鱼介类（加热不足）	10～20小时	上腹激痛、下痢	避免生吃海产品	世界各地
疟疾		疟蚊	12～30日	发冷、发烧	服用预防药品、避免蚊子叮咬	热带、亚热带、中国大陆
狂犬病		犬、猫、狐、野生动物	1～3个月	不安、头痛发烧、麻痹	避免动物咬伤	世界各地散发性
登革热	登革热	埃及斑蚊、白线斑蚊	2～15日	高烧、剧烈头痛、关节痛	避免蚊子叮咬	东南亚、非洲、中南美洲
	出血性登革热	埃及斑蚊、白线斑蚊	7～35日	高烧、头痛、淋巴腺肿胀、紫斑性发疹	避免蚊子叮咬	东南亚、非洲、中南美洲
拉萨热		直接接触或鼠类污染之食物及物品	3～17日	发烧、头痛、胸腹剧烈痛、白血球减少	避免与患者或污染物接触	非洲西南部
小儿麻痹		食物、水	3日～3周间	发热、头痛、颈部及背部强直	预防接种	世界各地

续表

病　名		传染途径	潜伏期	主要症状	预防方法	主要发生地
性病	淋　病	性接触感染	3～9日	排尿痛、尿道口排出脓	注意性行为及卫生	世界各地
	梅　毒	性接触感染	约3周间	局部之硬性下疳、红色丘疹	注意性行为及卫生	世界各地
	艾滋病 AIDS	血液、性接触	半年～6、7年	发烧、下痢、体重减轻、淋巴腺肿胀	注意性行为及卫生	世界各地

资料来源："行政院""卫生署"检疫总所。

10. 旅游途中经常出现的疾病或状况

(1) 旅游者腹泻、水土不服。

(2) 晕车、晕机、晕船。

(3) 感冒、咳嗽、头痛。

(4) 失眠或神经衰弱。

(5) 高山症、747臭氧症（缺氧）。

(6) 冻伤、失温。

(7) 便秘。

(8) 食物中毒或卫生不良得了传染病。

(9) 慢性病（心脏病、高血压、糖尿病等）的病情加重，服药时间有误。

(10) 痒虫病或被动物咬伤。

(11) 上下山或楼梯跌伤或雪地中踩空。

(12) 浴室中滑倒、撞伤。

(13) 洗温泉泡太久或桑拿内设备温差太大受不了。

(14) 严重的时差失调，日夜颠倒，调适不良。

(15) 鞋子穿得太紧，腿部很不舒服。

(16) 抽筋。

(17) 涉足色情场所患病。

(18) 流产。

(19) 小孩子可能发生的意外（如电动滚梯、游览车前座急刹车前冲所导致的伤害）。

(20) 使用旅馆中的电器插头或电器用品不当。

对于上述状况应有的心理准备：

(1) 如有慢性病患者，应从国内多带一些常用药品，并取得医生的处方或备用的识别卡。

(2) 要多喝洁净的水。不随便外食，不吃未经煮熟的食物。

(3) 平常要多锻炼身体，以防体力不济（不要冒险）。出外旅游是最佳锻炼身体的好机会，因为你可以天天接触新鲜的空气、阳光，并保持最佳的心情。

(4) 鞋袜及衣裤应穿较宽松的，尤其在高空中飞机加压舱内，足部会膨胀，以穿有系鞋带的鞋子为宜，可松可紧。

(5) 前往有较大时差之地，应把自己身体的生理时钟调至目的地国家去，并在出发当天调好手表至目的地国家的时间，以便配合当地时序。

(6) 下水游泳前要先做好暖身运动，且不可在饭后、酒后马上洗桑拿或游泳。

(7) 不可以探险的心态寻找刺激或至声色场所寻欢。

(8) 出发前询问专业医生或购买旅游保健书籍。

第五节 如何做好领队工作

领队的工作千头万绪，通过多次的锻炼之后，一定能提供上乘的服务，具备优良的表现。当一位游客享受到领队的专业化、高水平的服务，他心理上一定会由衷感激，以有如此职业领队带团为幸福，认为不虚此行！

(一) 要做好领队工作，必须注意以下各项细节

1. 出发前充分准备，按表核对所需办理的事宜。

2. 可能发生的事要提前告知和提醒游客预防。

3. 最近的行程再提醒一下游客，使其注意应做的事。

4. 设身处地地想游客之所想，不妨设想如果自己是游客会想要什么？

5. 注意培养团体气氛，循序渐进，不要暴起暴落。

6．以诚相待，游客也会以诚相报。

7．关心游客的日常起居，相见时的寒暄礼貌很重要。

8．让游客在他们需要你帮助时，能够找到你。

9．宣布事情时要能将你的意思传达到每位游客的意识中。

10．解说时要将内容的意思让游客能够接受且有印象。例如土地、人口、年代等以祖国大陆、台湾地区等游客熟悉的数据作为解说的比照标准。

11．游客自由活动时，需提醒客人携带旅馆名片或叮咛如何回到集合地点，并应交代，于观光行程中如与团队脱离，应在原地等候领队回头来找。

12．合适的口语发挥专业知识，让游客觉得颇有所获。

13．做好所有该再确认的工作，如班机、巴士、旅馆、餐厅、表演场所或事先需预定之地。

14．遇到紧急事故要冷静处理，尽可能把伤害减低到最小的程度。

15．遇到游客权益受损，应当场解决，决不可拖延到返回后。并注意掌握证据（消费者保护法的精神在于：无过失有责任，因此领队的责任问题要先做好防范的工作）。

16．对于同一团的游客不能厚此薄彼，应一视同仁。

17．与各地司机（尤其在欧洲地区）及导游密切配合完成任务。

18．各项必要证件要预留复印本以防万一。

19．人们特别注重餐食，因此对于中西餐式及菜单的预订应避免重复。

20．每天需记账并记录重大事情或应改进之点。

21．配合各地风俗习惯，注意一些小细节，避免有可能发生的麻烦。例如，前往美国、非洲地区，请游客尽量不要带黑人牌牙膏。

22．观光途中顺路去采购商品时，不可明知有假冒之嫌，还力劝团员购买。

23．台湾地区游客因本性较保守，在公共场合该鼓掌的时候请游客予以配合，鼓励游客能以合适的方式表达自身的感受。

24．回程的班机如有变动，领队应即联络总公司通知其家人注意接机时间的调整，以免贻误。

25．向团员宣布事情或说明要做什么事情时，不要说："你们怎么样……"，而应说："我们现在怎么样……"，以拉近与团员的距离。

26．当领队发证件、登机证或称呼团员时，切忌直呼其名，应该加个头衔或先生、女士等。

27．在车上、机上或集合地点点名的时候，千万不可以直接指着团员的脸，一个一个地点名，这是非常不礼貌的，应该使用计数器或以心默指的方式计点游客人数。而且应不厌其烦地每次都亲自点名，否则失落了团员将会带来更多的麻烦。

28．因团员组成的成分较复杂，总有些团员听不懂普通话或方言的，领队应就其比率做适当的处置，以便让全部团员能接受所有的信息。

29．团体的行动代表着一个民族的声誉，所以对每个团员的个别举动，领队都应多加注意。在应该提醒团员时不要觉得不好意思而发生损害民族声誉的事情。

（二）兑换外币须知

领队携带巨额外币，包括各国各地的团费，除了某些地区以全包价的方式支付全额费用之外，很多地方需以当地货币支付餐食、入场券、小费等费用，游客们购买小额的货品，也需以当地的货币支付。所以兑换外币也是领队的重要工作之一。其原则有：

1．兑换地点

每抵达一国之际，在机场或市区的银行兑换，并应随时注意其汇率变动的幅度，如果碰到星期天或假日而无法去银行兑换，则可以少量的在旅馆或火车站等地方兑换。在外汇控制较严的国家，官价和黑市价格有极大的差距，例如埃及镑，其差额有时高达30%～40%。此时，你可以找纪念品商店或出租车司机等换一些零钱，大额金钱还是不要冒险兑换，而要和当地旅行社商定付款的汇率问题。在外汇控制严格的国家，领队如果为了贪小便宜不小心触犯法律，将得不偿失。

2．兑换时机

当你的游程需途经多国，且这些国家之间的货币少有交往（兑换）时，则应注意兑换外币的数量，千万不要换太多，用不完再兑换回来将会损失一些汇差。如果沿途国家的币制是国际通用的，则如离开时尚有剩余，可以不再换回美金，而应于抵达下一国时直接换成当地货币。如果逗留的天数较长，而且使用的货币相同时，可以考虑在第一站即将现金存入银行，并转至该国当地银行账户，以免浪费巨额的利息。汇率的变动幅度对利润影响很大，领队应随时注意其汇兑趋势并给团员合理化建议。同时，领队并应注意当地国规定的可以携带现钞出境的限额，出境时兑回本币是否需持有入境时兑换的水单等。对于一些外汇较紧缺的国家如埃及、南非等国，在出境区的免税品店购物须用美金交易，其目的只为取得较多的外汇。

（三）旅馆登记入住（Check in）及结账退房（Check out）应注意事项

1. 旅馆登记入住应注意事项

（1）确认所订的这一家旅馆无误，并有足够的房间数（在确认无误之前，勿从巴士上取下行李或让巴士离开）。

（2）拿出准备好的客房分配表（rooming list），并告知柜台房间数，双人间（TWB）、单人间（SGB）、三人间（TRIPLE）、加床（ROLL AWAY）各有多少？

（3）视各旅馆的情况而定，是否完全需照其游客的名字及房号排列或可稍做调整，让愿意住在一起的游客能如愿。但原则上领队的房号最好不要变动，如有更动一定要让前台及总机知道。

（4）房号决定之后，向前台人员设定叫早起的时间（如次日要结账退房，领队需提前起床）、收行李的时间、放置地点、件数、早餐时间、巴士离开时间或其他保管行李等事项。

（5）询问旅馆内线、外线电话的打法，旅馆餐厅的地点，馆内特殊设施的位置、种类和费用，旅馆附近的情况等资料。

（6）拿钥匙，集合团员宣布事项。告诉游客领队的房号及电话打法和下一次集合的时间、地点，电梯的搭乘方法，务必让全体团员听到你所宣布的事项，并给行李员一份房间分配表，以便将行李直接送达客房。

（7）看看是否需帮助行李员运送及注明房号，以节省送行李的时间，如果行李员已下班或抵达时间太晚，则领队应注意是否于事先宣布行李不进房间，或请团员自行提取行李。

（8）情况许可之下最好巡视所有游客的房间，看看有否问题，诸如是否两个男人睡一张大床（double bed），冷气机的开关方法、电灯有否故障，钥匙的开关、安全的顾虑等。

（9）预定晚餐后的自由活动时间，如果当地有较具特色的地方，可以安排做选择旅游（optional tour）或带领游客搭乘当地交通工具或散步前往。

2. 结账离店时需注意

（1）请总机提前叫领队起床，领队的行李要于前一天先整理完毕。

(2) 提早至前台办理结账手续。请出纳将本团的额外费用，如电话费、闭路电视费、饮料费、餐食费等收据或记录先列出，尤其电话费可请其先将费用及房号告知，待你向客人查证无误后先行付清，再向游客收取，或请游客前一晚先到前台缴清费用。

(3) 向行李员领班查证一下收行李的时间及件数（如有增减请游客提前告知）。

(4) 再确认你所定的早餐、菜单、人数及时间。

(5) 如有必要，打电话给巴士公司的派车员确认来车的时间及地点（旅馆名称）和司机的名字及车号。

(6) 全部行李集中之后，点算无误才可放进巴士的行李箱中。

(7) 提醒团员钥匙交回柜台，保险箱的物品领出没有，房间内是否留有东西，证件有否带在身边，应再三提醒客人。

(四) 领队的准备工作

(1) 编小册子（游客资料、旅程地图、行程内容、班机时刻表、旅馆表、时差表、汇率表、各国简介、各地注意事项、气温表、出发前准备的东西）。

(2) 游客嗜好、职业、背景、饮食等偏好。

(3) 房间分配表的编排、同宿者的选择，要求单人房的额外费用。

(4) 预防注射的安排。

(5) 熟悉行程及各国资料。

(6) 了解班机的行程（飞行时间、机型、时差等）。

(7) 各地旅馆的设施与地点、自由活动时间的安排。

(8) 餐食的安排与交通的安排。

(9) 检查游客出境手续及“签证”的进度。

(10) 确认各地的代理旅行社。

(11) 安排集合的地点、时间及交通。需不需要准备便饭？

(12) 如遇假日或春节期间出发，更应预留游客家里（或同业联络人家里）电话，并提前办理手续。

(13) 行李牌（号码的编排需与房间分配表配合）与行李贴纸。

(14) 个别回程的安排，例如机位、经停地点、接续航班（STPC）的食宿安排、有否增加费用？机票有效日期多久等，需提前询问游客。

(15) 各国入境卡的填写。

（五）其他注意事项

(1) 身份为警察、军人等，需注意出境及返回的班机及日期是否有变动。如有，需提前向其服务单位报告备案。

(2) 具有役男身份者（18～40 岁）需注意每次出境时间最长不能超过 2 个月，没有次数限制。而且，如在确定应去服兵役日期之前的 2 个月则不能申请出境（此办法于 1998 年 6 月 26 日以后实施，请参考相关的办法）。

(3) 台湾地区的“护照”，如为海外签发者，则需注意，有些国家对台湾地区居民没有免“签证”的待遇，例如印度尼西亚等国。

(4) 不随团返回者的机票有效期是否通用，或需追加多少费用，都需详细告知游客（消费者保护法中有告知的义务）。个别不同的计算机订位记录更需有备份给游客。

(5) 团体“签证”中，如规定需要团去团回，则应告知游客，回程时必须向相关单位报告备案，以保障自己公司下次申请的权利。

(6) 有不吃牛肉、吃素及其他餐食特别要求者，或要轮椅服务及其他特别要求者，皆需在出发前 2～3 天再确认一次。至机场时更应向柜台查证一下。

(7) 持外国护照及拥有台湾地区居留证者，需特别请游客至外事单位办理外国人出境登记及再入境（Re-Entry Permit）手续。

(8) 出发前的检查项目（如附表 5、附表 6），重要项目：

1)“护照”（逐项检查）。

2) 机票（乘机联、游客联）。

3)“签证”（团签、个签、外站签或 Ok Board）。

(9) 团体出发时领队及送机人员工作规范及发证要点

重点——集合时间、地点、交通工具

1) 起飞时间是否在用餐时间，需不需要准备点心或快餐。

2) 与送机者配合好，收齐证件及机票，一定要有人先至团体柜台办理手续。

3) 机场税自 1999 年 4 月 1 日起含在机票费用内。

4) 机票的乘机联要先撕下，或前一天即交航空公司处理。

5) 拿到登机证后，将它连同出境证插入护照内，登机证上英文名字要和护照相符。

附表 5

______团体出发前检查表

证　件	护照		机票		签证						领队核查明细						备　注
姓　名	OP	领队	OP	领队	OP	领队	OP	领队	OP	领队	检查项目	OP	领队	检查项目	OP	领队	
01											护照			TOUR VOUCHER			
02											签证			公司员工通讯录			
03											机票(及 PNR)			SHOPPING 店资料			
04											团体大表			计算机			
05											分房表			闹钟			
06											说明会资料			笔记本			
07											保险单影印本			礼品			
08											租车订单			计数器			
09											领队报账表格			音乐带			
10											外站联络资料			歌本			
11											LOCAL 合约书影本			橡皮筋			
12											详细英文行程			英文(万用)字典			
13											E/D 卡(及海关单)			签字笔			
14											胸牌(及备用份)			订书机			
15											行李牌(及备用份)			旅游手册			
16											领队证			护照影印本			
17											名片			备用相片			
18											领队旗			其他重要资讯			
19											团费						
20											机场税(送机费)						
21											签证						

______年______月______日　　领队：__________　　OP：__________　　送机人员：__________

附表 6　领队交接单

团号：NZZ2400715A	领队：张志	总人数：1 大 30 小
台北出发人数：1 大 30 小	高雄出发人数：×大×小	外站参团人数：大×小

交接事项 24 小时内检查清楚，若有问题应立即提出并告诉线控经理（出发后概不受理）。 1. 李轩、黎泓、赵誉等 3 人护照自带。 2. 请务必带回：两地海关单、出入境卡。 3. 黎泓持中国香港特别行政区护照且护照自带。 4. 王涵与林君指定同住一房。 5. 刘凌豪有鼻子过敏的症状请多加留意。 6. 郑清、施宇、杨颖、彭婷等 4 人在海外期间指定要单人房。 7. 团签表格里有施佩玟与施乔文两人已取消。 8. 刘馨、刘文两人不食羊肉。	交接文件： 1. 机票【31】本 2. 机票自带和高北段【×】本 3. OK 订位记录 PNR【 1 】本 4. 护照和签证【28】本 5. 护照和签证自带【3】本 6. OK 保险单副本【1】份 7. 班机及旅馆表【1】份 8. 中文行程表【　】份 9. 英文行程表【　】份 10. 分房表【1】份 11. 开票名单【1】份 12. 团体大表【1】份 13. 游客意见调查表【　】份 14. 领队零用金/美元【×】 导游小费/台币 【6 000 元】 15. 导游小费签收单【×】份 16. 出入境海关单【31】份 17. 台湾地区海关单【31】份 18. 领队带团须知【1】份 19. 领队报账单【1】份 20. 领队返程报告书【1】份 21. 领队旗【1】份

送机人员：		联络手机电话：		
紧急联络人	职称	姓　名	紧急联络电话	审核签收
	OP	刘　怡		刘怡 07/03
	领队	张　志		
	产品部线控经理	张　莹		
	协理	谢　森		

（10）注意事项

1）团员由高雄（台北）上机，于香港机场转机时，请领队在飞机起飞前1小时于转机登机门与高雄（台北）上机游客会合。

2）团员于中正机场转机时，请领队于国际段班机起飞前半小时在登机口与高雄飞台北的飞机上与游客会合。

3）保险单中是否有海外紧急救援项目及其紧急联络电话（尤其是否有中文说明）。

4）注意"护照"上的编号应与房间分配表（即控制表）相同，以方便作业。

（六）事前准备

（1）做好检查表，并逐项逐格确认做记号。

（2）把必要的签证号码、发签证日期、有效日期及各项必要的资料填入控制表。

（3）填写各项表格并注上控制表上的编号。

（4）小名条贴在护照的左上方，照控制表上的编号排列。

（5）机票上的编号亦照控制表上的号码。

（6）行李牌、行李贴纸亦照控制表编号。

（7）在离开台湾地区前，只撕第一站的机票，其余下站的机票勿撕下。

（8）计算乘机联时，要检查所撕下的票根是否正确。

（9）将机票依客人姓氏的英文字母顺序排列，以便第二天办登机证时缩短时间。

（10）把第一站使用的必要表格按纸张大小，或使用的顺序整齐地插放在"护照"套内，最好放在套子的底面。

（11）在离开公司时再检查一遍所有的证件及所必须携带的东西。

（12）领队与送机人员务必在前一天，当面协调分配第二天的工作。

（七）出发当天

（1）送机人员及领队均须提早于集合时间的半小时前抵达机场。

（2）抵达机场后，先查看在哪一柜台放行李。

（3）固定放行李的位置后，即至团体柜台办手续。

（4）提出机票给柜台员，并告知机票已照英文字母的顺序排好（若一团分成几个计算机代号时，以一个计算机代号为单位把机票按英文字母的顺序排好），最好提出订位记录给柜台员。

（5）在刷登机证时，把游客的护照重新按照客人姓名的英文字母顺序整理好，在插入登机证时可节省很多时间。

(6) 领队在游客抵达时，发给行李牌及行李贴纸。同时，提醒游客随身行李不要与托运行李放在一起。不必要的旧挂牌或行李卷标要拿掉。

(7) 如遇用餐时间，领队于发行李牌时要预先告知游客几分钟后集合。

(8) 挂行李牌时，领队要亲自处理，务必再检查一下目的地的机场代码（Airport Code）及班机号码有否弄错，尤其需转机者更要注意。件数要弄清楚，收据更要保管好。

(9) 若有游客迟到，距起飞时间一小时前送机人员应即刻与公司联络，并确知状况后再做处置。

(10) 领队可先带团体至入口处附近发证照，迟到的游客由送机人员在柜台前等候，或主动搜寻。

(11) 游客在柜台关闭时尚未到达，送机人员需把登机证退还柜台取回机场税及机票（送机人员应记得向领队拿取游客的证照及整本机票）。

(12) 送机人员必须在柜台等候迟到的游客，以便当面向他解释及如何善后。

(13) 送机人员应等全体人员都通过验照关后约 15 分钟才可离开。

(八) 在通过验照关口后

(1) 注意登机时间，到免税店区催促游客往登机门移动（并随时注意登机口有否变更，起飞时间有否变动）。

(2) 登机时在登机口提示游客只拿出登机证即可，顺便（用计数器）统计人数，若尚有游客未到，领队可等到最后才登机（有可能领队算错了或游客尚未到登机口）。

(3) 领队于抵达登机门后，需再检查显示板上的班机号码及时间，并往外看停机坪上的机型及标志（Logo）是否为你所要搭乘的飞机。

(4) 领队应有送机人员的移动电话号码，以备不时之需。

(九) 领队发证件及宣布注意事项要领（最好请游客到出境区找定座位后再发证件，以便知道哪位游客没有集合）

(1) 再次自我简单介绍。

(2) 发证件给游客，并请游客逐件检查。

(3) 宣布班机号码，起飞时间及登机门号码。

(4) 说明通关手续及免税店区。

(5) 登机证上的座位号码因系计算机刷出，如夫妇或亲朋好友没能相邻而坐，请游客原谅，到机上后再互调，或在登机门由领队将登机证收回重新发给。领队于其后的各站应注意座位分配。

(6) 注意正在过通关的游客是否拥挤，离所搭的班机起飞还有多长时间。

(7) 注意所有的团员是否都已进入机舱。

(十) 旅途中

旅途中，一方面根据公司制定的作业行程执行领队应尽的责职，并且随时以专业知识与各地接待社导游、司机密切配合。对于各处所住的旅馆、用餐的餐厅、参观的景点、使用的交通工具等，依前置作业规定，提前做好再确认及调整有所变动的必要工作，以求行程执行的完美。领队有责任对每一天花费的成本及单据做好整理及撰写报告。有重大事故并应马上与公司联络不可延误。领队每天的报账单请参考附表7。在行程结束前，并应发放客户意见调查表，请游客填写并回收。请参考附表8。

附表7 领队报账单

报账日：　年　月　日

日期	地点	早餐	午餐	晚餐	司法（小费）	导游（小费）	入场费	杂支	备注

该国支出/美金汇率　　（请附水单）

TTL：意大利 里拉（LIT）　/　=USD

法　国 法郎（FFR）　/　=USD

瑞　士 法郎（SFR）　/　=USD

比利时 法郎（B　）　/　=USD

荷　兰盾　（G　）　/　=USD

英　国 英镑（P　）　/　=USD

合计总支出 USD

公司推出零用金 USD　　一支出 USD　　=应缴公司 USD

附表 8　客户意见调查表（出境旅游）

亲爱的客户：

首先谢谢你参加××旅行社旅游！为了了解你对这次旅游的满意度，以及了解你个人的旅游喜好，将占用你一些时间，请你填写以下问卷，我们将针对你的意见，提供你更好的服务。

同时为了感谢你的配合，我们将在年终抽出一名幸运客户，免费提供中奖者与一名同伴各价值 3 万元以内的旅游行程（中奖客户可自选行程），让你与同伴一起快乐同游！

参加团名：_______ 出发日期：___ 年___ 月___ 日　领队姓名：_______

顾客姓名：_______ 身份证字号：_______ 生日：___ 年 ___月___ 日

通讯住址：______________________________

电话：（公）：_____-_____ （宅）：_____-_____ （手机）：_______

传真：（公）：_____-_____ （宅）：_____-_____ E-Mail：_______

一、请勾选你对本次旅游的看法

（一）如果下次有机会，请问你会不会再参加××旅行社旅游？

□一定会　□可能会　□可能不会　□绝对不会

（二）你对于此团领队的评语（单选）　　备注

1. 领队的服务态度　□优　□好　□普通　□不好_______

2. 领队的专业态度及解说　□优　□好　□普通　□不好_______

3. 此团领队的整体表现　□优　□好　□普通　□不好_______

（三）你对于此次行程（单选）

1. 餐食的安排　□优　□好　□普通　□不好_______

2. 旅馆的安排　□优　□好　□普通　□不好_______

3. 交通工具的安排　□优　□好　□普通　□不好_______

4. 各地导游的解说　□优　□好　□普通　□需改进_______

5. 司机的服务态度　□优　□好　□普通　□不好_______

6. 各景点的停留时间　□适中　□太长　□太短_______

7. 自由活动的停留时间　□适中　□太长　□太短_______

8. 自费活动的价钱　□适中　□太高　□太低_______

（四）业务人员的服务态度（单选）　□优　□好　□普通　□需改进_______

为你服务的业务人员姓名：______________

二、请勾选你个人的旅游喜好

（一）你安排旅游时，大多会考虑哪些因素〔可复选〕

□地区/国家　□知名旅行社　□行程安排　□食宿　□价格

□天数　□航空公司/班机　□早去晚回　□著名景点

□没有安排购物　□有熟识亲友同行　□其他__________

（二）你下次最想去的地区/国家（单选）

□北欧（丹麦、挪威、瑞典、冰岛、芬兰）

□南欧（意大利、希腊、西班牙、葡萄牙）

□西欧（法国、荷兰、英国、比利时）

□东欧（波兰、捷克、塞尔维亚和黑山、俄罗斯）

续表

□中欧（德国、奥地利、瑞士）

□北美洲（美国、加拿大）

□中南美洲（墨西哥、巴西、秘鲁）

□新西兰、澳大利亚

□东北亚（日、韩、琉球）

□东南亚（新、马、泰、菲、港）

□中国大陆

□大洋洲（关岛、帛琉、斐济）

□其他（请注明）

（三）你预计下次出境旅游的时间：______年______月

（四）你参加本次旅游是通过〔可复选〕

广告______报/杂志　□文章报道______报/杂志

电视节目报道______ □亲友推荐　□DM 信函

□公司招待旅游　□其他______________

（五）你一年出境旅游几次？（单选）

□一次　□两次　□三次　□三次以上

三、你是中时报系的读者吗？〔可复选〕

□中国时报　□中时晚报　□工商时报　□时报周刊

□美丽佳人　□新潮华人　□电子报　□其他________

四、你是否拥有××贵宾卡？　□有　卡号：______ □无

五、你的年龄是：

□14 岁以下　□15～19 岁　□20～24 岁　□25～29 岁　□30～39 岁　□40～49 岁

□50～59 岁　□60 岁以上

六、请问你　□未婚　□已婚　结婚纪念日______月______日

七、除了以上意见，也欢迎你提供其他建议，或希望我们为你做哪些服务？

____

____

游客签名：______ 日期：______年______月______日

（十一）返程后

团体返程之后，必定有诸多后续事情需要服务。一个圆满的行程的结束也应该是下一个旅行团酝酿成行的开始。因此，返程后，公司及领队个人除了确实报账并提出带团报告之外，有下列诸点应进行：

（1）寄发意见调查表。询问行程的改进意见。

（2）核查行李是否有问题。

（3）游客所购之物品如有瑕疵是否可以帮忙解决。

(4) 个别回程的游客，其机位是否都已再确认？

(5) 互相之间相片的交换或聚餐。

(6) 有些航空公司有累积里程的办法，需要提醒游客补办手续。

(7) 游客通讯簿是否需重新印制？

(8) 行程中如有重大事件发生，或变更行程，转换住宿的旅馆等纠纷在国外尚未解决，返程后应积极谋求补救的办法。

(9) 适时的去信或去电话给游客，回忆旅途曾共度的美好时光。

(10) 其他个别应办之事。

第六节 导游接待作业

(一) 游客接待业务

在台湾地区尚未开放出境观光以前，来台游客接待业务是台湾地区旅游业工作的主体。及至1979年台湾地区居民可以以观光名义出境后，入境及出境的业务才逐渐趋于平衡。到了1989年，出境及来台游客各为200万人次，算是平分秋色。此后，出境人数直线上升，到2001年已达700多万人次，而入境则维持在每年260万人次左右。但在可以预见的未来，祖国大陆人士来台旅游人数会有很快的增长，将迎来台湾地区旅游业的又一个春天。

台湾地区地处海上孤岛，因此进出都依赖飞机，但如两岸交通解禁，则轮船运输业一定会逐渐繁荣。

1. 来台游客接待作业

来台游客的接待，虽有欧美人、日本人、华侨、祖国大陆人士等不同的游客属性，但作业上基本无太大的区别，只根据语言、民族特性上及对方所要求的条件做不同的安排即可。

2. 安排来台游客的接待作业流程（见下页图示）

(二) 作业流程操作原则

1. 外国旅行社询价

1）确认要成行时间的人数、要求、等级等条件。

2）在市场调查一下对方的信用度。

3）了解客源地在治安或政治方面有否危机存在。

2. 估算及报价

1）确定用何种货币或浮动汇率报价，报价有效期到何时。

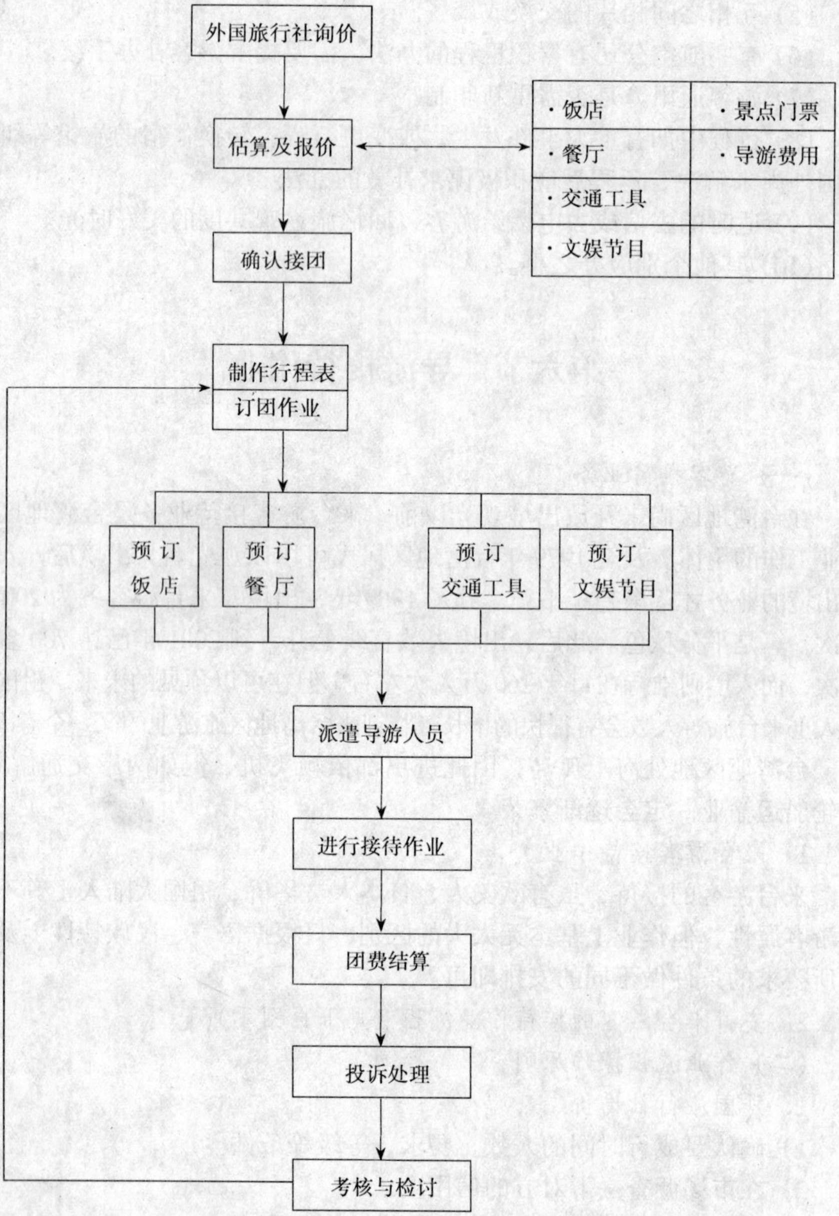
外国旅行社询价
估算及报价
·饭店
·景点门票
·餐厅
·导游费用
·交通工具
·文娱节目
确认接团
制作行程表
订团作业
预订饭店
预订餐厅
预订交通工具
预订文娱节目
派遣导游人员
进行接待作业
团费结算
投诉处理
考核与检讨

2）估价时考虑几种等级的报价方式。

3）各种付款条件与订金政策。

4）市场的竞争如何？费用是否低于成本？如何弥补？

5）核算人数、等级、成本的不同报价。

6）考虑是否与对方旅行社以季节或年度计算？

7）向岛内的供货商询价（交通工具、饭店、餐厅等）。

3．确认接团

1）需有正式的文件及条件。

2）确认岛内供货商机位、旅馆、餐厅等没有问题。

3）确认是否需要支付订金？是否存在其他考虑的条件？

4．制作行程表及订团作业

1）预订岛内机位、旅馆、餐厅、巴士、节目等。

2）填写接团作业时程控制表。

3）随时注意汇率行情的变化。

4）对有特殊需求的游客，应谨慎安排（如饮食、住房或参观地点）。

5．派遣导游人员（平时就应储备人选）

1）依顾客之要求，寻找合适的导游人员。

2）如有必要，做行前的训练或整合。

3）请导游熟悉本团成员及背景。

6．进行接待作业

1）行程表印制完成（给游客用）。

2）各类表格检查完成（Checking List）。

3）做好再确认的工作（Reconfirm）及购票工作。

4）准备好给导游的现金或代用券（Voucher）。

5）进行与导游的交接工作。

7．团费结算

1）团体离境前团费的收取（或签单）。

2）在岛内行程中额外开销的结算。

3）如有购物活动或自费行程，亦应在团体离境前结算完毕。

4）各类单据要齐备，不得伪造。

5）团体离境后三天内损益应结算完成。

8．投诉处理

1）在团体行进中有任何问题应立即处理。

2）可以补救的先补救，再谈责任问题。

3）要了解客源地的法律问题，并预先防止。

4）主管人员应随时与导游人员以手机互通行程中出现的问题及解决的方案。

9. 考核与检讨

1）每一团应给对方领队一份报告书的回函。

2）导游亦应填写一份本团的团体接待报告表。

3）总结本团处理的优缺点，作为日后之参考。

附表 1

××旅行社股份有限公司

旅行费用条件书　　　　地址：

TEL：

团　号：　　　　　　　　FAX：

支　店：　　　　　　　　年　月　日作成

团　别：

团　名：　　　　　　　　人数　　名

旅行日期：　　年　月　日～　月　日　（　泊　日）

旅行费用：　（1）NT＄　　P/P（　）FREE

（2）NT＄　　P/P

（3）NT＄　　P/P

（4）NT＄　　P/P

HTL/ROOM　CHARGE：EXCLUDED（　　　　）

INCLUDED（　　　　）

APT/TAX：EXCLUDED/INCLUDED

SGL/SUP：

旅行条件：

	DATE	N	HOTEL NAME	TWB	SWB	TRIP	CFM
HOTEL							

续表

MEALS	早餐：	午餐：	晚餐：
TRANS	BUS：□TOURIST BUS	□MICRO BUS	□SEDAN
	TRAIN：		
	DOMESTIC AIR：		
FLT．NO.	IN：		OUT：

REMARKS：

附表 2

旅行费用估价明细表

旅行社　　　　　　　　　　　　　　　　　　　　年　月　日

团号　　团名		人数		代理店	
期间　年　月　日～　年　月　日（　夜　天）		入境班机		出　境 班　机	

	月/日	名　称	TWB	@	SWB	@	TRP	@	计　算	合　计
饭店										

	月/日	B	L	D	合　计
餐厅					

续表

	月/日	名称	人数	车型	使用时间	行　　程	合计
游览车							

	月/日	名称	人数	单价	合计
参观门票					

	月/日	项　目	说　明	合计
其他		高尔夫		
		国内横票		
		火车票		
		杂　支		
		导游费		

指定费用			合　计	
APT/TAX			手续费	
SGL/SUP	总　计		报　价（人平均）	

附表 3

团 体 预 订 表

团号	团名		人数	代理店	
期间	年　月　日～　年　月　日（　夜　天）		入境班机		出　境　班　机
饭店	日期	说　明			确　认
	/				
	/				
	/				
	/				
餐饮	日期	B	L	D	确　认
	/				
	/				
	/				
	/				
	/				
	/				
飞机	/				
	/				
火车	/				
	/				
高尔夫	/				
	/				
车辆	/				
	/				
收现金			机场税	□含	□不含
注意事项					
购物					

总经理　　副总　　经理　　副理　　制表

第七节　导游管理实务

导游在入境旅游的领域中，虽只是执行者中的一环而已，但他却对于行程的成败起决定性的作用。他是直接面对游客第一线的人，他代表的是整个公司的形象与责任，所以不得不慎重。

（一）导游的定义及分类

1. 导游的定义

导游在团体及散客行程中，负责执行行程内的解说、节目安排、交通路线及餐食等的落实。并于行程出现意外事故时，作妥善的处理，减少游客权益的受损及维护公司的形象。

2. 导游的分类

依使用语言来区分有外语导游、国语导游及方言导游；依涵盖的区域来分有全省性的导游、市区导游及定点导游；依专业也可以其背景及专长来区分，如文艺导游、高山导游、一般导游等。

导游的任务也会因各旅游目的地国情不同而有不同，例如美加、澳新、南非等国，因幅员广大、文化古迹资源不是十分充足、旅游信息已经足够、司机水准很高等因素，司机经常兼任导游的工作，我们称之为司机导游（driver guide）。

（二）导游的必备要件

1. 丰富的专业知识，并能将其融合在一起。

2. 要有足够的语言表达能力。

3. 要能随机应变，处理突发状况，将损失减到最低程度。

4. 要确实明了“消费者保护法”及“民法”债篇旅游专章的条文，合理地保护消费者的权益。

5. 对于行程路线要能宏观看待，避免给游客有每一天落差太大的感觉。

6. 不能随便发脾气，应保持和颜悦色。

7. 为了保障游客的安全与权益，导游对于救护系统要熟悉，并随时与公司保持联系。

8. 随时增广见闻，丰富自身内涵。

（三）导游与游客之间人际互动关系及游客心理研究

1. 不要把导游与游客变成对立关系。

2. 要让团员能够理解解说的内涵，并分享你的快乐。

3. 游客如有失礼之处，不要当场让其下不了台，而应以委婉语气告知，或寻找适当时机私下告知。

4. 导游与游客之间如能换位思考，多为对方设身处地想想，则纠纷就会减少很多。

5. 要了解游客贪小便宜的心态，了解游客诉求的目的。除了在行程上安排之外，导游应尽量满足其需求（特定的目的）。行程受天数所限，游客却希望尽量发挥其边际效用（包括自由活动与休闲），故最好能为游客填满行程。

（四）导游解说技巧

1. 解说的技巧要能深入浅出、浅显易懂，并适时地以年代或大家熟悉的个体作对比，以加深印象。

2. 要能够把游客带入其解说内容的情境中，让游客仿佛置身其中，能与景区的主角对话，这是高水平导游应该达到的境界。

3. 导游的情绪与肢体语言，会影响团员间的气氛，因此偶尔的小笑话或相关的轶事就成了制造气氛的好素材。

4. 口齿要清晰，不要讲太快。有一些专业术语的地方，也要尽量以白话的方式讲出来。

5. 视团员年龄及教育背景程度，在解说时弹性处理，并适时地与团员在语言上互动，以吸引他们的注意力。

（五）导游紧急事件与游客纠纷的处理

1. 紧急事件

（1）遗失证照、机票、现金、行李。

（2）游客走失、团员失散。

（3）交通意外事故（飞机、游览车、火车）。

（4）游客重病或死亡。

（5）旅馆失火或失窃、抢案等。

（6）预定的行程变更或导游、汽车没按时到达。

2. 游客纠纷

（1）行程变动（动线、景点、门票、参观时间不开放等）。

（2）收费有落差、涵盖的项目不清楚。

(3) 旅游契约书上的争议。

(4) 购物、自由活动、餐食、旅馆、额外开销、夜间节目等。

(5)“消费者保护法”与“民法”债篇旅游专章的探讨。

第五章
旅行社机票作业

第一节 航空票务基础知识

(一) 城市代号 (city code) 与机场代号 (airport code)

由国际航空运输协会 (International Air Transport Association, 简称IATA) 所公布的世界各国城市与机场代号历来为各国所通用。其惯用的代号, 以三个英文字母的大写来表示。例如, 桃园国际机场代号为 TPE, 台北市的城市代号亦为 TPE, 但松山机场代号却为 TSA。

在计算票价时, 要使用城市代号, 但订位时务必要使用机场代号。例如东京有两个机场, 即羽田 (HND, Haneda) 和成田 (NRT, Narita)。订位时, 如果订中华航空公司的航班, 则停降羽田。但 2003 年之后, 华航也将移至成田机场。又如, 纽约经常使用的三个机场为: 肯尼迪 (JFK, John F. Kennedy)、纽瓦克 (EWR, Newark) 及拉瓜迪亚 (LGA, La Guardia), 华航 (停降 JFK) 与长荣 (停降 EWR) 在纽约停降的机场是不同的。如遇有相同名称的城市则应查出其实际的国名或州名, 其机场代号绝对是不一样的。

(二) 国际航区的地理分布

国际航空运输协会 (IATA) 为便于制定与计算票价, 把全世界区分为三个航区, 即 Area 1, Area 2 及 Area 3。

1. 第一大区域 (Area 1, Traffic Conference 1 简称为 TC 1)

以北、中、南美洲为主的地域。西从俄美边界的白令海峡、阿拉斯加起东至整个加拿大、美国、中南美洲及夏威夷群岛、格陵兰岛以及百慕大等。

2. 第二大区域（Area 2 或 TC 2）

以欧、非洲为主的地区。西从冰岛起，跨越整个欧洲、非洲及中东全部，并延伸至俄罗斯的乌拉尔山脉及伊朗。

3. 第三大区域（Area 3 或 TC 3）

以亚洲及大洋洲为主的地区。从俄罗斯的乌拉尔山脉、阿富汗、巴基斯坦起，东向包括整个亚洲、澳大利亚、新西兰、美属萨摩亚群岛及法属塔希提等区域。

除上述的地理分区外，在国际票务作业时，还常用到以下特定的地理区域概念：

1. 东半球，所属区域为 Area 2 与 Area 3。

西半球，所属区域为 Area 1。

2. 中东地区，指伊朗、伊拉克、约旦、以色列、阿拉伯半岛上各国及非洲的埃及、苏丹与地中海的塞浦路斯。

3. 非洲地区，指整个非洲大陆，但不包括非洲东北角的埃及和苏丹，以及西北角的摩洛哥、突尼斯和阿尔和利亚诸国。

4. 欧洲地区，指一般欧洲的领域及土耳其全国（虽然其大部分属亚洲）及非洲的摩洛哥、突尼斯和阿尔及利亚。

5. 美国及美国大陆，这是两个不同的地域范围。美国是泛指包括美国大陆在内及其所管辖的岛屿，如波多黎各、维尔京群岛、美属萨摩亚及太平洋中的一些小岛如关岛、坎顿岛、中途岛及威克岛等。而美国大陆则只指美国本土的 48 州及哥伦比亚特区，不包括阿拉斯加州。

（三）航空票务的其他基础知识

1. 以往使用的工具书有空中交通（Air Traffic）、航空指南（OAG, Official Airline Guide）及世界交通时刻指南（ABC）等，但目前由于旅行社与航空公司之间运用 CRS（Computer Reservation System）联机已成习惯并日臻成熟，故已少有旅行社订用航空指南或 ABC，至于票价计算方面的专业知识，旅行业的票务人员最好懂得其架构。但一般从业人员，由于航空公司提供了很多的现成票价（ready-made），现在越来越少的人愿意去学习和弄清楚票价的结构。

2. 税收（taxes）或其他安全费用等。

大部分的国家对于开出来的机票都附加税金，或安全费用、航空税、建设税。目前，很多国家亦将机场税包含在机票内。我们应特别注意机票价格是否已含机场税在内，否则需另购机场税。

3. 机票适用的运送距离：一般机票只是包含从一个城市或地区的机场至另一个城市或地区机场之间的运送而不含市内至机场之间的运输。如有需占用两个座位的情况，有些航空公司需另购一张全票，有些只酌情加收50%。

4. 有关 on-line，off-line 及 interline

on-line：指航空公司的航班到达该城市。

off-line：指航空公司的航班未达该地。

interline：指在两家以上航空公司之间。使用在有关班机时，即指该航空公司班机衔接其他航空公司班机，或其他航空公司班机衔接该航空公司或任何两家航空公司班机互接。如使用在有关合同时，即指任何两家航空公司互相承认且接受对方的机票，搭载持该机票的游客。

5. 包机（charters）与加班机（extra Sections）：除了正常航班(Scheduled flight）之外两国之间的航约也经常有包机或加班机出现。基于平等互惠的原则，互相之间都有时间及数量的限制。

6. 格林尼治时间（GMT，Greenwich Mean Time)。

自20世纪90年代欧盟成立之后，格林尼治时间即不再使用，而改称为世界协调时（Universal Time Coordinated，UTC)，但习惯上大部分的人都还沿用GMT，故现在是UTC与GMT并用。地球为360度，自转一周约24小时，故以GMT为起点向东西分别以每15度为一小时计算。台湾地区时间为GMT+8。当它再向东推移时，午夜12点的这一条径线刚好通过太平洋，因此将此线称之为国际日期变更线（International Date Line)。在此子午线的东边少一天、西边加一天。格林尼治时间又被称为斑马时间（Zebra Time)。

7. 标准时间（Standard Time）与日光节约时间（Daylight Saving Time)。

标准时间是以格林尼治时间为标准来计算的，但每一年的3～4月及9月之间，有些国家基于节约能源的考虑，会将时间向后拨慢一个小时。应特别注意涉及采用日光节约时或夏时制的地区时的业务，以免延误行程，造成不必要的损失。

（四）电子机票（electronic ticket)

随着机票的发展，从订位的耗时、繁杂到1990年计算机订位系统(CRS）延伸至旅行社而带来的方便到足以应付游客的大量成长。及至银行清账计划（BSP）落实之后，更给消费者及旅行社莫大的助益。然而，机票精简的脚步并没有停止，法航首先推出机票登机证（ATB-Automated Ticket and Boarding Pass）之后，现在电子机票已成了市场的新宠。自1998年11月中华航空率先推出电子机票之后，几年来，联合航空、国泰航空、新加坡航空等也在台湾地区推出了国际线的电子机票。目前，台湾地区电子机票所占的比例虽仍不高，但未来数年内将大有发展前途。

以上的现况，对旅行业来说是一个残酷且严重的打击，只要所有的票务量持续增长，旅行业生存的空间将迅速萎缩，从此也不需强调旅行社是特许行业了。

（五）航空票务知识

1. 机票构成与规定

机票通常由下列4联组成：

审计存根（Auditor's coupon）：开完票后撕下报总公司入账用。

公司存根（Agent coupon）：开完票后撕下，自我存查用。

搭乘存根（Flight coupon）：客人搭乘时用，分2、4联存根两种。

游客存根（Passenger coupon）：只做报账或存查用，不能作搭乘凭证。

对于机票的一般规定：

（1）机票不可转让给他人使用，退票必须在规定期限内。

（2）机票须按顺序号码使用，必须在有效期内使用。

（3）只有搭乘存根而无游客存根时，机场值台有权拒绝搭载。

（4）机票字迹模糊、损毁、涂改时，机场值台有权拒绝接受。

（5）须注意机票上注明的限制事项，例如不可转让、不可更改行程等。

2. 机票种类

（1）普通票（Normal fare）：

头等舱（First class），等级为P、F等，服务佳，行李限重为40公斤。其中R为超音速班机（Supersonic）。

商务舱（Business class），等级为C、J等，服务次之，行李限重为30公斤。

普通舱或经济舱（Economy class），等级为Y、Q、M、K等，行李限重为20公斤。

（2）优待票（Discounted fare）：

儿童票（CHD fare），2～12岁之间，为普通票票价的2/3，可占座位，行李与大人相同。

婴儿票（Infant fare），2 岁以下，为普通票票价的 1/10，不可占座位，只有手提行李一件，必须有成人陪伴旅行（但在美国国内线婴儿免费）。航空公司可以提供纸尿布、奶粉及小婴儿床（Basinet）

船员票（Seamen fare），持船员证与轮船公司保证信可购买，为普通票面价六折左右，行李限制较放宽。

代理店优待票（Agent discount fare），旅行业者所申请，为票面票价的 1/4（因此，一般称之 Quarter fare），可订位，有效期一般为 3 个月，如 AD75、AD50。

（3）特别票（Special fare）：

旅游票（Excursion fare），为鼓励度假旅行或特别季节旅行，而在一定的航线上给予的特殊票价，有团队票（GRP fare）与散客票（FIT fare）两种，对于适用地区、适用期限、停留次数、变更规定、人数、最低停留天数均有个别规定。

卧铺票（Berth charge or sky sleeper surcharge），在越洋航线上才有的特种票，通常是头等票价再追加 10%～25%。例如日航（JAL）的 Z Class 就是。

环球票（Round the world fare），环游世界一周的票价，例如西北航（NW）推出的 USD1 999 环球票票价。

夜间票（Night coach），若干夜间航线为争取客人而推出的廉价机票。

航空同业折扣票（Interline discounted fare）：是航空公司给予内部职员或同行间互惠申请的优待票或免费票。有的可以订位，有的不可以，代号是 ID50、ID75、ID90、ID00、RG00 等。

（4）行 李（baggage or luggage）：

游客所购的机票，只要是付款 50% 以上者，都可携带托运行李（checked baggage）及手提行李（hand baggage）。其免费的行李额度可分为重量限制与数量限制两种。

1）行李重量限制（全世界大部分地区适用）：

头等舱（F. P Class）：40 公斤

商务舱（J. C Class）：30 公斤

经济舱（Y. M Class）：20 公斤

但是，英航（BA）飞行英联邦城市之间的班机，其头等舱和商务舱的行李限重都是 30 公斤。对于超重行李，一般都是按超重部分每公斤单程普通票价的1.5%计收。

另外，游客可以免费随身携带上机的自行保管行李有：

旅行用大小适中的皮包；

雨伞或手杖；

冬天大衣、披肩、毛毯；

照相机或望远镜；

婴儿食品及摇篮；

游客在飞机上使用的可折式轮椅或拐杖支撑用的义肢；

长宽高加起来总长度不能超过115公分的手提行李。

行李重量限制适用的地区范围为：

在Area 2及Area 3境内的航线；

在Area 2与Area 3之间的航线；

经由中大西洋及南大西洋的Area 1与Area 2或Area 3的航线；

墨西哥与Area 3或Area 2的航线；

下列各国与美国、加拿大之间的航线：巴林、文莱、保加利亚、喀麦隆、中非、乍得、汤加、捷克、斯洛伐克、也门、埃及、加蓬、加纳、圭亚那、印度尼西亚、伊朗、伊拉克、肯尼亚、马拉维、墨西哥、新几内亚、秘鲁、卡塔尔、罗马尼亚、沙特阿拉伯、苏丹、阿联酋、委内瑞拉、塞尔维亚和黑山。

2）行李数量限制：

F及C舱：可以带2件，其每件长宽高总长度不能超过158公分。每件行李重量不可超过32公斤，另可携带1件手提行李。总长不能超过115公分。

Y舱：可以带2件。2件长宽高总长度不能超过269公分。每件行李的重量不可超过32公斤。2件中的最大件行李长宽高总和不得超过158公分。

另可携带1件手提行李，其总长度不能超过110公分。

对于超出件数或尺寸、超重等的收费计算方式，各家航空公司都不同，请参考各航空公司的有关规定。

行李数量限制的地区如下：

经由大西洋的美国/加拿大与Area 2及3之间的航线；

经由太平洋的美国/加拿大与Area 3之间的航线；

经由太平洋的南美洲出发或前往南美洲的航线；

关岛/塞班与 Area 3 之间的航线；

美国/墨西哥与 Area 3 之间的航线。

(5) 团队票（Group fare）的认识：

按国际航空运输协会（IATA）的一般规定，团队票（GRP fare）的优待如下：

10～14 人　　1/2FOC　　但因目前航空市场竞争日益激烈，有的航空公司已打破此默契。

15～24 人　　1FOC，例如 10+1，15+1+1 等等，来争取更多的客户。

25～29 人　　1+1/2FOC

30～39 人　　2FOC　　以此类推……

现以一张美西团的团体机票来作说明。票面说明如下：

背书转让等限制：Endorsements/Restrictions

不可转让给其他航空公司：Not Endorsemen

不可更改行程：Not Rerouttable

不可退票：Not Refundable

机票最后使用期限：Not Valid After

机票累计计价单位（FCU，Fare Calculation Unit）：1989 年 7 月以后改以 NUC，Neutral Unit of Construction 为计价单位。

票价计算基准（Fare Basis）：例如 YH/GV10 中，Y 是指 Y 舱，H 是时逢 7～8 月的旺季（High Season），而 GV 则是国际航空运输协会对团体报价旅游团的代号；又如 Y2/AD75，2 为往返票，AD75 为 75 折票价；YL/GV10，L 为淡季（Low Season）票；而 TG00 为领队免费（Tour Guide Free Ticket）的机票。

(6) 如何延伸机票期限

一般而言，机票必须在规定日期内乘载，否则只能退票或放弃，但在下列几种情况下，机票可延长期限而不必另外付费：

机位客满时：如期限已到而航空公司班机一直客满时，可以延长到有座位那一天为止，但最长不得超过 7 日。

未逾期前已订妥，但航空公司因故取消或延期起飞时，可延长到 30 日以内。

机票上显示 OK，而航空公司因故无机位时，可延期 7 日以内。

班机因故取消等位，而游客坚持其等位时，可延期 30 日内。

班机因故无法使客人顺利转机时，例如前段误点使客人搭不上后段时，可延期到有空位为止，也是 30 日以内。

游客生病时，可持健康诊断书申请延期，一直到诊断书上之康复日期为止。若康复日客满，可顺延到有空位的那天，但旅游票以 7 日为限期。

（7）如何阅览机票及计算机记录一般而言，最简单的计算机记录 PNR（Passenger Name Record）至少由 4 个基本资料组成：1）客人名字；2）行程；3）电话号码；4）订位者。

如何阅读机票

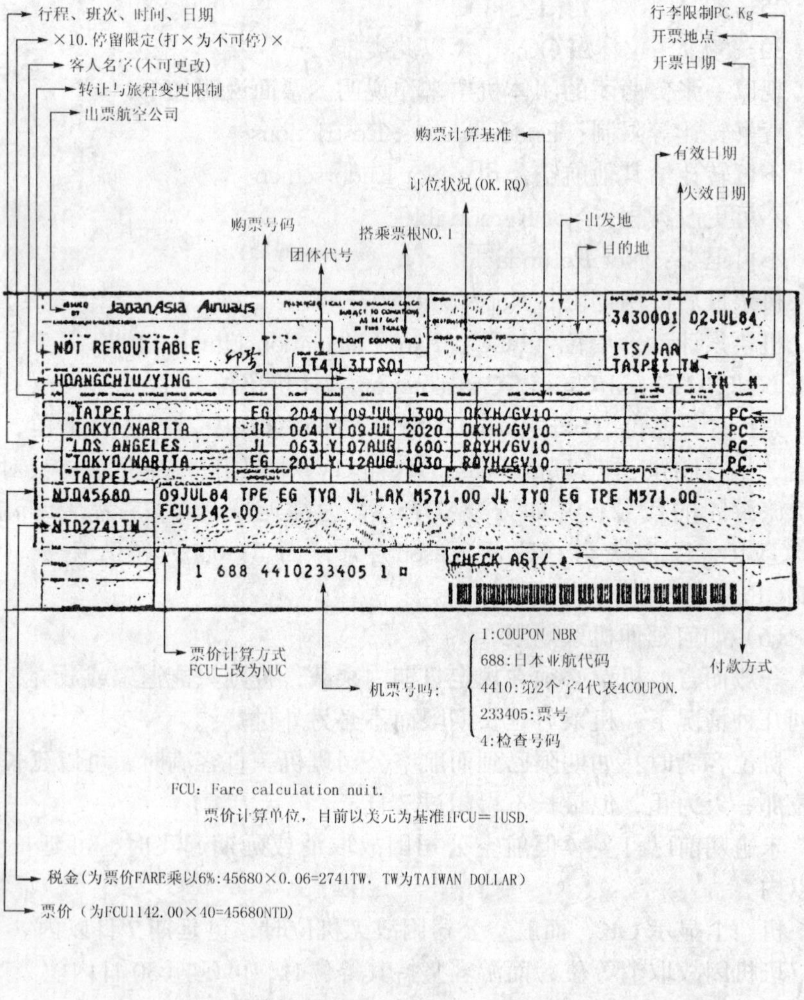

美西团计算机记录

1. 日期:电脑纪录成立
2. 电脑代号:6个字母或数字
3. 团名:如美西7月2日团
4. 旅客姓名:有2位客人
5. 行程:TPE/OSA/HNL/SFO X
   LAX/TYO/OSA/TPE
   QK:INFORMATION.
   QN:REQUEST
   HK:HOLDING CONFIRM
6. 电话:AGT 或客人电话
7. 限制:①不可转让。
   ②不可退票改变路程。
   ③发行日期。
   ④团体代码。
   ⑤开票日期。
8. 注解:REMARKS 为电脑纪录做补充或与外界联络消息时使用。例如向 TYO 要位子(第6行与第8行),TYO 回电(7,9,12行)都用简字代替以节省记忆体。
9. 报价:为 TKT ISSUE 时用在机票上的 FARE CALCULATION 处亦显示出来。
10. 付款方式:AGT/为支票
    CASH 为现金。
11. 此订位来自:①年度订位
    ②X 小姐,先生
    ③PAX 客人

```
30 JUN 0632Z
OF WZAKCU
0. C/2PHX/USA/0702/GRP  1.1WENG,CHING PO
2.1WENGHWANG/SHOWMEI
1.EG212 Y 02JUL TPEOSA HK2    1435 1755
2.JL078 Y 02JUL 0SAHNL HK2    1950 0815
3.UA180 Y 05JUL HNLSFO QK2    0830 1620
4.ARNK
5.JL061 Y 10JUL LAXNRT QN2    1300 1615+1
6.JL061 Y 11JUL LAXNRT HK2    1300 1615+1
7.EG211 Y 27JUL OSATPE QN2    1020 1150
FONE-1.TPETAHAN/5813535/T MS LEE
TKT-1.E2 NOT ENDORSABLE
2.E*NOT REROUTABLE
3.V25JUN
4.RIT4JL3ITSO4
5.030JUNTPE107ITM/I
RMKS-1.AFTER EG/JL FLT CFMD PLZ BUK UA180Y04JUL HNLSFO
2.BUKG FIRM PER MS SU 02JUN/ROSGTPE
3.TPE...ADVN BY 0100Z/08JUN OR WIL CNCL 04JUN/BPRCCRC
4.NM OPTN TO MS SU 05JUN/RWSGTPE
5.GRP OEF PER MS CHENG 07JUN/RRSGTPE
6.RC...PLZ DAPO CFM X TKS 08JUN/RWSGTPE
7.TPE...REGRET UNABLE AT PRESENT 08JUN/SARCCRC
8.RC...PLZ DAPO CFM EG201/25JUL X TKS 11JUN/RWSCTPE
9.JL063/23JUL LAXNRT OK 13JUN/HYRCCRC
10.GRP DEF PER MS SU ASOF 14KIM/RRSGTPE
11.SPLIT PRY/26JUN/RHSG/TPE
12.JL061/11JUL LAXNRT OK 27 JUN/HYRCCRC
13.SPLIT PTY/30 JUN/RHSG/TPE
QUOTE-1.MI30JUN
2.ITPE EG OSA JL X/HNL UA SFO M571.00
3.I/-LAX JL TYO EG TPE M571.00 FCU1142.00
4.FNTD45680
5.TNTD2741TW
6.D*YH/GV10
7.BPC
PYMT-1.QNTD48421 AGT/
RCVD-MULT
```

航空公司电脑记录 PNR

PNR之样本：

```
--- RLR ---
RP/TPEW12207/TPEW12207                    AA/GS     2 3JUL98/1019Z     KTNCXP
  1.SU/PINTZU MS
  2  CX 451 B 08AUG 6 TPEHKG HK1                     1930 2115        *1A/
  3  CX 261 B 08AUG 6 HKGCDG HK1                     2335 0615+1      *1A/
  4  AF 7642 Y 09AUG 7 CDGLYS HK1        1030 2D     1050 1155        *1A/
  5  CX 260 B 29AUG 6 CDGHKG HK1              2A     1350 0730+1      *1A/
  6  CX 460 B 30AUG 7 HKGTPE HK1                     0820 0950        *1A/
  7  AP TPE 88625376622 - NOAH TOUR - A
  8  TK TL03AUG/TPEW12207
  9  SSR ADTK 1A ADV TKT NBR TO CX BY 05AUG OR SUBJECT TO CANCEL
  10  OSI YY NOAHTOUR 02-5376622 DAVID LIU
  11  RM AF/24GKQN CX/HFM9X
>IG
IGNORED - KTNCXP
>
```

```
--- RLR ---
RP/TPEW12207/TPEW12207                    AA/GS 16JUL98/0843Z     JNWJ6N
  1.LIN/IMING MR          2.LIN/WEICHEN MR          3.LINWU/WENJEN MRS
  4.CP 018 B 04AUG 2 TPEYVR HK3                     1750 1320         *1A/
  5.CP 976 B 10AUG 1 YVRYYZ HK3              M      2300 0620+1       *1A/
  6.CP 225 B 11AUG 2 YYZORD HK3              3      0725 0800         *1A/
  7.AP TPE 88625376622 - NOAH TOUR - A
  8.TK OK15JUL/TPEW 12207
  9.SSR OTHS 1A PLS ADV TKT NBR B4 1700/16JUL OR XLD TPECP/16JUL
  10.OSI YY NOAHTOUR 886-2-5376622 HSIAO
  11.OSI CP TKNO 0189091034374-76
>
```

```
--- RLR ---
RP/TPEW12207/TPEW12207                    AA/GS    8JUL98/0109Z     OSVYQF
1.CHEN/YUANHSIN MR      2.CHEN/RUOSHIANG MR      3.CHEN/YUANMAN MS
4.CHEN/RUOLING MS      5.CHEN/YUANHUA MS      6.WU/YUNKUAN MS
7.DL1852 L 15AUG 6 LAXSLC HK6          5  0630 0918       *1A/ET*
8.DL2133 L 17AUG 1 SLCLAX HK6          2  2035 2130       *1A/ET*
9.AP TEL: 25376622
10.TK TL12AUG/1700/TPEW12207
11.OSI YY NOAHTOUR 886-2-5376622 HSIAO
12.RM DL/XOAKRP
>
```

第二节 旅行社与航空公司计算机的联机

机票预订在计算机引入航空业之前是非常复杂繁琐的，各航空公司定期出版各种航班信息册，如航空指南（OAG，Official Airline Guide）及世界交通时刻指南（ABC）等班机表查出班机信息发送到旅行社或代理人手中，旅行社或代理人在接到顾客的旅行要求后在大量册子中进行航班信息和价格的搜索，并致电航空公司进行确认（因为航班信息时常不能反映最新的航班变化），然后旅行社向顾客报价，在收到顾客的确认后，旅行社再向航空公司预订机位。据统计旅行社或代理人真正用于机票预订的时间只占整个过程的20%，其余80%的时间都耗费在搜索和往来确认上了。

为了改变这种低效率、复杂的预订过程，早在20世纪50年代空中旅行成为大众旅行方式之一的时候，航空公司就开始将计算机引入机票预订系统。1953年，美国航空公司(AA)与国际商务机器公司(IBM)合作开发出了世界上第一个电脑机票预订系统，此后美国航空公司牺牲了增加一倍运力的机会，投资4 000万美元建立了第一个机票预订平台SABRE(半自动商务研究平台)，开电子技术在旅游业应用之先河，事实证明当时的这个决策是有远见的。

20世纪70年代计算机和电信价格的下降和1978年美国航空业自由化进程都极大地促进了电脑预订系统（CRS）的发展，除SABRE外，70年代末80年代初美国涌现出大量类似的以航空公司为依托的电脑预订系统，其中较著名的有联合航空公司的阿波罗（Apollo）系统，环球航空公司的PARS系统，大陆航空公司的“系统一”(System One)，达美航空公司的DATAS II系统。欧洲发展较慢，直到1987年，在美国电脑预订系统的强大竞争压力下才相继出现了两个电脑预订系统：伽利略（Galileo）和艾马丢斯（Amadeus），其中前者是由英国航空公司、瑞士航空公司、荷兰航空公司（KLM）和意大利航空公司（Alitalia）联合建立的，基于阿波罗系统软件；后者是由法国航空公司、Iberia、德国汉莎航空公司和萨斯航空公司（SAS）联合建立的，基于“系统一”软件。两个系统真正开始运行的时间分别是1990年和1992年。亚洲市场的发展与欧洲相似，主要系统有：快达航空公司（Quantas）和日本航空公司（JAL）基于SABRE系统软件建立的Fantasia系统；以及新加坡航空公司、泰国航空公司和国泰航空公司基于PARS系统软件建立的Abacus系统等。

各大电脑预订系统都是相对独立的信息数据处理中心，如 SABRE 数据处理中心位于美国中部某城市的一个地下建筑，据称该建筑具有极高的防火、防水、防震性能，其中的电脑工作站具有强大的数据库，昼夜不间断地处理全球各地的各种旅行预订交易。各大电脑预订系统公司的主要业务和收入来自向没有财力自建系统的小型航空公司、旅行代理商、旅行服务商、大型商务公司等提供数据信息和预订交易平台，并从每个预订交易中收取费用。20 世纪 70 年代到 80 年代，电脑预订系统迅速得到旅行代理商的广泛认可和使用，美国旅行代理商电脑预订系统终端普及率从 1977 年的不足 5%发展到 1987 年的近 100%，自 1989 年以后，美国所有旅行代理商均具备全球预订系统（GDS）终端。

以航空公司为背景的电脑预订系统公司为了支持其高额的投入和扩大市场,开始不满足于仅用于机票预订,开始利用其强大的数据库和过剩的技术空间向其他旅游部门提供服务,并不断扩大地域影响范围,并逐步发展成为旅游全行业的全球分销系统(GDS)。首先加盟的是饭店电脑预订系统(CRS),然后是汽车租赁公司和旅行服务商(Tour Operator)。随着加盟的旅游产品越来越丰富,GDS 的数据库日益强大,而且其描述功能也越来越详细,早期旅行代理人只能从 GDS 终端上看到饭店的房间、床位和价格等几个有限信息(如:A1K 指有一张双人床的豪华房),但现在可以详细地看到饭店提供的各种设施的介绍(包括早餐、餐饮、康体设施等)。现在从 GDS 终端上可预订机票(含包机)、饭店及其他各种住宿设施、租车、包价旅游团、游船票、驳船票、火车票、观光车票、游艇、戏院票等,几乎所有的旅游产品一应俱全。旅行社(代理商及服务商)对信息技术虽然使用较为广泛,但其产品介入较晚,旅游服务商的包价线路进入 GDS 系统的时间比饭店和汽车租赁公司都晚。

进入 90 年代，全球分销系统出现了集中和兼并的趋势，并最终形成了四大系统平分天下的局面，这四大系统分别是：SABRE（原美国航空公司的 SABRE 系统）；WORLDSPAN（由原美国环球航空公司的 PARS 系统和得尔塔航空公司的 DATAS II 系统，于 1990 年合并而成）；伽利略国际（由原美国联合航空公司的 APOLLO 系统和欧洲的 GALILEO 系统，于 1993 年合并而成）；艾马丢斯/系统一（由原美国大陆航空公司的“系统一”和欧洲的 AMADEUS 系统，于 1995 年合并而成）。这四大系统包揽了全球所有的 GDS 预订业务，并各有侧重，如 SABRE 是北美最大的 GDS 系统，在北美的业务占整个地区总业务量的 36%；而艾马丢斯/系统一是欧洲最大的 GDS 系统，其业务占整个欧洲的 51%。

当然，信息技术在航空业的应用远不仅限于预订系统，还包括行李处理系统、机舱内部数字化设施、航空公司航班管理系统、机场管理系统、机场地面通讯系统以及登机系统（如指纹识别登机系统）等。其中尤其值得一提的是行李处理系统，全球航空行李处理全部使用 SITA 系统，即使用行李标签上的数字，就可全球追踪某一件行李的行程过程。但所有这些都不及 GDS 系统对整个旅游行业的影响深远。

在旅行社柜台的计算机中,能够迅速地看出是否有适用的机位,并且当场将他订下来,并且通过航空公司所设定的里程限额或价格规定马上报给游客最适当的票价(而且保障了游客的权益,不会因各个票务人员认知的差距而有所不同),这是何等迅速方便的服务！不只如此,旅行社的计算机终端机旁还有一架开票机,只要游客要求,马上可以打出一张机票并将游客沿途相关必要的信息一并附上。除此之外,旅行社与航空公司之间的账务及税收等问题,也可以一起解决。这也就是航空业界与政府之间正在开发的民航结算系统(BSP, Billings and Settlement Plan)。这是一套集计算机订位、开票、结账等多种功能为一体的解决方案,其成功开发和应用是旅游业的一次大革命。

现将在台湾地区所推动的计算机预订系统及各系统的发展状况作一介绍。

1. 全球计算机订位系统 CRS 发展现况

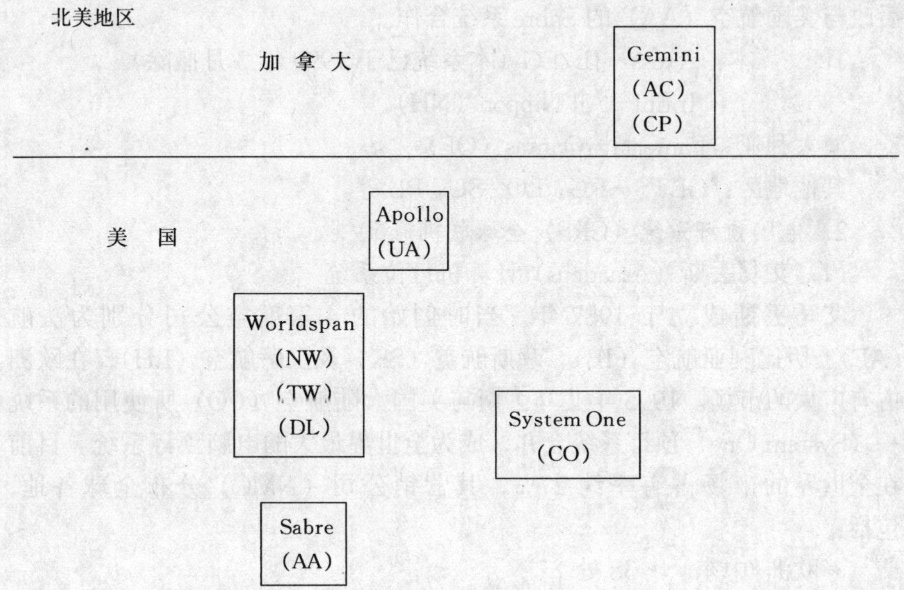

欧洲地区

	Amadeus	Galileo
发起航空公司	LH/AF/SK/IB	BA/KL/SR/AZ
投资	USD 300M	USD 320M
完成日期	1990	1990
旅行社	15 000	10 000

亚太地区

	Abacus
发起航空公司	SQ/CX/CI/PR/MH/BI
投资	USD 130M
完成日期	1990 年 9 月

※Abacus 系统原与美国的 Worldspan 系统合作，但自 1998 年 3 月以后改与美国航空（AA）的 Sabre 系统合作。

日　　本：Axess－JL/EG（本系统已于 1999 年 3 月撤除）
Infini－All Nippon（NH）

澳大利亚：Fantasla－Qantas（QF）

其他地区：GETS－RG，LO，SU，PL 等。

2．电脑预订系统（CRS）全球联机概况

（1）艾马丢斯（Amadeus）计算机订位系统

艾马丢斯成立于 1987 年。当时创始的 4 家航空公司分别为法航（AF）、伊比利亚航空（IB）、萨斯航空（SK）及汉萨航空（LH），在欧洲占有广大的市场。1995 年艾马丢斯与美国大陆航空（CO）所使用的系统一（System One）预订系统合并，成为全世界最大的电脑预订系统。目前在全世界的市场占有率约 27%，其营销公司（NMC）分布全球各地，包括：

* 欧洲/中东　　38 处
* 美洲　　38 处

＊非洲　　　　21 处

＊亚洲/澳新　　19 处　（如：中国台湾地区、中国大陆、泰国、中国香港地区、印度、澳大利亚、新西兰、菲律宾、中国澳门地区）

艾马丢斯全球旅游信息网络系统是旅游业最佳的计算机服务系统之一，全球各地许多的旅行社与航空公司的订位系统均采用艾马丢斯作为提供服务的利器，使用艾马丢斯预订系统的航空公司，全球共超过 106 家，联机的旅行社超过 42 740 家，联机的终端机超过 176 510 部。目前艾马丢斯所提供的产品可分为以下 4 大类：

产　品	内　容
艾马丢斯航空	目前有 740 家航空公司提供民航计划表，480 家可接受预订，174 家航空公司可直接进入，231 家航空公司有计算机代号回复
艾马丢斯汽车	目前有 50 家租车连锁公司在艾马丢斯系统中，全球共有 18 912 个点
艾马丢斯饭店	目前有 193 家饭店连锁集团在艾马丢斯系统中，全球共有 45 822 个点
艾马丢斯服务	顾客档案、AIS 资料查询系统、在线帮助、转换功能、旅游综合信息、艾马丢斯训练系统

(2) 阿比克斯（Abacus）全能计算机预订系统

近年来亚太地区旅游业蓬勃发展，旅游业务随之不断成长，从而亦带来顾客要求提高服务质量的压力。面对这些挑战，需要崭新的信息及可靠的科技来提供更好的旅游服务。

现在，针对亚洲旅游业者需求而设计的信息系统—— 阿比克斯计算机预订系统应运而生。它不仅提供全世界旅游信息，更可帮助旅游业者办公作业自动化。

阿比克斯系统就是亚洲地区旅行社计算机订位系统，由全日空、国泰、华航、港龙、马航、菲航、皇家文莱、新航、胜安航空及 WorldSpan 等 10 家股东合资，目的在于促使旅行社作业自动化，提高工作效率。1998 年 3 月以后，阿比克斯已不再与 WorldSpan 合作，而改与萨伯（Sabre）合作。

经由阿比克斯，可随时得知全世界航空公司的时刻表及票价，更重要的是在结束订位的同时，可立即获得主要航空公司的计算机代号，方便查询。在亚洲系统中，仅阿比克斯独具此特点。

此外，阿比克斯系统网络跨越亚洲、美洲、欧洲，庞大详尽的各类信息任由使用，业者可进行订位、开票、订房、租车、组团，全套作业迅速便捷。

阿比克斯系统各项功能

为了帮助各项作业，阿比克斯系统提供一系列旅游相关信息，通过先进的科技，会更加得心应手，无论订位、开票均有如囊中取物一样便利。

阿比克斯系统提供业者班机、旅馆、租车，甚至更多的旅游信息，帮助业者满足顾客的需求，提高竞争力，增进生产力。

班机时刻表及空位查询

阿比克斯系统含有上百家航空公司时刻表及可售机位，从即日起往后331天的信息，均可轻易查到。有了Equal Host，可以保证所有航空公司的资料都是即期有效，与他们自身的订位系统绝无两样。

阿比克斯的直接查位功能分秒必争，轻敲几个按键，即可查知指定的班次是否还有空位，且所定机位可获各航空公司的保证。

有了直接销售，繁复的订位、买票作业将不再烦人，订位可以马上确认，并可实时做好纪录。预订有保障，顾客有信心。

订房/租车/旅游查询

凡是世界各地旅馆资料，如剩余房数、地点、设施及房价等，在阿比克斯中皆唾手可得。通过订房系统，可以直接获取指定旅馆的确认号码。

同时，阿比克斯的租车系统（Carkey System）使得租车更加简便。特价省钱区（Money Saver）可查询各种廉价项目，帮助顾客获取最好选择。帮助界面（Help Masks）则可提供简单的租车查询。

此外，系统的内容更扩大延伸，举凡旅游资料，如保险、组团各项必备文件、车船服务等，应有尽有。

BSP 中性机票

所谓中性机票是指利用标准格式开出的不同航空公司的机票，而自动开票机可印出航空公司名称与代码。销售代理商无需库存多家航空公司机票，业务报表将大量简化，可明显地提高工作效率。

票价系统

萨伯（Sabre）票价系统提供所有国际航线及美加地区的实时票价资

料，旅游者可以不费吹灰之力，轻松查得近千种机票票价。

委托开票功能

中小型旅行社可通过移转预订记录，授权票务中心开票，但又不暴露顾客资料。票务中心调阅订位记录开票时，无法看到游客电话号码或其他资料。

同时系统也禁止票务中心修改或取消游客的预订，中、小旅行社无需担心因开票而泄漏游客资料。阿比克斯系统功能不但提高双方作业效率，并能顾及业者双方的利益与关系。

顾客资料存盘功能

除了预订迅速之外，诚心的照顾对顾客更是重要。阿比克斯的顾客资料系统可以储存游客个人资料，如：偏好的航空公司与旅馆、汽车型式、机上座位、地址、电话号码及信用卡等资料，都是具保密性的参考档案。当预订时，可以简便复制成预订记录，节省时间和精力。

行程表打印

阿比克斯亦提供打印游客行程的功能，包括班机时刻、旅馆确认、租车及其他特别安排。业者还可附加其他信息，使顾客对你独特的服务留下深刻印象。

旅游信息系统（TIMATIC）

全球各国入境须知，如签证、检疫、健康证明、关税、必备文件以及其他限制等，都可以在系统上一目了然。

参考信息系统

阿比克斯系统衔接各项有用参考信息系统，如阿比克斯一般消息及功能更新讯息，参加的航空公司、租车公司及连锁旅馆系统的最新信息，旅游团信息以及各项娱乐表演节目。

信用卡检查系统

这一系统可以自行检查顾客信用卡的有效性。

阿比克斯全套自动化作业

两种衔接阿比克斯系统方法：经由阿比克斯简易机型、阿比克斯全能型或两者的综合体。阿比克斯简易型终端机可以直通系统，充分享用系统全项功能。

此种机型画面可分割操作，月历随叫随现，常用的输入格式可预设入单一键，并可接外围打印机以及接口设备，是工作上不可或缺的助手。

阿比克斯全能机型则是业者专用又易学的彩色工作站，不但可衔接系统享用系统功能，还可作为个人计算机操作。借着接口衔接阿比克斯主系统，可整合订位、开票、会计账目及办公室内部作业。这是阿比克斯全能机型独特的功能。

阿比克斯后勤支持

各地营销公司（NMC）

由于阿比克斯系统涵盖不同地区，各地市场状况不一，因此阿比克斯在每个国家、地区均设有地区营销公司（NMC）。为了建立与业者密切的关系，这些公司均由经验丰富的人员来经营与提供服务。阿比克斯在台湾地区的专业营销公司是先启信息系统公司。

第三节　国际航空运输协会银行结账计划

旅行社与航空公司的计算机联机，除了在机位的预订、开票与各项旅游信息的提供及获得方面具有迅速确实的好处之外，似乎尚有账目结算及各种报表方面的问题。基于此，国际航空运输协会（IATA）以解决这一主要问题为目的，采用了一套 BSP（Bank Settlement Plan）银行结账计划，来寻求“整套的服务，一次作业的完成”的方式，达到信息化的理想境界。下列之简介，系录自国际航空运输协会的推广资料（BSP 正式的英文名称，已于 1996 年改为 The Billings and Settlement Plan）。

（一）银行结账计划简介

宗旨：

银行结账计划（BSP）经国际航空运输协会（IATA）各会员航空公司与会员旅行社共同拟订，旨在简化机票销售代理商在售卖、结算以及汇款等方面的手续。旅行社与航空公司双方的作业程序均得以简化，从而大幅提高业务上的效率，节省时间与精力。这样双方都可集中精力于营业活动，实现航空公司与旅行社之间的“双赢”。

1. 代理商接受银行结账计划（BSP）的优点：

2. 代理商接受银行结账计划（BSP）的重点：

(1) 单一的机票库存

所有参加银行结账计划（BSP）的航空公司通用机票及杂项券

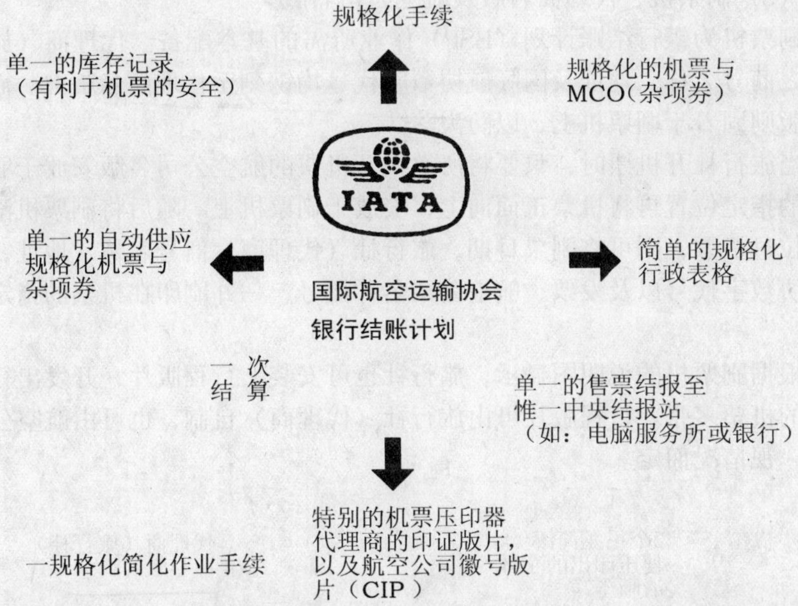

(MCO) 以及各项规格化的表格，均由结报中心的“机票分发处”供应。当任一旅行社或代理商的票券文件低于两个月正常用量的库存时，结报中心立刻通知“机票供应处”予以补充。此一自动拨补的单一库存制度既可节省存储空间，又可简化机票库存控制手续。

人工开发四联式标准机票样本（见下表）。

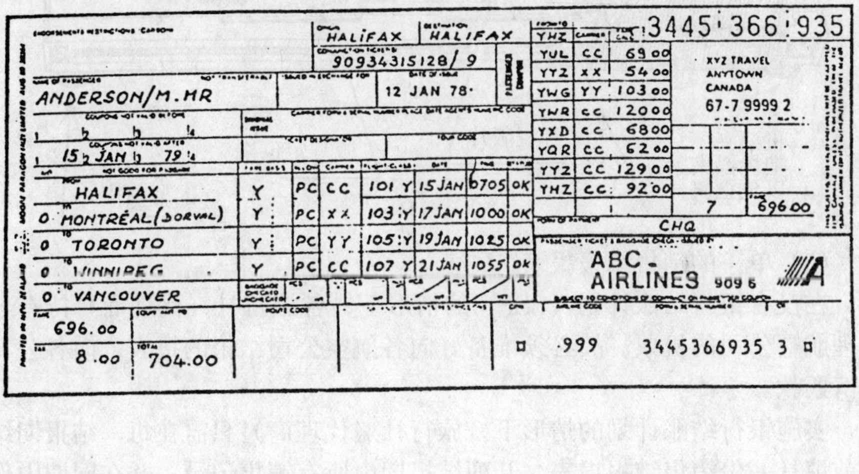

（2）刷票机、代理商名版及航空公司名版

刷票机为银行结账计划（BSP）作业所需的基本配备。代理商（旅行社）之商号名称、地址及国际航协数字代号均镌刻于代理商名版上。而此项名版则固着于刷票机上，以防失落。

当旅行社开机票时，只要将所欲代开机票的航空公司名版安放于刷票机上的指定位置再将机票正面向上，安放于刷票机上。随后将刷票机滚筒横向拉过机票，则可将刷票日期，旅行社（代理商）商号名称、地址，国际航协数字代号以及发票、航空公司名称徽号，一并刷印在机票的指定位置内。

根据刷票机的说明图显示，旅行社也可安装上行程版片，开发出行程相同的机票多张。行程版片可由旅行社（代理商）自制，也可由航空公司供应，视情况而定。

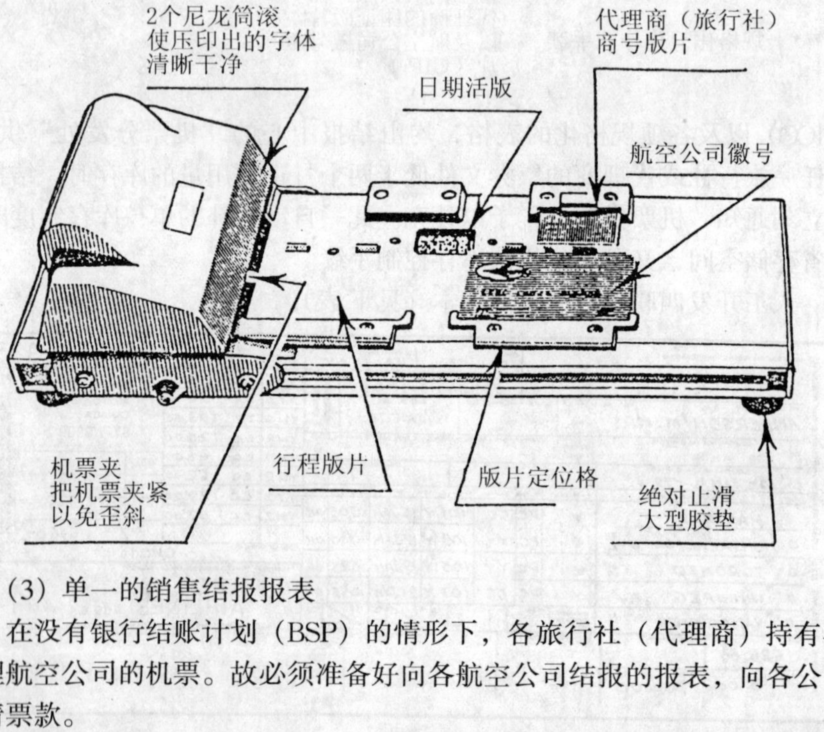

（3）单一的销售结报报表

在没有银行结账计划（BSP）的情形下，各旅行社（代理商）持有各代理航空公司的机票。故必须准备好向各航空公司结报的报表，向各公司结清票款。

实施银行结账计划的情形下，旅行社（代理商）只需在每一结报期结束前填具一份销售结报报表，开列结报期内所有销售记录，并在同期内作相关的调整即可，大大减少了为每个航空公司详细列明结报报表的文书工作，节省了账务、银行费用、邮费及其他行政费用。

已填具的售票结报表格

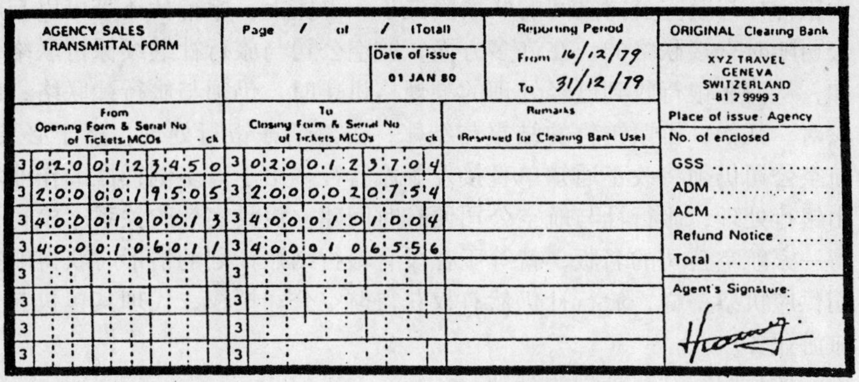

AGENCY SALES TRANSMITTAL FORM

Page 1 of 1 (Total)

Date of issue 01 JAN 80

Reporting Period From 16/12/79 To 31/12/79

ORIGINAL Clearing Bank

XYZ TRAVEL GENEVA SWITZERLAND 81 2 9999 3

Place of issue Agency

From Opening Form & Serial No of Tickets/MCOs	ck	To Closing Form & Serial No of Tickets/MCOs	ck	Remarks (Reserved for Clearing Bank Use)
3 020 0123450	0	3 020 0123704	4	
3 200 0019505	5	3 200 0020754	4	
3 400 0100001	3	3 400 0101004	4	
3 400 0106011	1	3 400 0106556	6	
3		3		
3		3		
3		3		
3		3		

No. of enclosed

GSS ....

ADM ....

ACM ....

Refund Notice ....

Total ....

Agent's Signature:

（4）单一的账单与结账

旅行社将已填妥的结报报表，连同一切有关证件，交予结报中心，由其集中处理后，发出统一账单给各旅行社，详列该结报期内旅行社结欠所有各银行结账计划航空公司的款项。各旅行社只要通过指定的清账银行作一次结账即可。清账银行随后将经过核对的机票副本以及其他票据，连同旅行社（代理商）的结报款项，分别传送给各银行清账计划航空公司。此刻，如发现任何错误，有关航空公司即可出具调整单，直接向旅行社提出更正。

（5）管理资料

银行结账计划备有特别的资料报告，供航空公司与旅行社参考，以拟订其销售计划或促进其管理阶层的控制功能。

（6）银行结账计划可以自动化

从作业程序的观点来看，银行结账计划可与大部分未来的计算机化订位及开票系统兼容。此项系统可供许多旅行社装置使用。

（7）旅行社（代理商）所应负担的费用

在某种情况下，旅行社因加入银行结账计划而增加的负担仅是稍许加快其现金周转而已，因为其结账日期可能与没有银行结账计划时有所不同。刷票机及代理商名版的费用亦须由旅行社（代理商）负担。但是由于每一新结账计划的实施而使旅行社节省的全部费用远超过上述的全部负担支出。

(8) 强化航空公司与旅行社（代理商）之间的关系

虽然在使用银行结账计划的情形下，旅行社售卖机票的结报与结账均通过清账银行，而标准格式机票又由“机票分发处”统一供应，这并不表示旅行社与航空公司之间的联系消失了。事实上，旅行社还是可以与航空公司随时直接联络的。在许多方面，航空公司与旅行社继续保持联络，例如，从清账银行收到已经处理的准规格机票时，仍须与旅行社联络，以便核对。又如，机票销售的结报与结账，虽经清账银行处理，然于必要时，航空公司仍须将改正通知单直接发予旅行社。由于许多例行性的作业均交由银行处理，旅行社与航空公司便有时间建立更具实效的关系。旅行社获得一家航空公司的名版，就等于在没有银行结账计划的情形时获得航空公司供应机票一样，旅行社仍然有权获得航空公司授权，代理其包机与全部旅游业务。

(9) 银行结账计划的管理

银行结账计划的行政管理工作由国际航空运输协会日内瓦总部的计划管理处负责。为使该计划得以顺利推展，计划管理处特别委派一位地区性的银行结账计划经理，以便在必要时为旅行社、航空公司、计算机服务单位及清账银行提供服务。同时也为他们和国际航协旅行社管理处提供联系。地区性银行结账计划经理代表参与该计划的所有航空公司行事，特别是当某一旅行社涉及拖欠债务或违法诉讼时，他代表所有航空公司的。

(二) 国际航空运输协会认可的旅行社

航空公司无法在全球各地均建立其直营的销售点，故必须仰赖旅行社在各地代理其销售业务。国际航空运输协会为了使 IATA 会员航空公司与旅行社间的交易规则化，特建立一国际航空运输协会认可旅行社计划（IATA Agency Program），订立认可旅行社应具备的资格，让 IATA 会员航空公司与旅行社间的交易更加有效率。

1. 台湾地区国际航空运输协会认可旅行社计划

鉴于以往东南亚地区大部分为非 IATA 会员航空公司，以致推广成效不甚显著。目前在台湾地区仅有 45 家 IATA 认可旅行社，因此 IATA 特别与东方航空运输协会（Orient Airlines Association）合作在中国台湾省、韩国、中国香港特别行政区、菲律宾、泰国、新加坡、马来西亚、印度尼西亚及文莱等 9 个国家和地区共同实行 IATA 第 810 号决议案，结合非 IATA 会员航空公司的力量，共同推展新国际航空运输协会认可旅行社计划。

依据IATA第810号决议案在上述地区成立东方国家航空公司代表会议（Orient Countries Assembly，简称OCA），由在该地区营业的IATA会员航空公司及加入该地区任一BSP组织的非IATA会员航空公司派总公司营业主管代表组成。OCA负责制订有关IATA认可旅行社资格、程序等事宜，在各地区设有全国执行委员会（National Executive Committee，简称NEC），执行OCA决议事项及提供当地特殊需求交OCA决策参考。

2. 成为IATA认可旅行社的好处

（1）全球航空公司销售网络均通过此系统。

（2）提供航空公司与旅行社之间一个很重要的桥梁。

（3）IATA认可旅行社在东南亚地区的航空销售市场占有率有剧增的趋势。

（4）IATA认可旅行社的标志是专业、信用、胜任与高效率的象征，可以给游客信心。

（5）IATA认可旅行社可使用Bank Settlement Plan所配发的标准机票，以直接开发经BSP航空公司授权的机票，提升销售的能力。

（6）因IATA认可旅行社是航空公司公认的标记，可以获得全球各大航空公司提供营业的机会。

（7）IATA认可旅行社可获得全球各大航空公司提供各种营业推广、广告策划、宣传小册子、销售资料、最新票价及时间表与人力支援。

（8）IATA认可旅行社可获优惠参加IATA/UFTAA或航空公司所举办的票务训练课程。

（9）IATA认可旅行社可获优惠参加Educational Familiarisation Tour并可对IATA认可旅行社计划的修改与发展提供意见。

3. 成为IATA认可旅行社的条件

（1）具备“观光局”核发的综合或甲种旅行社执照。

（2）财务结构健全无不良信用记录，具有支付正常营业所需流动资金的能力，能提供银行保证函及经会计师签署的财务报表供审查者。

（3）需聘有两名专职的票务人员，该票务人员必须完成IATA认可或航空公司举办的票务训练课程并持有结业证书者。

（4）具备独立的营业场所与公司招牌，供游客辨识并允许大众进出。

（5）营业场所须具备至少182公斤金属制、用水泥固定在地上或墙上的保险箱以供存放空白机票，且须合于IATA其他的最低安全措施规定。

（6）其旅行社名称与航空公司相同者，或为航空公司总代理（General Sales Agent）的旅行社不得申请成为IATA认可旅行社。

4．参加成为IATA认可旅行社的费用

旅行社于申请时需缴纳审查费（Non如Refundable Application Fee）、入会费（Entry Fee）及年费（Annual Fee），而后，每年仅缴年费。若申请改组、更名、迁址均需另缴审查费。各项费用如下表：

		USD（美元）
审查费	Non-Refundable Application Fee	275
总公司入会费	Entry/HO	410
分公司入会费	Entry/BR	325
总公司年费	HO Annual	65（1991）
		125（1992）
分公司年费	BR Annual	40（1991）
		85（1992）
总公司申请改组审查费	Change of Ownership HO	410
分公司申请改组审查费	Change of Ownership BR	325
公司申请更名审查费	Change of Name	70
公司申请迁址审查费	Change of Location	120

**现已为IATA认可旅行社不必再缴任何费用，直接转成新IATA认可旅行社。

5．与银行清账计划的关系

（1）IATA实施认可旅行社计划后，建立航空公司旅行社交易规则化的制度，提高销售系统的效率。但随着航空公司与旅行社的数量日增，且营业额逐年剧增，故机票的申请、配票、开发、结报与清账等作业日趋复杂。IATA为了简化此项作业，节省人力，特建立银行清账计划（The Billings & Settlement Plan）供各地施行。目前全球各地使用的机票约有

1/4 是由 BSP 所印制的标准票，且逐年增加。

（2）实行银行清账计划（BSP）主要有下列好处：

- BSP 提供统一规格的标准票（BSP Standard Tickets and MCOs）有利于票务作业。
- 旅行社只要保管一种机票不必保存各种不同航空公司的机票，可减少保管机票的数量与风险。
- 使用标准票可开发任一授权航空公司的机票，随时满足游客的需求，提升服务水准。
- BSP 提供统一规格的行政表格供旅行社使用，简化结报的行政作业，节省人力。
- 一次结报至一处理中心（Processing Center）由电脑作业产生各种报表，不必分别填写各家航空公司不同的报表，节省结报文书工作及行政费用。
- 旅行社一次缴款至银行，再由银行转账给航空公司，一次结算省时省事。
- BSP 标准化作业有助于从业人员的培训与作业。
- BSP 可提供特别的资料报告供旅行社参考，以方便其拟定其销售计划或管理。并可与大部分的电脑订位及开票系统相容，使电脑开票系统充分发挥其自动化的功能，节省票务作业人力。
- BSP 实施后可使旅行社与航空公司更有时间建立更具实效性的关系。

（3）成为 IATA 认可旅行社才能自动成为银行清账计划的旅行社。

第四节 航空票务作业

（一）航空公司组织与操作系统

1. 一般航空公司的组织形态有两种

1）AIRLINE 本身就是以航空公司形态营业，如 CI，SQ，CX 等是。

2）GSA（General Sales Agent），是以总代理的方式营运。其本身是旅行社，而实质上代理航空公司局部或全部业务。目前在台北的 GSA，一般只代理总公司的票务与订位业务，但也有代理货运（Cargo）业务的。GSA 处理票务可由其总公司拿到 3% 的销售佣金（Overriding）。

2. 航空公司组织系统与权责

(1) 组织系统

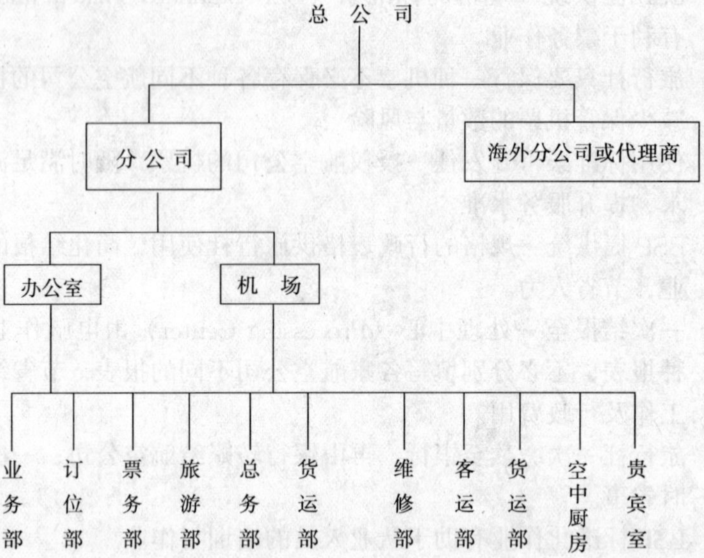

(2) 权责方面

业务部：负责对旅行社以及直接客户的机位以及机票销售、公共关系、广告、年度营运规划、市场调查、团体订位、收账等的管理，它是航空公司的重心以及与各部门协调的桥梁。

订位组：负责接受旅行社及游客订位与相关的一切业务，起飞前机位控制、团体订位、替客人预约岛内、外旅馆及岛内线班机。

票务部：负责接受前来柜台的旅行社或游客票务方面的问题及一切相关业务，诸如确认、开票、改票、订位、退票等。

旅游部：负责旅行社与游客的签证、办件、旅行设计安排、团体旅游、机票销售等。

总务部：负责公司营收、出纳、薪资、人事、印刷、财产管理、报税、汇款、营保、庆典等。

货运部：负责航空货运的承揽、装运、收账、规划、保险、市场调查、赔偿等。

维修部：负责飞机安全、载重调配、零件补给、载客量与货运量统计等。

客运部：负责客人与团体登记、划位、各种服务的确认与提供、紧急事件的处理、行李承收、临时订位、开票等。

货运部：负责航空货运的装载、卸运、损坏调查、行李运输、动植物检疫协助。

空中厨房：负责班机餐点供应、特殊餐点的提供等。

贵宾室：VIP 客人的接待与招待、公共关系。

(3) Airline 的组织有四大优点值得参考

组织严密：历经多年的经验与规划，组织层次分明，各方面协作默契良好。

人员精干：录用后按学历和资历给予适当职位，以发挥最大功效，每年派员赴总公司进修，公司内部经常有各种讲习或课程使员工不时自我充实，使人员发挥最大潜能。

责任分明：各部门权责划分清楚、层层对上负责，经常召开每周、每月检讨会与协调会，适时解决问题。

待遇良好：员工福利、年休、考绩、奖金、俸给均有优良制度可循。

3. 订位组与票务组的组织

订位组的组织及职责：

(1) 经理、副理：主管订位组的一切业务。

(2) 预订代理（reservation agent）：接受订位与相关业务。

(3) 候补代理（queue agent）：负责与外站办公室的机位与电讯处理。起飞前 4 天开始追踪机位（各家稍有不同）。

(4) 团体代理（group agent）：接受团体订位与年度订位、统计及追踪。

(5) 离港控制（departure control）：起飞前的控制，同时兼顾来台的班机与由台北出发的班机。

(6) 电传预订（telex handle）：旅馆的代订及国内线等的代订。

票务组的组织及职责：

(1) 经理、副理：主管票务组的一切业务。

(2) 对外部门：

个别客人——接受散客一般票务服务及开票等。

旅行社开票——只接受旅行社同业个别的开票。

团体机票——只接受旅行社团体的开票。

(3) 对内部门：

会计——机票款的审计、稽核、整理、结算及报缴。

退票——对退票款的处理。

出纳——当天收入、支出账务处理。

4. 订位组的作业程序

一般航空公司订位的时序如下：

时　间	控制单位(机位)	任务范围
出发4天以前	总公司订位组	给予机位，随时掌握机位销售情况。
出发前4天	总公司订位组	台北的公司开始检查确定成行与否，查看有否开票。
出发前1天中午12时30分以后	各地分公司（如台北）	班机出发前一天的机位完全由台北的公司控制，外站不能再干涉。台北的公司应控制人数。
出发前1天下午5时30分以后至起飞	机场办公室	由前1天的下午5时30分以后，机场办公室就接下人数的控制任务，除了该站起飞的旅客外，亦注意过境的旅客人数。

（二）航空公司提供的各种服务

以前，旅行社向航空公司订位组预订机位，事先自己需要先由OAG或ABC等班机表查出自己意欲安排的班机，再请航空公司票务组的专业人员（或旅行社本身的票务专人）算出确实的票价，几经比较之后决定FLIGHT ITINERARY，再请订位组的人员登记，制作订位卡，通过航空公司本身内部的电传系统送回总部或控制机位的点站，经过确认有机位后再传送回来，这些过程需时甚久又繁杂，尤其需要订INTERLINE的航班更难掌握。随着时代的进步，航空公司内部订位记录的传送，大部分已经计算机化了。然而，毕竟其点站实在不足以提供游客大量增加而来的订位需求，因此才会将其本身现有的网络，除了与参加联营的航空公司互通之外，再进一步地与服务在第一线的旅行社联机。

在旅行社柜台的计算机中，能够迅速地看出是否有适用的机位，并且当场将它订下来（BLOCK），并且通过航空公司所设定的里程限额或价格规定（TARIFF）马上报给游客最适当的票价（既保障了游客的权益，也不会因各个票务人员认知的差距而有所不同），提供迅速而方便的服务。不仅如此，旅行社的计算机终端机旁还有一架开票机，只要游客要求，马上可以刷出一张机票及游客沿途相关必要的信息一并附上。除此之外，旅行社与航空公司之间账务及税款的问题，也可以一起解决。目前航空业界与政府之间正在全力推动此套计划。等到这一套计算机订位，开票、结账等系统完成时，可以说是旅游业的大革命了。

刷票机亦可用以处理信用卡购票。因只要将信用卡放置于航空公司名版的位置，即可刷印信用卡付账单。航空公司名号版片由航空公司提供，故所有权仍属航空公司。刷票机可向制造厂商购买或租用，租金不贵。

第六章
旅行社顾客关系管理

第一节　紧急事件处理原则

出外旅行，除了靠旅行社专业的安排之外，还需要靠全球各地各种相关机构的密切配合，才能让在万一有什么差错或需要紧急救援时获得迅速而有保障的处理。领队或导游是旅行团队的核心人物，当发生紧急事故时，更应运用各种可能的资源，让游客、公司或自己的损害降到最低的程度。兹将处理紧急事故的流程表列出，以供参考。

（一）××旅行社紧急事故处理流程

重大事故发生时

↓

值班人员调出团体出团或个人出境记录
（产品部、国旅部、商务部要记录完整并置于规定的处所或计算机内）

↓

从记录中找出各路线或部门的主管或作业人员，公司紧急事故处理小组马上动员

↓

在境外，先找出当地经手的旅行社联络人，或直接找我们的领队（需有国际漫游的移动电话）；在岛内的团体则找领队，应有手机或旅馆、游览车公司等资料

此时,应向"观光局"报告事件已发生,并做成记录备案	←→	联络海外紧急救援的保险公司率先到达现场

↓

联络发生事故的团员家属，并酌情报告事件发生的始末。此事应由公司副总，或指定的发言人对外发言

↓

联络品保协会、公会、"观光局"、保险公司等，协调公司派主管及游客亲属前往出事地点的相关事宜。并联络"外交部"与驻外单位，协调支持办理护照、签证及取得机位

↓

如有伤亡发生，则应取得当地警察单位及法院、法医开立的证明文件，并取得游客本人或家属的授权书，以利后续的作业。并应提醒领队或公司代理店，备齐必要的证明文件或相关的法律咨询，以免公司或游客的权益受损

↓

尊重游客家属的意见，并汇集专家的意见，尽快处理应办事项，圆满结束事件的处置

可以提供支持及帮助的相关单位有：

1. 驻外"使领馆"及"观光局"、"经济部"、"侨委会"等驻外单位

2. 保险公司海外紧急救援：AEA-SOS或IPA（Inter Partner Asistance公司）

3. 公司投保的保险公司：台北总公司及各地分公司

4. 公司委托的海内外旅行社、各分社、负责人及导游

5. 各地的旅馆、游览车公司、餐厅、艺品店（有合同者）

6. 航空公司各地办事处或分公司或总代理

7. 慈济功德会全世界各地的会员

8. 如为报社或世界性大公司经营的旅行社，则其记者或驻在员，也都是很好的对象。

对各相关单位的联络资料，应建立档案，分路线或国别列册，以利紧急时联络

（二）保险公司服务内容（参考案例）：

航联产物保险海外紧急救援服务项目：

1. "使馆"领事信息提供

2. 护照或行李遗失协寻信息
3. 推荐翻译或秘书
4. 推荐法律服务机构
5. 代垫法庭保释金
6. 电话医疗咨询
7. 推荐医疗服务机构
8. 代垫医院保护金及医疗费用
9. 住院时病况观察及病况追踪
10. 紧急医疗转送

以上服务项目内容，均依“财政部”台财保 871838275 号函核准的“航联个人旅行综合保险单”条款为准。

航联产物保险海外紧急救援服务电话：

中国台湾省	886－2－2562－9217	直拨电话（汉语）
新加坡	65－334－0556	直拨电话（汉语）
中国香港	800－930－574	免付费电话（汉语）
美　国	1－800－998－4481	免付费电话（汉语）
荷　兰	060－22－4463	免付费电话（汉语）
法　国	0800－910－502	免付费电话（汉语）

旅行社紧急事故处理体系表

紧急事故联络系统

事故类别	领队人员通知		旅行社通知	
意外事件	保险（救援）公司	联络人电话	保险（救援）公司	联络人电话
	旅行社	联络人电话	品保（公会）处理小组	联络人电话
	“外交部”驻外单位	联络人电话	“观光局”	联络人电话

续表

	当地	联络人 电 话	家 属	联络人 电 话
其 他				

备注：1. 请将下列表格务必列给领队交接并确实签收。

2. 凡遭逢劫机、水灾、天灾、海难、车祸、中毒、疾病及其他事变，造成游客伤亡或滞留等事件，均得依右列规定通报，以免遭“观光局”处罚。

3. 密切注意肇事者的行踪，并为保护游客的权益进行必要的处置。

4. 立即通知公司及有关人员，并随时汇报最新状况及处理情形。

5. 通知国外旅行社及台湾地区派驻当地的机构协助处理。

6. 妥善照顾游客。

（三）旅外“国人”紧急救援实施要点

（依“行政院”87年7月22日台87外37073号函修正）

1. 为使出境考察研习、推广商务、求学、旅游等“国人”（以下简称旅外“国人”）于遭遇紧急困难时，能获得必要之救助，特订定本要点。

2. 获悉辖区内旅外“国人”被逮捕、拘禁或遭遇天然灾害、人为事故或患重病等急难事件时，驻外“使领馆”除善尽保护之责外，应尽快提供探亲、慰问、联系亲友或雇主的服务，必要时可以应当事人之请代为推荐律师或专业翻译人员，给予垫款或临时借款或予其他必要的协助。

3. 旅外“国人”因财物遗失或经济困难致无法返台或返回居所地而向“驻外馆”处请求救助时，“驻外馆”处应先行协助其联络亲友或雇主济助，必要时要代垫购最近航期直接路线的单程经济机票或车、船票，协助其返台或返回居所地。

4. “驻外馆”处提供作等候机、车、船期间等基本生活费用的临时借款，金额最高以每人500美元为限，超过此金额应先将项目报“外交部”核准。

5. 依本要点向“驻外馆”处请求的垫款或临时借款均应签立书面借据，并于立据40日内归还。但经“外交部”酌情同意宽限者，不在此限。

前项垫款或临时借款逾期未清偿者，应依法追债。追偿逾6个月仍未获清偿时，其垫款或临时借款，先由“外交部”在相关预算中应付。

6.“驻外馆”处依本要点提供协助时，旅外“国人”有下列情事之一者，除立即危及其生命、身体或健康外，可拒绝之：

1）曾由“驻外馆”处垫款或临时借款尚未清偿者。

2）拒绝与其亲友或雇主联系请求济助者。

3）拒绝签立借据者。

4）不愿返台或返回居所地者。

第二节　遗失证照、物品事件处理办法

（一）遗失“护照”

1. 马上到就近的警察机关报案，取得报案证明。

2. 联络就近的台湾地区驻外单位，需告知遗失者的护照资料（姓名、出生日期、号码）。

3. 请客人去照相（或领队出发前备妥团员照片）。

4. 等候“外交部”回电，并至指定地点领取“护照”。一般作业时间需3天，但也有例外提前发给的。

5. 如时间急迫或即将回台，则持报案证明及领队原先备妥的“护照”资料，请求移民局及海关放行（各国情况不同，不一定都行得通）。国内部分则请其家人持其“身份证”或其他证明文件至机场转交给他本人。

6. 如游客需在当地等待申办“护照”（及“签证”），则需请代理的旅行社帮忙照顾，安排至下面的站点会合，如需等候的时间太长（“签证”的问题），则只好送游客回台了。

（二）遗失“签证”

1. 马上报案，取得报案证明。

2. 领队以各种方式查出签证批准的号码、批准的地点及日期（某些国家的签证领队可复印一份备用）。

3. 视情况而定，是否能在所在国申请，或前往下一国再申请？其遗失签证之国家是由陆路进去或搭机进入？如经由陆路进入则较易闯关，但领队需负担万一被查出来的法律责任。还是遵守规则为好。

4. 寻求各种办法带领客人团进团出，如请代理的旅行社作保，寻求落地签证的可行性，出示各种证明文件，表明遗失签证者是这一团的

成员。

5. 以上诸办法行不通时，只好舍弃部分行程，到可以前往的国家等候团体的来到。

(三) 遗失机票

1. 到当地所属的航空公司报失（需先查明票号及姓名），由其发电传报（Telex）至原出票的航空公司确认无误。

2. 填妥“Lost ticket refund application and indemnity agreement”表格，并先再买一张航空公司的机票，顺便于表格中注明，以便日后作为申请退款的凭证。

3. 如为整团的机票遗失，则先获得原出票的航空公司同意，重新再开一套机票，领队不需付款。

4. 回台后持上述的表格及再买的机票票根与“护照”等资料向原开票航空公司申请退款。

5. 附上述的申报表格。

(四) 行李延迟到达、遗失或受损

当全团游客通过边防检查之后，最好等全体人员拿到行李后再至海关检查行李，否则未到达的行李及其收据号码无从查起。

1. 发现行李未到后，马上请求该航空公司负责行李的人员帮助，再向机上货舱查询有否遗漏于机上？

2. 经查询后仍然没有，则需填写一张表格：行李延误报告（Airlines Delayed Baggage Report 或 Property Irregularity Report），表格上务必注明行李的式样（有标准形式可资核对）及最近几天的行程和联络的地址电话，行李上如有特别的标牌应阐述清楚。另外行李由何处经由哪儿家航空公司的班机转来亦需详列。行李托运的收据应妥为保存。

3. 记下承办单位的电话号码及人员姓名，并探知最快何时可以有消息，并应请旅客安心，因为一般行李慢到，大都为误送而并非遗失。

4. 当天即带领游客购买盥洗用品及衣裤，记得索取收据，于离开该地机场时当场请求给付。

5. 如果到要离开该地时尚未寻获，则告知于几天内如寻获，送至指定地点，如再未找到则其于找到后送回台湾地区。

6. 回台后还未找到行李，则领队应即代理游客向该航空公司申请赔偿（Claim）。务必列出所有遗失的项目及价值（基于航空公司遗失行李最高赔偿额度大致不超过 400 美元，所以请游客勿将贵重物品置于托运行李中）。

7. 如果该航空公司在台湾地区没有代理机构，则可直接写信至该总公司要求赔偿。

8. 当于每一站拿到行李后务必检查所有的行李是否有受损，如有，应当场到失物招领处（lost and found）请求赔偿。一般而言，航空公司都备有相当的旅行箱来应付受损的行李，如果因为行李破损导致箱中之物件散失，则各家航空公司会按照其一定的赔偿额度赔偿。

9. 附件：EVA Air Property Irregularity Report（PIR）

10. 预防行李遗失或受损的发生，应注意：

（1）请客人准备坚固耐用、备有行李绑带的旅行箱。

（2）全团应有制式化的行李牌，并注明原住址、电话。

（3）游客的行李件数如有增减，请游客记得申报备忘，并挂上相同的标牌。

（4）每到一地最好请客人自己检查一下行李。

（5）在治安不良的地方恳请游客帮忙照顾行李。

（6）入住旅馆后，为求时效并确保行李送对房间，最好帮助行李员记住每件行李所属的房间。

（7）在机场请行李搬运工收集行李时，需确认拿到的都是本团的行李，而没有别团的，否则领队会误认为件数已够。

（8）需付行李搬运费或小费的地方千万不能省，否则遇上别有用心的行李员会故意将游客的行李藏起来或偷取行李中的物品。

（五）遗失旅行支票、汇票及现金

当游客未参加出境行前说明会、结汇时，应建议游客尽量购买旅行支票。一方面携带方便，免手续费；另一方面，当遗失时可以挂失并领回。但先决的条件是需请客人在旅行支票上先签名于上联，兑换时再签名于下联。另外已使用及未使用的旅行支票号码需详细记载，挂失单不可和旅行支票放在一起，并应置于身边。

1. 若有现金遗失，则找回的机会很小。

2. 如遗失汇票则除了马上至警局报案外，需紧急查明汇票的号码、付款银行及数额，马上请付款银行止付该款（领取汇票的款项需本人持护照至汇票上指定的兑现银行方可领到，或将之存入自己或其他人的账户内转账，但需时较久）。

3. 如遗失旅行支票，而其上又无签名字样，则很容易被捡拾者在银行或黑市上兑现。但领队还是需迅速报案，并带领客人到当地的旅行支票发行银行办理挂失手续，手边如有挂失单及详细完整的资料，则银行当局会当场先退回旅客限定数额的退款。

领队人员的举止行动很容易引起歹徒的觊觎，因此金钱与证件千万不能离身，所以领队人员应注意：

1. 每到一处旅馆最好把金钱及重要证件置于保险箱内。

2. 准备腰间的金钱绑带。

3. 千万不要有拿小皮包的习惯。如果有也不要存放金钱或重要证件，因领队事务繁忙，很容易忘拿。

4. 最好背个小背包，容量的大小刚好可以放置重要证件，且时刻不离身，尤其在旅馆办理入住手续时，应将其转到胸前。

5. 随时提醒游客及自己，注意金钱不要露白。

第三节　交通运输工具的延误、变更或取消时的对策

（一）班机取消、罢工、机位不够或延迟起飞

当你察觉到任何的问题有可能发生时，则领队需特别注意，请司机及巴士不要马上离开机场，以备不时之需。

1. 如遇班机取消、罢工或整团没有座位时，视情况不同分别采取：

(1) 马上查清将起飞的班机是否还有足够的机位可以应用？机票能否转让？

(2) 由本站至下一站是否可由陆路以火车或巴士运送，以达到目的地？

(3) 如果是班机取消或罢工，则一般航空公司原则上会负责一切运送的费用或转让搭乘其他的航空公司班机。

(4) 如果班机本来就没有确认，则领队要尽速决定是否另外购买其他的班机机票或改变行程。

(5) 决定好做法后，迅速通知下一站的地接社及旅馆、巴士公司、导游等，如果责任在航空公司，则应尽量利用他们的通讯设备进行联系，领队不要花冤枉钱（但对主要的联系对象，领队最好再打电话确认一遍，因为航空公司代为联系常有失误的情况）。

2. 机位不够时：

(1) 视不足之数决定由领队先走或副手（或请懂英文的团员）先走。

(2) 如果只缺少几个座位，务必请航空公司帮忙，看看是否有志愿者愿意下机。有时领队需提供金钱买座位，如果机位本来已全部确认，因航空公司的超额销售导致机位不足，则领队应坚持团体行动的一致。

(3) 机位不足需要分批搭乘时，先到的人需提醒接机者后续行程的变动及其他的安排，以不影响参观的行程为准。

3. 延迟起飞时：

(1) 如果延迟的时间不长，则除请航空公司代为通知对方的旅行社做适当的调整之外，不必做太多的变动（但领队最好自己再打一次电话确认）。

(2) 如果延迟太久会影响到下一站住宿及观光节目的变动时，需早采取一些保护措施，例如旅馆的取消费（cancellation charge）问题，考虑剩下的时间足够完成观光内容吗？需要马上退还游客受损的费用，还是以其他的方式弥补游客的权益？

(3) 任何的变动请地接社应保持和航空公司的联系。

(4) 领队应视情形尽量向航空公司争取等待期间的餐食或住宿，甚至短暂的额外观光节目，航空公司对于这些额外开支都是抱着尽量少花钱的心态，游客的消费者权益都有赖于领队去积极争取。

(二) 预订的旅游车没来时

预订的旅游车没来时（预防措施为提前做好确认工作）应做到：

1. 抵达某地出了机场，先看看有否业务代表、导游或司机来接机？如没有，先打个电话找车辆调度（dispatcher）确认，之后再去处理行李的问题。

2. 如果确定没有车来接团，则询问他们调派车子到机场最快的时间要多久？如果需时太久或无法调派，则领队要自行处理由机场到目的地去的交通问题。考虑的对策有：

(1) 有否机场巴士（Airport bus，Limousine bus）或捷运系统通行机场至旅馆之间或机场至市区中心之间？

(2) 出租车方便不方便叫？车费多少？（有些地方是可以讲价的）我们的目的地要写张纸条交给司机确认，并让游客也知悉，每部车子最好有一位懂英文者。

(3) 有些机场能够当场租到大小巴士，亦应试探看看，有的价钱还比较便宜。

(4) 我们运送的不只是人员，行李数量及重量也要考虑在内；同时能不能在车上做沿途解说亦需考虑。

(5) 如果是游览车公司作业的错误，则考虑要求赔偿的问题。

3. 有观光活动的时候客车没来：

(1) 打电话确认到达时间、车牌号码、司机姓名等。有时车子会碰到交通阻塞在所难免。但是如延迟时间较久，影响观光时间，应顺延其使用时间，才不损害游客的权益。

(2) 如因作业错误，巴士公司没有安排客车，则应知道客车最快何时可以到达？在车子到达之前是否可以安排旅馆附近的观光景点？或就近搭乘地铁到观光节目内容之一的地点先行参观，再请游览车至指定的地点接团，或者如果尚未用餐（早餐）则应马上改变用餐地点，减少一些时间的浪费。如果所住的旅馆有接送巴士（courtesy bus）亦可先予运用。总之，领队不可因客车未到而光着急，以至于晕头转向，贻误了快速做出采取弥补措施决定的时机。

4. 前往机场搭机时车没来或爆胎、车祸：

(1) 处理方式如前述诸重点，但需特别注意班机起飞时间及由旅馆至机场需时多久。行李的运送问题及前往的机场不要弄错（诸大城市都不止一个机场）。

(2) 如因时间紧迫，则应搭乘出租车前往机场。注意交代好正确机场、航空公司、班机号码及起飞时间与集合地点，出租车费可请游客先代付给司机（注意要加小费 10%～15%），或助理领队先行到机场个别付给司机，领队最好最后一个离开，但机场的登机手续及证件应视情形决定是否交给助理领队到机场后先行办理手续。

(3) 如遇车子故障、爆胎或车祸，则需视情形做最快的处置，首先让地接社及巴士公司知道情形，尽快修理或另调派车来接替。如果全体团员可以离开，应通知航空公司，大部分的航空公司都会考虑短时间的延迟起飞（大约 30 分钟）。

(4) 在发生事故处所要注意团员的安全问题。在高速公路或马路旁团员的随意走动容易发生意外。

第四节　游客走失、重病或死亡的处置方法

1. 当团员的身体状况不正常时，不管团员同不同意，领队应找旅馆的特约医师来诊治，并由其决定是否应送大医院急诊。

2. 游客入院后，除非医生同意，否则不能出院随团行动。此时即应考虑由谁来照顾病人。在领队的安排当中不能牺牲其他大部分游客的权益。受影响虽在所难免，但不能因噎废食。

3. 马上请地接社或导游帮忙处理，并通知自己的总公司及其家人尽速前来帮忙。为求在台人员能够尽速前来，领队需请驻外单位尽速发电报回“外交部”本部，在台人员才可以据以向“入出境管理局”、“外交部护照科”及各国签证处所申请急难快速手续。

4. 游客死亡应处理之事（先请地接社协助办理）：

（1）取得医师开立的死亡证书。

（2）如果为发生事故而死亡者，领队需迅速向警方报案，并取得法院法医开具的验尸诊断书及警方开立的其他证明文件。

（3）向就近的台湾地区驻外“使领馆”申报备案，内容应详细，包括死者本人的出生年月日、护照号码、发照年月日、死亡原因、死亡地点等。“使领馆”将出具证明文件及遗体证明书（确认为其本人无误）。

（4）尽速向公司报告所有情节，并转知其家属，同时先向保险公司申报备案。

（5）遗体的处理方式，领队切勿自作主张，一定要遵照其家属的意愿。如果其家属不愿前去处理，则应取得授权处理证明书。

（6）当死者家属已经前来处理时，应配合的事项包括委请当地的葬仪社安排遗体保管、火葬、埋葬、航空托运、防腐处理及向有关单位办理申报、证明许可等的手续和证明文件。

（7）死者的遗物要点交清楚，最好有第三者在场并出具证明，以便日后可以清楚地交还其家属。

（8）其他应注意，必须取得的证明文件有（因国而异）：死亡证明书、遗体密封证明书、埋葬许可证、非罹患传染病证明或死亡地非传染病产生地区证明书。

第五节　其他意外事故的预防和处理

一、遇到火灾时

当领队入住登记完毕后，最好习惯性地看看旅馆四周的环境及出口地点。万一发生火灾时：

1. 火速拿起重要包裹打开房门判定无误后，敲击和你同一层楼的门（如果分配的房间都在同一层楼）之后再往出口（Exit）的方向跑去。

2. 千万不能搭乘电梯而要走防火梯出口，因为万一停电更没有人可以救你。

3. 如果时间许可应检查本团游客是否都已知道发生情况。

4. 如果火势已烧到你所在的那一层楼或浓烟已弥漫走道，则应低身移动寻找出路，或干脆关住房门，打开浴室水龙头浸湿毛毯，以便堵住浓烟袭入，再不然全身浸进浴缸内，并以湿毛巾覆于面孔，透过湿毛巾来呼吸。

5. 寻找靠近马路方向的房间，或如情况许可的话，往最高一层楼跑去，等待救援人员的到来。

6. 其他的善后问题，应配合其他单位的作业，争取最高的赔偿损失。

二、其他突发事件的处理

如在机上遇上到紊流时，因有预先的征兆需及时提醒游客系好安全带；也可能发生"签证"问题如时效已过或来不及签准而试图闯关被查获；旅馆房间内遭窃或与歹徒格斗受伤；或在街上行走时被人抢走财物等问题，其性质及处理的方式同前述的办法。总之，领队人员应本着本身的职责及服务的热忱，尽量帮助受难的游客解决当前的问题。

第六节　旅游纠纷的产生与处理

随着旅游活动的频繁，造成的争议肯定会愈来愈多。"消费者保护法"实施之后，消费者的权益受到很大的保护；"旅行业管理规则"及旅游契约书正式落实之后也使游客有了很大的安全感。1999 年 11 月后，台湾省新的"消费者保护法"定型化契约相关条文及 2000 年 5 月"民法债篇"

旅游专章实施之后，游客在旅游权益方面的保障可以说非常周详了。再加上刷卡付费的保障及保险方面的强化，使得各项保障更臻完善。但不足之处是丧失了社会公众监督旅行业或上游供货商的认知能力。

一、旅游纠纷产生的因素

1. 业务人员的因素。
2. OP作业人员的疏忽。
3. 领队与导游服务有争议。
4. 接待社的因素。
5. 游客本身的问题。
6. 旅游市场恶性竞价导致的原因。
7. 行程表上叙述的词句不清。
8. 旅行社只是整合的角色，其上游供货商良莠不齐。

依“旅行业品质保障协会”调处旅游纠纷案由分类统计来分析，其问题排列在前五位的分别是：行程内容问题、班机问题、证照问题、领队与导游服务及行前解约问题（请参考附件3）。

在前往地区分布方面，纠纷常发生在东南亚、美国、祖国大陆等地区（请参考附件2）。

附件1　“旅行业品质保障协会”调处纠纷和解百分比率统计表

年度	受理件数	调处成功件　数	未和解件　数	人数调处成功百分比（%）	人　数	赔偿金额
1990	73	57	16	78.08	420	1 591 830
1991	176	139	37	48.98	1 523	3 073 192
1992	203	181	22	89.16	1 560	4 604 451
1993	202	185	17	91.58	1 613	4 738 601
1994	233	198	35	84.98	2 490	10 019 728
1995	328	257	71	78.35	1 803	7 010 830
1996	546	422	124	77.29	3 605	9 451 746

续表

年度	受理件数	调处成功件数	未和解件数	人数调处成功百分比（%）	人数	赔偿金额
1997	540	422	118	78.15	3 347	5 997 984
1998	485	342	143	70.52	2 312	7 525 051
1999	680	471	209	69.26	11 892	12 838 718
2000	624	421	203	67.47	3 779	14 580 737
2001	403	264	139	65.51	3 013	12 673 437
合计	4 493	3 359	1 134	74.76	37 357	94 014 605

附件 2 “旅行业品质保障协会”调处旅游纠纷地区分类统计表

（1990.3 ~2001.7）

案由	调处件数	百分比（%）	人数	赔偿金额	备注
东南亚	1 808	40.38	17 100	22 497 863	
美国	654	14.60	3 448	9 440 085	
祖国大陆	571	12.75	3 076	11 832 766	
东北亚	472	10.54	3 085	6 191 343	
欧洲	458	10.23	2 314	7 732 620	
澳新	184	4.11	996	2 845 504	
中国台湾省	170	3.80	1 753	2 349 419	
其他	104	2.32	765	3 071 456	
代偿案件	57	1.27	4 778	27 992 159	
合计	4 478	100	37 315	93 953 215	

附件 3　“旅行业品质保障协会”调处旅游纠纷案由分类统计表一

（1990.3 ~2001.7）

案　　由	内　　容	调处件数	百分比（%）	人　　数	赔偿金额	备注
行程内容问　　题	取消旅游项目、景点未入内参观、变更旅游次序、餐食不佳	788	17.60	9 803	13 010 531	
班机问题	机位未订妥、飞机延误、滞留境外	570	12.73	3 366	9 721 554	
证照问题	护照未办妥、出境申办手续未办妥（出境证条形码）、签证未办妥、证照遗失	369	8.84	1 031	6 097 295	
领队导游服　　务	强索小费、强行推销自费活动、带领购物	576	12.86	3 381	6 899 393	
行前解约问　　题	人数不足、生病、临时有事、契约内容不符、订金	848	18.94	3 420	7 589 381	
饭店问题	变更饭店等级、未依约两人一房内、饭店设备、饭店地点	266	5.94	7 228	4 645 715	
其　　他	不可抗力事件、代办手续费、行李遗失、尾款、生病等	1 034	23.09	9 086	45 989 346	
合　　计		4 478	100	37 315	93 953 215	

附件 4　"旅行业品质保障协会"调处旅游纠纷案由分类统计表二

(1990.3 ~2001.7)

案　　由	调处件数	百分比(%)	人　数	赔偿金额	备注
行前解约	724	16.17	2 715	6 064 964	
其他	575	12.84	1 912	3 715 983	
行程有瑕疵	518	11.57	7 850	9 573 831	
机位未订妥	495	11.05	2 618	8 308 804	
导游领队服务品质	469	10.47	3 063	5 920 639	
证件未办妥	386	8.62	982	5 980 995	
饭店变更	266	5.94	7 228	4 645 715	
订金	124	2.77	705	1 524 417	
购物	107	2.39	318	978 754	
取消旅游项目	93	2.08	640	1 198 950	
滥收团费	77	1.72	327	1 086 064	
不可抗力事件	74	1.65	513	1 065 876	
行李遗失	69	1.54	128	725 697	
意外事故	66	1.47	223	5 030 100	
代偿	61	1.36	5 308	32 913 406	
飞机延误	52	1.16	650	750 620	
中途生病	44	0.98	129	542 466	
规费及服务费	38	0.85	68	121 154	
拒付尾款	30	0.67	478	788 600	
滞留境外	23	0.51	98	662 130	
因签证遗失致行程耽误	10	0.22	49	116 300	
合计	4 478	100	37 103	93 355 590	

二、旅游纠纷的处理

1. 旅行业方面

(1) 要把握时间，能在外站处理完毕就不要带回台湾地区，否则成本会增加很多，但要记住立字据为凭。

(2) 公司内部岗位培训时，应加强对“消保法”、“民法”债篇旅游专章、“旅行业管理规则”、旅游契约书的了解与执行，反复操练以备不时之需。

(3) 领队人员应切实执行公司所交付的任务，如遇客人反对，应即刻与线控主管或当地旅行社联络。

(4) 公司产品的设计要透明化，所有的节目及餐食、行程等要标明清楚；并尽到告知的义务；同时，要了解“消保法”的精神所在——无过失有责任。

(5) 公司内应设一个旅游纠纷处理的小组，并将案件整理归档。有必要聘请法律顾问时，则编列预算。一般来说，品保协会的咨询服务即已足够。

2. 游客方面

(1) 旅行期间有任何权益受损的问题，可私下先向领队反映。得不到合理解决再向公司反映。同时要收集旅行业违反契约的实证。

(2) 返台后，可投诉的机构有：“旅行业品质保障协会”、“观光局”、“消费者文教基金会”等。

(3) 对本身的权益应有了解，不可不经过审视即签订旅游契约书。尤其有特殊要求者，可在其他协议条款项目中载明。

(4) 各类“法规”虽明文规定了保障消费者权益，但遇不可抗力之因素需变更行程时，希望体谅旅行业的苦处而多加配合。

(5) 应选择负责任的旅行社以减少可能发生的概率。并应自行确认各类证件或随时自我加强旅游常识。

(6) 各类的风险可通过保险的机制降低发生纠纷时的损失。包括刷卡付费，加买旅行平安保险（人寿保险公司），或检查你参加的旅行团责任险中是否包括海外紧急救援的附加险（AEA-SOS 或 IPA 公司的保障）。

(7) 参加特低价的团体，要注意哪些费用是不包含在内的，这种团体陷阱很多，要问清楚。

第七节 游客心理分析与领队的带团技巧

心理活动是人的行为基础，在旅行业中要获得良好的服务质量和游客的满意，就必须要分析和把握旅游者的心理，心理学可以揭示和了解游客的需要，了解游客如何满足自己的需要以及了解游客在无法获得满足（遭受挫折）的情况下如何作出反应。

一、游客心理分析

作为一名游客，他会期望买到的是什么样的旅游服务产品呢？对领队及团员会有什么企求呢？

一般参加团队的旅游者大多希望：

1. 物超所值，并尽可能地符合个性化的需求。

2. 行程安排安全、舒适，时间搭配合理。

3. 领队热诚服务（勤劳、忍耐、诚实、微笑、幽默）。

4. 解说详细（文、史、地及现代的信息，并配合其所熟知的风土人情、名人轶事等）。

5. 团队组成人员情趣相似（虽非领队能安排，但应努力设法求取平衡）。

了解上述的游客普遍心理是领队必修的第一课。

二、带团技巧

（一）说明会上

说明会是奠定领队在客人心目中成败的最重要关键，因此在这一场“见面秀”中，无论如何领队要做好充分的准备，使出浑身解数：

1. 最好在说明会前即记住客人姓名、外貌、年龄、职业，知道其兴趣更好。

2. 如在说明会时，初次与客人见面，即能喊出客人大名，相信客人在第一印象即有被重视感觉（贵宾），而会对领队产生好感，好的开始是成功的一半。

3. 领队的衣着要大方、整洁，令客人有清新、爽朗的感觉。

4. 说明会讲解的要领：

(1) 有条不紊（食、衣、住、行、游、娱）；

(2) 使用普通话（口齿清晰）；

(3) 风趣最好，但还是要尽量拉近自己与客人的距离感，注意客人的特殊要求，如吃素、早斋或抽烟等。

(二) 出发时

出发时是建立客人对领队第二印象的重要时机，在机场巴士或游览车上以及机场办理登机手续时要：

1. 找机会替客人搬行李，以行动拉近与游客的距离。

2. 基本动作熟练与迅速。

3. 排列登机卡（对各类机型的座位排列应该了如指掌）。

4. 分配吸烟座或非吸烟座（出发前要先询问）。

5. 对于不吃牛肉者或有特殊饮食要求者，在机上再确认，就餐时要主动关心。

6. 提醒抽惯长寿牌香烟的游客在台湾地区多买些路上备用，在国际禁烟运动日趋普遍的今天，外出旅游对吸烟族来讲，自由自在的活动范围愈来愈小，提醒他们在外旅游过烟瘾时，应注意周围环境是否有禁烟标志。

7. 分发证件及宣布事情时的举止言语应格外小心，在出发的当天，就让游客觉得你具备有专业的知识、熟练的作业及发自内心的关心，因而产生信任感，这对于后续的行程是很好的开端。

三、旅程中

1. 领队人员应勤劳、忍耐、诚实、表达清晰、幽默，博取游客的信赖和安全感，有了这个基础，处理事情就会很顺利。

2. 对客人发自内心的关心，不但在言语上表现出来，更要在动作上身体力行。如嘘寒问暖，或过马路搀扶年纪较大的游客等。

3. 对于房间的分配，遇到没有电梯的旅馆或房间分配较分散时，应将行动不便或年纪较大者排在较低楼层，偶有游客忌讳四楼及 13 的号码者，于登记入住时尽量注意避开。房间的分配表虽然一样，但对于房号的编排，常由领队来决定，因此有些时候亦可将先到的号码由下面填上来，对于团员中相识的游客或一家人，如果有相邻的房间应优先分给他们。分配好房间后，最好一间一间地去巡视一下有否问题，有没有需要另换房间的；对于行李处理的速度尤要注意，必要时帮行李员送行李至游客房间；万一领队分到极好的套房，如情况许可，亦可将其让给较有影响力的客人。但是，如果房号已定，则最好不要再变换了。旅馆内的房间与房间之间的电话打法及领队自己的房间号码一定要告知所有团员，否则当他们需要帮忙或求援的时候找不到对象，心理上的恐惧感会很大。

4. 游览车上的座位。原则上，领队应于出发时的适当时机宣布下面一些注意事项：

(1) 司机后面请留两个座位，一个给导游，一个给领队。

(2) 游览车前面的座位，请礼让给年纪最大、行动不方便、孕妇或容易晕车的人坐。司机旁边的座位，因保险公司不保，应提醒游客尽量不要坐，领队本身于长距离行车时也不要落座此位。

(3) 请大家自动轮流坐前面或后面的座位，不要一直占据前面的座位。

(4) 如要吸烟，而法律上又许可的话，请务必坐在最后面，以免影响其他游客。

(5) 如果以上的做法实行上还有困难，则只好由领队出面强制解决，请需要的人坐前面，其他由抽签来决定座位（这是迫不得已采用的最糟的办法）。

(6) 领队应以各种方式或游戏，让团员不要有坐在前面才舒服的感觉，而让欢乐的气氛充满车厢内的每一个角落。

(7) 对于喜欢强占前面座位的少数游客应私下与他们沟通，且应避免让他们下不了台。

5. 飞机上的座位。首先，领队对于各类机型应有较丰富的知识，从制造厂家、造价到座位的排列方法最好都能略知一二，并于上机时做个简介。游客往往对于座位的分配常有抱怨，为求公平起见，同时也应付少数游客的要求，应该考虑下列几种做法：

(1) 依航空公司所给的座位号码，分配给团员内的各个有相关关系人员坐在一起，但领队要保留走道的位子。没有亲朋好友在内的落单人士，则留待最后分配。

(2) 请游客排成一行，需要坐在一起的人排在一起，领队只要注意夫妇或至亲的人不要没有坐在一起就可以了，有特殊要求的人，领队也可以在他走到你跟前时，拿出他所要的座位号码，如此，较易体现公平法则。

(3) 领队自行分配，但要注意公平性或游客的喜好。有些游客并不喜欢坐在窗户边，例如搭乘波音 747 作越洋飞行，当用完餐或睡觉时，为了要去厕所而兴师动众，很不方便，加之窗外也是黑暗一片，看不到什么东西。

6. 游客迟到时（领队千万不能迟到）

游客于集合时间迟到，基于顾客第一理念，也不能大声责怪客人，只能小声询问：是什么事情让你耽搁了呢？要让客人自己觉得不好意思，以后就不会迟到了。如遇到有时限性的集合时间，则应留下一人等待，并交代好前往地点，领队先行带领其他团员前往，安顿好了之后，视情形再回来接迟到者。

避免游客迟到的方法为，集合前数分钟，领队先行以电话或其他方式，通知游客即将集合，另外亦可用分组的方式，让其组员互相照应，减轻领队心理负担。对于有些需要较长时间料理自己事情的游客，可以另外提早一些时间让他们准备，如提前叫早（morning call）。

7. 小费的问题

关于在境外给小费的问题，一定要在出发前的说明会上讲清楚，因为在台湾地区一般都没有这个习惯，不然就是已将小费包括在内了。而对于在境外各地的额外服务、行李、导游、司机等的小费给付及其额度，领队可以给他们一个建议的数目，但不能强迫。游客对于小费的概念，大部分已能适应时，领队应视情形而定，如果游客给的小费太少，应该弥补一下对方热诚服务的回报，应该让客人建立起对小费制度在西方体制下的共识，不要让客人因为区区的小费问题而破坏掉团队中和谐的气氛。

小费英文原文 tip，是 to insure promptness（确定你付出了多少，就可以收到多少回报）的缩写。故事起源于 19 世纪，某英国餐厅老板为了鼓励员工秉持专业的精神，提供亲切的服务，主动了解客人的喜好，推介餐厅特色的菜肴，所以请客人以小费实质回馈侍者的专业服务精神。演变至今，小费几乎已成为西方社会服务行业的一种惯例。一般而言，以消费总额的 10%～15% 为小费是西方国家通用规则，比例的多少则视个人对其提供服务的满意程度来决定。如果你对享受到的服务非常满意，你甚至可以给超过标准的数额。如果你认为服务的品质低劣，你不仅无须付小费，还可以向经理人员说明所遭受的不平待遇。

现根据我们多年的从业经验，依场合与目的地国家不同，提供以下 10 项通用小费支付准则：

（1）旅馆小费：分枕头小费及行李小费两种。

给侍者整理房间的枕头小费，在欧美，平均一个房间给 1 至 2 美元，但不是一定要给；行李小费，则一件行李 1 美元是世界通用的准则（除了少数地区例外）。

若是额外的服务，例如，向服务员借电吹风机、电源插头等，则斟酌服务程度来给付。

（2）餐厅小费：一般的团体餐厅小费涵盖在旅游费用中，所以领队会代为支付，游客不需再付。如果游客不愿喝野外的生水，而请服务生在自带水壶中代装热水的，也可以斟酌情况给服务生一些小费。

如是个人旅游，则必须给10%～15%的小费，消费额愈低，小费比例要愈高，以避免为了区区几毛钱而引起尴尬的场面。最重要的是，个人用餐所付的小费，一定要置放于餐桌上。

自助餐通常不用给小费，除非安排有专人服务倒茶、咖啡等，但是小费的多少也是由领队斟酌给付。

（3）观赏表演节目的小费：领班通常会视观众给小费的表现，以决定席位的好坏，所以，个人看表演时，即使是10美元的门票，小费可能高达20或30美元，才能坐在视野较佳的观看席。

如果随团参加，当然是信誉优良的、较常光临该表演场的观光团较有保障，否则，就要看小费的作用了。

（4）行李小费：不管在机场或火车站或港口，从下行李到挂行李牌到办理出境手续的行李小费，应该包含在旅行团费中，通常一件行李是1美元（视国家而定，有的50美分已够）。

至于抵达旅馆后将行李送至房间的行李小费该不该给，并不一定。通常在欧美等发达国家的旅游观光团费中，都含有行李小费，可以不用再付；但是到东南亚的观光团，因为旅行社已降低价格争取生意，所以游客通常必须自行掏腰包给付。

（5）出租车小费：在国外通常给车费的10%～15%，台湾地区因为没有付出租车小费的习惯，不妨代以“不用找零钱”，或斟酌服务情况给付。

（6）司机小费及司机导游（driver guide）小费：通常旅行社会建议观光客，给司机平均一天2美元的小费，但是现在欧美澳新等地，通常司机也兼导游，亦即从开车、搬运行李、清洁车子、到解说沿途风光，全是这位司机导游负责时，旅行社也可能建议平均每人每天3美元的小费。如果司机导游态度良好，晚上还主动额外服务，甚至可以给到一天4美元。但这完全视你个人的满意程度来决定，亦即一定是要出于个人的心意。

（7）当地导游：通常半天或一天的导游小费，大多由领队统一支付。如果是超过一天，则大多是由领队建议游客给付平均一天1～2美元。

（8）领队小费：领队其实就是随团监护人，他必须随时注意游客的安全问题，全天候替游客服务。此外，领队通常也兼翻译及当地导游的工作。或是，当地导游只来某个时段时，领队必须担起引领游客观光的工作。如此繁重的工作，一般游客都会给领队相当回报的。但是，身为领队绝对不能暗示或直接向游客提及，以免丧失领队的人格尊严。

(9) 不需付任何小费的情况：飞机驾驶员与空中服务员，一律不用给小费。

(10) 接受额外服务时，一定要付小费：临时送医急诊、搭乘旅馆交通车到附近观赏等，凡个人主动要求的额外服务，一定要付小费。

8. 购物的问题

于观光行程当中顺道前往购物或向游客介绍当地的特产，本是无可厚非、利人利己的事情，但基于职业道德，如明知所购物品有假冒之嫌时，应提醒游客。最好能于说明会时强调一下，哪些物品应该避免购买，目前旅行业的畸形手法实有待痛定思痛做彻底的反省。

以往游客难得出境，常常大包小包地买了很多根本用不上的东西，如药品之类的。或者游客因为不懂所购买之物的真假辨别，而导致受骗上当之事屡见不鲜，很多领队利字当头，都是采取假装不知道的方式避开游客的询问，或是因为有其他的因素而无法向游客做适当的表达，而导致游客的权益遭到侵害。领队人员要将心比心，尽到提醒的义务。

购物的地方，以大公司、货色齐全者较佳，且应记得索取收据。除非在明知可以给予打折的地方才和商家讨论折扣比例，否则，不宜随便出价。购买水果时，除了在超级市场可以自己动手去拿之外，最好让店主替你拿取，不可自行挑选。另外，领队亦应注意，有些国家对于观光客的购物有退税的规定。有的是当场登记护照资料当场扣除，但离开该国时，需将退税资料经由海关盖过章后寄还该公司以便其办理手续，有的是需待其办好退税手续之后，才会寄来退税额度的支票，也有在离开该国时于边界或机场办理退税手续。

9. 了解游客贪小便宜的心态

很多游客肯花几十万元参加团体或购买宝石、衣物等，但对于购买小东西或参加没有包括在内的额外行程（Optional tour）或区区的小费，反而很计较，他们心理一般都是这么想：团费不是包括了所有的一切吗？为什么还要再另付？在吃烧烤或自助餐的时候，只要是由领队付款的，有些游客的心态是：不拿白不拿，多拿一点吃不完带回旅馆内再吃。如有这样的团员，领队应适时地提醒游客，能够吃多少才拿多少，吃完了再去拿都无所谓，不然留在餐盘内实在不雅观又浪费。旅馆内的一些用品或毛巾，有时因为实在很好，游客会顺手牵羊。百货公司及超级市场的自动拾取摊位都装有闭路电视，偶尔也应向团员提及，以免有人临时起意，顺手拿起放入自己的皮包时被逮个正着。另外，国外很多公厕，如厕时需付钱，有时游客真的是没有零钱，也有时游客是为了省那几文钱而忍耐到餐厅或旅馆才如厕的。对于游客的贪小便宜心态，领队应于沿途当中，以幽默的口气不露痕迹地让客人在潜移默化中改变过来。

10．领队如与导游及司机另桌用餐，应避免在其他团员尚未开始用餐之前自己就先开饭，或自己点饮料而没有让游客饮用。虽然饮料的费用并不是在团费之内的，但被团员看在眼里，总不是滋味。当游客开始用餐后，领队最好起身巡视一下，了解一下口味如何，饭菜够不够，需不需加菜、加茶，如有游客自行点饮料，则应帮忙翻译。

11．游客会来参加团体，大部分是第一次到这个国家来，因此新鲜感都还在。而领队因常来的关系，可能会不觉得有什么特别，所以游客对于当地的好奇心及问题会很多，尤其是年轻人，因此领队应多准备一些当地的资料或建议游览的地点及夜间有趣的地方，必要时带领游客一同前往。

12．自由活动时间

一般的客人语言能力都不是很好，所以自由活动时间，除了建议他们参加选择旅游（Optional tour）之外，亦要带领团员消磨时间，否则团员的孤立无援及满腹的委屈无处倾诉，则带团效果就可见一斑了。因此，最佳的“自由活动”的诠释，应该是由你来安排，让客人有较充裕的时间来仔细地观察当地活动。另外，选择旅游的安排也应该提前作业，以免游客满怀的希望，到时因为订位的问题而扫兴，效果适得其反。

13．如果游客出境的目的是出去散心以舒解心中的郁闷的话，则其心态上本就不是很正常的，领队对于这类游客应主动找他聊天，把话题摆在旅程的兴趣上，好让他能全心全意地玩。如遇夫妻或团员吵架，则领队更应义不容辞地挺身而出，了解始末，看看是否领队有疏失之处而应做适当的处置。

14．有些较挑剔的游客，领队实在很难应付，这个时候领队最好使出苦肉计，让其他的团员主动出面替领队讲话，而不用领队自己来讲。但这个办法的先决条件为，你要表现得不错而且是诚心诚意地在做事，其他的团员自然会挺身而出支持你的。苦肉计包括你忙得没时间吃饭、自己搬运行李送到游客房间、半夜替客人服务、打电话、买东西等。

15．余兴节目的执行与气氛的带动。有些游客个性内向，不善于表达，当你在做余兴节目碰到如此的游客时，千万不要勉强他出来，以免伤了他的自尊心。领队可以运用较富幽默或外向热诚的团员来带动整个团队的气氛，而造成抢麦克风的热潮。如有好的团体游戏，领队可提供奖品，则全团的注意力及参与感带来的效果将无与伦比。

16. 领队一定有第一次前往的地区，但当客人问领队第几次来这里时，领队往往不敢照实回答，一般为了不让客人觉得你是生手，都说来过好几遍了。其实充分的准备才是万全之策，来没来过都没有关系。领队对于各地旅馆内的设备应调查清楚才好，否则当游客巡视一周，并洗了个温泉澡之后，在晚餐的桌子上透露出有什么特殊的设备，而领队居然不知道，将是很不妙的事情。

17. 在各国兑换货币时，应提醒客人一次不要兑换太多，否则离开了这一国到另外一国还要再换一次，而且换了这一国的货币之后，不用换回美元再换下一国的货币。游客在剩下少量的该国货币时很喜欢向领队换回美元，或凑集数个国家的硬币零钱当小费，这是不合适的，尽量请游客不要拿零钱当小费。

18. 避免讲低级趣味的黄色笑话。如果是为了调节和活跃气氛，虽可讲些诙谐幽默的笑话，但赤裸裸的粗俗话题是绝对不宜的，尤其是在团队中有未婚小姐或未成年人时，言行举止更应注意。当然，领队的口才要好，妙趣横生，最好以日常生活细节上的阴错阳差或语言上的双关或歧义来产生意外的效果较佳，但为了维护领队的职业形象，应当避免讲低级趣味和露骨的黄色笑话。

19. 领队平常应检点自己的行为，例如抽烟后烟蒂随地乱扔，再用脚踩灭，这种举动如被游客看到，你的形象便大打折扣，以后的好印象就难以建立。

20. 每天的行程节目，最好于前一天向客人说明。至少当天上午要再向游客复述一次，使游客有心理准备。

21. 领队于带团活动当中，务必提前到达集合的地点，对于有迟到习惯的团员最好事先电话提醒。

22. 每到一个站点下车参观，务必提醒团员集合时间（要大家先对好时间），并记好车子公司的名称与车牌号码。如果下车地点和再次上车的地点不同时，更应该特别提醒。

23. 参观或表演中，如有不得使用闪光灯摄影的规定时，领队应适时提醒。

24. 有些国家对于随意丢弃纸屑果皮、随地吐痰的行为罚款很重，千万要告诫团员注意约束自己的不良行为。

第七章
国民旅游作业

第一节　国民旅游的定义及其业务范畴

随着台湾地区经济的发展，在 1979 年就准许台湾地区居民可以以观光的名义出境旅游了。由于台湾地区地少人稠，加之当时军事设施周边开发的限制，使得台湾地区居民的观光活动是以到海外去旅行为开始的。这些年来，各种条件限制陆续解禁，连金门、马祖、龟山岛等以往的禁区现在都成为国民旅游的热门地点了。

一般来说，国民旅游是指国民在国内从事旅游、观光、休闲度假的游憩活动。甚至可以延伸为公司在台湾岛内从事的会议、培训、讲习活动兼休闲度假的活动，这些都可称之为国民旅游。对台湾地区来讲，国民旅游主要是指台湾地区居民的岛内游，但随着两岸政经局势的变化，两岸三通及统一是大势所趋，故国民旅游的范围肯定会推广到海峡两岸。广义而言，国民旅游应可以扩展为大国民旅游区块的概念，即在台湾地区附近地区的南、北线地方，只要是航程在 4～5 个小时之内，持台湾地区“护照”可以免签证或落地签证的国家或地区皆可纳入国民旅游的范围，如印度尼西亚、新加坡、泰国、韩国等。

国民旅游的方式，由于岛内交通运输发达，很多都是自己驾车外出旅行。尤其，近年来多家车厂推出了多种游乐观光车（RV，Recreation Vehicle）之后，更带动大家外出旅行的风潮。岛内铁路局，也推出了彩绘列车及温泉列车等各种大型交通工具，航空公司也推出了散客（FIT package）自由行产品。有一些大型媒体也配合旅行社推出了项目，例如：台东太麻里迎千禧活动、金门赏鸟活动、阿里山赏樱夜未眠、玉山主峰攻顶活动等大型项目活动。更有一些周末的健行活动、亲子游、地方美食推广活动等。

在大家衣食足、经济好转的时候，养生及旅游活动也会被紧密地绑在一起，一些休闲、度假、泡温泉、练功活动也都在有心人士及观光主管机关的推动下办得有声有色。

对旅行社而言，其业务范畴可归纳如下：

1. 个人旅游：自己开车前往，只购门票或旅馆订房；航空公司包装的自由行产品（机票、接送、旅馆）；旅行社包装好的自由行产品（大都与主题乐园或县政府等配合）；铁路局的周游券等。

2. 团体行程：在交通条件比较不方便的地区，包装成的套装团体产品，如金门、马祖、澎湖、台东、花莲等地的旅行团产品。

3. 奖励旅游行程：依公司或机构的需要安排的会议、休闲度假行程，这些行程皆赋予主题及诉求。

4. 学校、学生毕业旅行或学习旅行、自强活动。

5. 其他：如进香团、夏令营、摄影团、登山团等亦可经营，但这些不一定会交给旅行社处理。

第二节　国民旅游的产品设计与策划

国民旅游产品的设计流程如下：

1. 市场的调查：

　客源的分析；

　上游供货商的稳定；

　市场区隔的可能性；

　与同业之间的竞争条件；

　营销通路的广度（网络营销的可行性）。

2. 产品的设计：

　交通条件是否符合？

　有否季节性的考虑？

　本公司经营能力的限制；

　有否其他单位的支持？

3. 成本的计算：

　各种交通运输、旅馆、餐厅、门票、导游、保险等费用；

　自费行程的成本及风险考虑；

经营风险的成本（台风、取消航班等）；
价格的确定；
网络上的营销成本与传统的成本。

4．产品的训练与执行：
领团人员或导游人员的训练；
产品执行能力的训练；
营销人员的训练；
OP 作业人员的训练；
网络营销、报名、缴款的机制。

第三节 国民旅游出团作业

国民旅游的特点之一为出团量大，没有要办理证照的问题（除了少数的入山证之外）。因此，如果公司的产品性质及经营能力都倾向于大量出团的话，就应考虑接受游客由网上来订位及付款的机制。对于产品（行程表）的设计，也要做到尽量不要让旅行社打电话来问（除非比较重大的事情）。甚至可以酌情考虑，只要是网上订位者可以有一些优惠。

现将国民旅游 OP 作业的流程列表，以作为操作的参考。

（一）国旅 OP 作业流程（以科威系统为例）

项　目	操作说明	注意事项	使用窗体	相关部门
1．数据处理	1．对餐厅、车辆、船只资料建文件 2．对饭店及风景游乐区资料建文件并定时更新资料	资料更新时应加注更新日期	各地区 DM	OP
2．奖励旅游团 公司制式行程需求	1．依据业务需求联系单询问或预订房间、车辆、机位、火车票、特殊风景区、餐厅 2．配合公司制式行程预订房间、车辆、机位、火车票、特殊风景区、餐厅，并协助安排行程及注意事项 3．记录需求及预订状况并回复业务	1．预订时须留意饭店客报价及 NET 价 2．订金期限及所需金额须回复业务	部门联系单	OP 业务员 主管

续表

项　　目	操 作 说 明	注 意 事 项	使用窗体	相关部门
3. 科威开团/动态表	1. 进入科威系统 2. 进入B团务管理 3. 进入B团体基本资料 4. 按F10进入维护状态 5. 按1新增 6. 输入团号→行程名称→天数→地区别→出发日→回团日→班机→电代→预订人数→应收团费→备注 7. 销账方式按1转入团收…… 8. 将行程放置产品型记录内	1. 若人数不足成团时状态为准备，人数达到时为出发，回团后为结束，不足CXLD时为取消 2. 若业务包团时请备注KEY包团 3. 相似团体可按5复制团体 4. 制动态表，早会时核对，并修改白板人数		OP
4. 业务报告	1. 依据业务人员缴交的报名单确实掌握人数 2. 督促业务输入科威资料	确实掌握人数，保留期限应告知业务人员	报名单 联系单 E－MAIL	OP 业务员
5. 确认及预付订金	1. 奖励旅游团签约收订后支付订金予饭店，不需付订的厂商签订确认单 2. 公司制式团体付订	1. 奖励旅游应索取合约复印本，确认内容后设立该团档案 2. 公司团设立档案		OP 业务员
6. 刷代垫单	1. 进入科威系统 2. 进入B团务管理 3. 进入T代垫单处理 4. 输入支付团号 5. 按1新增再KEY团号及支付项目 6. 按Enter进入输入科目 7. 输入支付明细（内容、数量、金额、付款方式） 8. 按6印单刷出代垫单，附上发票及附件送主管签准	1. 所有代垫单请确认送进会计室，以免压件或遗失，若有急件要特别告知 2. 一般公司不会存放过多现金，大笔金额应先通知出纳 3. 厂商支票付款一般为2个月票期，若有个案于代垫单上注明原因	四联单	OP

续表

项　目	操作说明	注意事项	使用窗体	相关部门
7. 厂商确认	1. 确认餐厅菜单、住宿房号、车辆车号、航空公司人名单……提供资料给业务员制作手册 2. 制式团体由 OP 制作手册或通知单	1. 目前公司制式团：玉山、金门、北港、蜂炮 2. 奖励旅游由业务员制作	手册封面	OP 业务员
8. 准备出团资料	1. 派领队 2. 通知车行报到时间、地点并索取车号 3. 依据实际人数及合约内容填写领队出团预支表 4. 依预支表预订餐食、风景区 5. 刷出代垫单申请领队预支费用（科目：202 团体预支） 6. 交班资料准备（贴车单、名牌、行李吊牌、订金单、手册……）	领队出团预支费用的代垫单科目：202 费用请扣除订金	领队交班单 贴车单 名牌拖鞋 行李吊牌 代垫单 领队出团预支表	OP 业务员
9. 领队交班	1. 依领队交班表逐项及核对交班资料 2. 请领队核对正确后双方签字		领队交班单	OP 业务员
10. 领队回团报账	1. 依正式单据逐项确认金额并询问团体有无问题 2. 领队报账的单据依序贴后附在报账单内 3. 进入代垫单后，KEY 领队实支费用并按 9 冲销预支的费用及所有订金	领队应于回团 2 天内向 OP 报账	领队出团预支表	OP 业务员
11. 应付费用申请	将所有应付（代垫单）及应收（退款单）费用，附上单据后申请或注明月结或缺发票	对所有相关支出与业务进行确认，核实有无其他费用	代垫单 退款单 联络单	OP 业务员
12. 制损益表	1. 依据团体所有应收及应付制作团体损益表 2. 回团 3 天内连同所有代垫单及领队报账单一并申请及报账		团体损益表 预估表	OP 主管

附件：

台湾岛内旅游行程设计及费用预估表

团号：________　　　　　　　　　　　　　　估价日期：________

客户名称：	主办人：	
旅游地点：	电话：	传真：
旅游日期：　年　月　日～　月　日 （　天　夜）	地址：	

行　　程　　设　　计

第一天：（　　月　　日）
（星期　　）

第二天：（　　月　　日）
（星期　　）

第三天：（　　月　　日）
（星期　　）

估　价　明　细　（以一车　　人平均计算）共　　车

交通	游览车：		备注： 1. 本报价单不含营业税。 2. 本报价单综合服务费包含200万责任险(3万医疗)。 3. 本估价单仅供参考，若确认另行签订正式报价单。
住宿	饭店名称：		
住宿	饭店名称：		
膳食			
门票			
综合服务费			
领队差费			
司机小费			
过路桥停车费			
旅游费用：宿二人房时，每人　　元 宿四人房时，每人　　元 旅游总费用：　　　元			经办人： 分机：

（二）国民旅游部领队人员作业流程

工作流程图	工作要项	使用表单	相关部门
1. 基本条件	1.1 对公司具有充分的认识。 1.2 举止、言谈合宜亲切且自信。 1.3 冷静行动、尊重游客。	公司事业手册	领队
2. 出团前准备工作	2.1 行程与景点充分准备。 2.2 交通工具安排了解。 2.3 出发前与 OP 交班领团。 2.4 进行团员数据层次了解并准备。 2.5 认知团体性质或其他要求。	领队交班单 出团预支表	OP 领队 业务员
3. 出发时报到工作	3.1 提早 10 分钟报到，了解车辆设备并与司机沟通行程。 3.2 贴车单并办理游客报告。 3.3 点名落实后开车。	手册 贴车单 领队旗 领队背心	领队
4. 出发期间 领团工作	4.1 餐、宿或预约的景区应提早确认，确认抵离时间并确认团体。 4.2 飞机航班确认机位。 4.3 注意事项提醒游客。 4.4 景点导览及说明。 4.5 时时关怀游客，刻刻留意状况。 4.6 状况处理与游客安抚。 4.7 团费支付与单据索取。		领队
5. 出发后交班工作	5.1 回团 2 日内应返回公司与 OP 人员交班。 5.2 缴纳剩余团费并上交单据。 5.3 团体特殊状况填写报告书。 5.4 上交游客问券调查表。 5.5 交班无误后领取领队费。	游客问卷调查表 领队报告书	OP 领队 会计 业务员

附件：

领队与 OP 交办单

团体名称		团号：	业务：
集合地点		实到人数：	
报到时间		车行电话：	

车行资料	1.	BUS/车号：	行动电话：	驾驶：
	2.	BUS/车号：	行动电话：	驾驶：
	3.	BUS/车号：	行动电话：	驾驶：

领队姓名：　　　　行动电话：　　　　住宅电话：

日期	饭店	联络人	联络电话	房费明细	预支	实支

	日期	餐别	餐厅	联络电话	餐　费	预支	实支
用餐明细		1午			NT $　×　桌×0.9		
		1晚			NT $　×　桌×0.9		
		2早			NT $　×　桌×		
		2午			NT $　×　桌×0.9		
		2晚			NT $　×　桌×0.9		
		3早			NT $　×　桌×		
		3午			NT $　×　桌×0.9		
		3晚			NT $　×　桌×0.9		
门票							

车行油资	NT $ 2000×　天×　车＝		
领队差费	NT $　×　车＝	司机差费	NT $ 1000×　天×　车＝
过路桥费	NT $　×　车＝	总支出	NT $

备注	1.
	2.
	3.

总结	公司交款	NT $	客户交款	NT $
	团费支出	NT $	余　　款	NT $

附件：

团体损益预估表

团号			总人数：	大　占　不占　婴　T/L			业务		OP：陈资雅	
日期	年 月 日～ 月 日	活动名称					领队			
公司收入（1）					领队支出（2）					
单号	说明	售价	人数	应收款	月	日			单号	金额
								（2）项计小		
					公司支出（3）					
					月	日	单号	说明		金额
	（1）项小计							（3）项小计		
REMARK					（1）项－（2）项－（3）项＝本团盈亏 （　　）－（　　）－（　　）					
平均每人利润：　　元					本团盈．亏＝（　　　）（已扣刷卡手续费）					

备注：代收转付收据之金额应等于（1）项收入之总额．

总经理：　　　副总经理：　　　协理：　　　经理：　　　OP：

第八章 旅行社人力资源管理

旅行社属于特许行业，又是专业性很高的行业。旅行社内多种专业人员都需持有证照才能执业。如经理人、领队、导游等都需有一定的学历和资历，经考试受训后才能正式代表公司提供专业服务。因而在规范旅行社的劳务管理时，除了对一般属性的规定之外，也要对具专业背景属性的人员有所限制，否则触及的社会层面将更为广泛，不得不特别注意。

旅行社的劳务管理，其重点在：

1. 员工的招聘任用
2. 员工的劳动条件
3. 员工的薪资及福利
4. 员工的教育训练
5. 公司与员工的互动

现就以上5个重点，探讨旅行社在现代的经营环境下应有的认识。

第一节 员工的招聘任用

（一）旅行社招募员工的特点

旅行社的员工在正常的情况下应包括内勤的产品部主管及OP作业人员与企划人员，外勤的业务销售人员及领队（或两者都兼任）。原来该有的会计及总务人员照常需要。在时代巨变下，旅行业产品的营销渠道有了很大的不同，部分旅行社不再支付薪水给业务员及领队。因此，也造成在旅行社招募员工及任用与薪资给付上有很多的差异性方式。其特色有下列诸点：

1. 如要从事导游或领队等相关工作的人员，前提需有证照方可任用，或将来由公司培训。

2. 由于经常要经手大量金钱及证件，因此保证人的制度确实需要设立，且每年须对保一次。

3. 如为专职领队（不做业务）或导游，原则上公司不付薪水，没有专有的办公处所，但应尽与其他员工相同的责任。

4. 对于靠行的员工，经过筛选之后最好纳入公司体制，以旅游经纪人或旅游顾问的名义聘任。至于薪资的给付则个别谈定。个人所得的扣缴凭证亦应合法开立。

（二）员工的劳动条件

对于员工出勤的办法、请假的办法、服务守则及规范等，原则上依"劳动基准法"的规范执行，并考虑旅行业的专业特性而制定，合乎旅行业的条件，如领队、导游的上下班时间、返台后是否可以放时差假等规定。

（三）员工的薪资及福利

旅行社员工的薪资架构，基本上主管因属责任制，故薪水较高；但业务人员的薪水就偏低了。在薪水架构中有：

本　　薪

主管加给：依职务等级设定其数额。

职务加给：依职务内容的难易程度设定。

专长加给：有特殊才华或专长者的加给。

差 旅 费：至外地的旅费（不固定）。

交 通 费：在本地固定的费用。

伙 食 费：目前为NT＄1 800元，可以免税。

奖 金：依业绩及表现支给。

医疗补助费：劳健保公司负担的部分。

其　　他

公司对于员工所领的薪资，希望其达到的业务标准，每家公司都不相同，要视这家公司游客来源的渠道成本而定。如果公司投入大量的渠道成本（如媒体广告），则员工应达到的业绩目标，大致上应为其薪水的3.5~4倍。如果生意的来源大都为员工自己开发而来，则底线至少在2.5~3.0倍之间，公司的获利能力才不会受影响。公司的总成本开销中有很多项，员工是无从理解的，公司负责人应随时给他们成本的概念，让他们时时铭记在心。试想，除了薪水之外，公司还有哪些费用需要负担的呢？(1) 红利。(2) 奖金：指年终奖金、竞赛奖金、研究发明奖金、特殊功绩奖金、久任奖金、节约燃料物料奖金及其他非经常性奖金。(3) 春节、端午节、中秋节给予的节金。(4) 医疗补助费、劳工及其子女教育补助费。(5) 婚丧喜庆由雇主致送的贺礼、慰问金或奠仪等。(6) 职业灾害补偿费。(7) 劳工保险及雇主以劳工为被保险人加入商业保险支付的保险费。(8) 差旅费、差旅津贴、交际费、夜点费及餐费。(9) 工作服、作业用品及其代金。(10) 其他经主管机关会同目的事业主管机关指定者。(11) 各项税金的支出。(12) 各项房租、庶务费、管理费等。(13) 员工因作业错误产生的成本分担。(14) 其他因业务而需要的广告费等。(15) 员工、郊游或会议旅行、训练课程等费用的支出。

最近，很多旅行业已将公司内部的结构转向以财务为导向的体制，即利润中心制。所有的部门，包括后勤支持单位的会计室、总务处、信息室、企划部等，都挂上了业绩目标。他们以工作量及绩效来评定创造多少的营业额。如此一来，所有的主管都会努力以最精简的人力创造最大的产能，或者利用现有的免费资源开创产品的营销渠道。例如，对资深领队、旅游经纪人的运用（但对于其奉献的程度也给予适当的回馈）。

（四）员工的教育培训

旅行业中人的因素至关重要，因此在职的教育训练，成了公司能不能留住人才的关键之一，其方式有：

1. 上班之前的培训。
2. 上班之中，每日业绩会议的训练。
3. 公司规定的专业知识讲座课程。
4. 有各项专业证照之后的派团及训练。
5. 无专业证照时，利用各种机会进行的训练。
6. 每年固定时间进行训练（年终淡季时）。
7. 派至海外分支机构的驻在服务。
8. 以留职停薪方式或公费负担，让员工去进修。

（五）公司与员工的互动

员工表现良好者应有畅通的升迁渠道。各个员工表现的好坏应受到合理的奖与惩。对公司有重大贡献者，不应计年资或年纪而给适当的回馈。旅行业内部的架构，可以因人设事，也可以给同仁们创造内部创业的空间。将来信息科技更为广泛运用，员工上班的地点不可能被限定在办公室内，很可能在自己家里就可以参与公司的各项会议及讨论，也可以直接地与顾客商谈旅游行程内容。故公司在连接信息网络的工作上要努力强化与员工的互动。

第二节　人力资源管理的参考规章制度实例条文

为了说明旅行社人力资源管理的具体内容，现以台湾地区某旅行社制订的人力资源管理规章制度为例进行说明。

第一章　任　用

第 一 条　公司根据营运目标和营运计划应随时检讨制定组织、员额编制、单位职掌和职务说明书。

第 二 条　各单位遇有缺额，各部主管得依实际需要填具申请单，提报总经理核准后交管理部统一征募，各部主管依职掌办理面谈；遇有特殊情况得由各部主管经总经理核准推荐任用。

第 三 条　各部门经理（含）以上正式任用由董事长核准，经理以下由总经理核准。

第 四 条　新进人员除经总经理核准者外均应试用 3 个月，试用期满由各部考评合格后，提拟正式任用。

第 五 条　报到新进人员应照规定日期报到，办妥下列手续：

1. 填妥新进人员报到单暨人事资料表。

2. 缴交学历证件、兵役证明，外勤及车导人员缴验驾照，业务相关人员缴验经理人、领队、导游证照。

3. 缴交身份证影本、二寸照片两张。

4. 填妥劳雇契约书，办妥保证事宜。

5. 填妥扶养亲属申请表。

6. 缴交劳保、健保转出申请单（原投保单位开出）。

7. 缴交健保转入申请单。

8. 填妥公司指定银行开户资料（未满 20 岁需保证书），前往开户。

第 六 条　对保

1. 所属员工均需办理对保手续，经管理部审核后，方得任用。

2. 员工劳雇契约书上的保证人每年应对保一次，或重新换保。

第 七 条　试用

1. 新进人员试用期间为3个月。

2. 除特殊情况经总经理核准免予试用外，试用期间经考核不合格者，公司可以随时予以解雇。

3. 新进人员离职，工作未满7天（不含例假日），不发给薪资。

第八条　正式任用

新进人员3个月试用期满，经主管考核合格经权责主管核准后，始可正式任用。

第二章　职　薪

第一条　凡经本公司正式任用之员工依下列方式支付薪资：

薪资包含：

1. 基本薪资。

2. 津贴：全勤津贴、主管加给、专业加给、油料津贴、伙食津贴。

3. 奖金（业绩奖金、其他奖励金）。

第二条　调薪考核

公司每年举办一次年终考核作为调薪、核发奖金及升迁依据，各部可以用特殊情况另订考核办法，各部单行法应并入公司年终考核计算。

第三条　调薪：公司每年视营业状况与物价波动于年度营业终了时调整员工薪资。

第四条　薪资之发放

每月薪资于次月5日直接拨发至员工银行账户，若遇周休假日则递延下一个工作日发放。

第五条　薪资扣除额

1. 个人薪资所得税预扣额（在限额以上职员）。

2. 员工需负担之劳、健保费用，退休提拨意外/医疗团险。

3. 迟到早退、缺勤之扣除。

4. 归责于员工个人之呆账损失及业务损失。

5. 福利金。

6. 其他应扣之项目。

第六条　“工读生”，经本公司正式任用之工读生依每天NT720元方式叙薪，半天360元，每天以工作8小时为基准（上班时间、事病假比照正式员工计算）。

薪资包含：基本薪资、全勤津贴、油料津贴、伙食津贴。

第三章 服务守则

第 一 条 员工应忠于职守，遵奉公司一切规章，服从各级主管人员之合理指挥，不得敷衍塞责；各级主管人员对员工应亲切指导。

第 二 条 员工应认真工作、爱惜公物、节约资源、减少损耗，以提高服务品质，创造绩效。

第 三 条 对外应严守业务机密。公司之财务状况、结构及文件报表，未经准许不得擅自泄漏或出示给他人。

第 四 条 员工未经核准，不得私自翻阅公司机密档案。

第 五 条 员工不得假借公司之名义，图谋个人或他人之利益。

第 六 条 员工不得在工作时间内兼职，或在公司外从事与公司利益冲突之活动。

第 七 条 员工不得因职务之行为，接受招待或接受馈赠、回扣或取得其他不法利益。

第 八 条 员工应准时上班，并亲自刷卡，如有委托或代替刷卡，或伪造出勤记录者，双方均以旷职论，如有不得已事故而迟到、早退时，应立即向直属主管呈报。

第 九 条 员工上班时，服装仪容应整洁美观，遵守公司制服守则之规定。

第 十 条 与顾客洽谈时，应保持和悦的态度，详尽地解说及提供服务。

第十一条 遇到顾客抱怨时，在职务范围内应尽力解决，若不能解决，应立即呈报上级，并安抚顾客情绪。

第十二条 所有折扣之给予，必须受标准作业程序之规范。

第十三条 非因职务之需要及未经总经理核准者，不得动用公司财物或支用公款。

第十四条 职务上所保管之文书、财物，应尽妥善保管之责，不得损毁、变换、私用或借给他人。

第十五条 任何交易行为，需有适当的证明文件或检附单据证明。

第十六条 公司可以因实际业务所需，更换、调派员工之工作地点及内容。业务交际行为，均需事前征得最高主管同意，并取得合法收据核销。

第十七条　公司发生下列情事之一者，可经预告终止劳动契约：

1. 公司歇业或转让时。

2. 公司亏损或业务紧缩时。

3. 员工暂停工作达1个月以上时。

4. 员工对所担任之工作确不能胜任时。

第十八条　凡本公司员工有下列情事之一者，可不经预告单方终止劳动契约：

1. 受有期徒刑以上之宣告确定，而未谕知缓刑或未准易科罚金者。

2. 无正当理由连续旷职3日，或一个月内旷职达6日者。

3. 员工互相勾结，致公司财务或业务蒙受重大损失。

4. 私自挪用公款，经查属实者。

5. 擅自涂改游客证件或代客伪造文书者。

6. 盗窃公司财物、营私舞弊，经查属实者。

7. 聚众施暴，威胁、妨害公共秩序者。

第十九条　本行为规范适用于所有职等之员工，全员皆有遵守之责任及义务。违反此基本之规范，得依情节之轻重予以惩处，细则见"奖惩办法"。

第四章　出勤办法

第 一 条　工作时间

总公司人员上班时间：

星　期	上午上班时间	下午上班时间
周一至周五	08:45～12:00	13:30～18:00
周　六	08:45～12:00	

比照政府"公务人员隔周休二日实施办法"。

第 二 条　轮值

1. 周一至周五休息时间及配合部门业务需要，需排班轮值，由主任（含）以下人员担任。

2. 轮值人员请假，其职务代理人应代理轮值事务。

3. 轮值工作项目有：客户接待、接听电话、清理会客区域等事宜。

第三条　打卡

1. 公司员工应依规定于上、下班时间亲自打卡，不得虚伪补打卡或由他人代理为之，违者双方各以旷职1日论。

2. 若因特殊情况而不能亲自打卡者，应由主管签认证明。

第四条　迟到或早退

1. 员工逾规定上班时间出勤者，视为迟到；提前下班时间离开工作场所者，视为早退。

2. 迟到、早退每分钟扣薪新台币20元（一个月内迟到10分钟内不超过3次者，不予扣薪），迟到1个小时以上，而未办理请假者，视同旷职。

3. 无正当理由，一个月内累计迟到、早退10次以上者，由主管（或管理部）呈报公司议处。

4. 迟到所扣之薪资一律全额拨入员工福利委员会福利金。

5. 迟到、早退均列入年度考评记录。

第五条　旷职

1. 未按规定请假或假满未经续假而没来上班者，均以旷职论。

2. 于工作时间内未经主管许可而擅离工作岗位者，以旷职论。

3. 忘记打卡者视同旷职；但当日内经其所属主管签字证明者，不在此限，惟予扣薪50元。

4. 代打卡者，以旷职论；累计3次者革职。

5. 旷职者，按日薪加倍扣薪。

6. 无故连续旷职3日，或一个月内累计旷职达6日者，予以解雇。

第六条　休假

1. 统一假日

所有统一假日，以“人事行政局”公告配合隔周休二日调节休假，各部门可依业务需要，协调安排业务值勤。

2. 值勤补休

(1) 各部主管应督导属员于半个月内休完，未休者视同放弃，不得抵发薪资。

(2) 集中连休，应考虑对业务之影响。连休二日（含）以上，须经副总经理以上核准。

第五章　请假办法

第 一 条　请假种类

员工请假分为：特别休假、事假、病假、公假、婚假、丧假、产假、公伤假8种。

第 二 条　请假手续

1. 员工请假要先填妥请假单，连同证明文件，呈主管签准后，送交管理部审核员工出勤请假记录卡，方可生效。

2. 管理部在员工出勤请假记录卡上做详细的记录。

3. 主管核假时，必须考虑实际需要准假；请假人必须有合宜的职务代理人，以免耽误业务。

4. 未按规定办理请假手续，或假期已满而没来上班者，均以旷职论。

5. 若为急病或紧急事故，未能及时亲自请假时，应立即以电话报备直属主管，并于销假当日检附文件，尽速补办请假手续。

第 三 条　证明文件

假别——请假所需之证明文件。

事假——须于请假单上写明事由。

病假——半日由主管证明，一日（含）以上需医师诊断书或检附健保卡之看诊章并影印一份。

公假——附召集令、公函或其他有关文件。

婚假——喜帖。

丧假——讣文或申请人与丧者已除名之户口簿影本。

产假——医师证明。

公伤假——医师诊断书及事故报告书。

第 四 条　虚伪惩戒

请假之事由及交附之证明文件，若有虚设情事者，其请假无效，改以旷职论处，并依规定惩戒。

第 五 条　请假之计算

1. 请病假、事假以1小时、2小时、半天及1天为单位。

2. 事假、病假、婚丧假，如遇例假日及统一假日，不计入请假期间内；但是请假长达1个月者，则含例假日及统一假日。

3. 工时之计算每周一至周五为8小时，半日为4小时，单周六为4小时以半日计，周休及例假日不计工时，每月工作以30日计算。

4. 以上同时为扣薪（含伙食津贴）之标准。

第六条 假数累计

特别休假、事假、病假之年度累计，从每年1月1日至12月31日止。

第七条 特别休假

1. 员工于公司继续工作，满一定期间者，每年均依下列规定给予特别休假，工资照发：

年　资	年假日数
未满1年	0天
1年以上未满3年	7天（不含例假日）
3年以上未满5年	10天（不含例假日）
5年以上未满10年	14天（不含例假日）
10年以上每年加1天，加至30天为止	

2. 留职停薪期间，不计年资也不给年假，之前的年资保留至复职后合并计算。

3. 申请特别休假应于事前为之，应考虑业务缓急及人力需求，以轮流休假为原则。

4. 申请特别休假（一次连休3天以上），至少需于休假前30天提出申请方为有效。

5. 特别休假可以分批申请。

6. 为不影响部门人力调配，申请特别休假，原则上不得接续统一连续假期；除非其部门主管及公司协理级以上主管批准。旺季期间（每年的4月到8月，每年12月、1月、春节）主管应考虑人手不足问题，员工尽量避开不要请特别休假。

7. 休特别休假时，务必有代理人承接其业务；无代理人时，由主管、副主管代理其业务。

8. 副理级（含副理级）以上主管休特别休假，需副总及总经理同意。

9. 特别休假应于当年度内休完，逾期未休者，则视同自动放弃，不可抵发工资。

10. 离职前一个月内不得休特别休假。

11. 离职时，未休之特别休假视同放弃。

第八条 事假

1. 因个人私事必须亲自处理，得申请事假。事假需于2天前申请核准，且必须有合宜的职务代理人。若有突发急事，临时请事假，必须由主管代为签报。事后申报之事假，一律以旷职论处。

2. 员工连续请事假达14日（含）以上者，得视情况办理留职停薪或辞职。

3. 事假期间不给薪资，其扣发方式为：

(1) 1小时事假扣薪150元。

(2) 2小时事假扣薪300元。

(3) 超过2小时以上至半日（4小时）者，扣发半日薪资。

(4) 超过半日（4小时）以上至1日者，扣发全日薪资。

第九条 病假

1. 员工因普通伤害、疾病或生理因素，必须休养治疗者，得依规定请病假。

2. 病假上限：未住院者，全年合计不得超过30天；住院者，不得超过1年。未住院与住院伤病假，合计不得超过1年。

3. 超过前条规定之期限者，经以特别休假或事假抵充后，仍未痊愈，得予留职停薪，但病假之留职停薪以3个月为限。留职停薪期满，仍未复职，终止劳动契约。

4. 病假全年未超过30天，薪资以半薪计，超过部分不计薪，其扣发方式为：

(1) 1小时病假扣薪75元。

(2) 2小时病假扣薪150元。

(3) 超过2小时以上至半日（4小时）者，依其半日薪减半扣发。

(4) 超过半日（4 小时）以上至一日者，依其日薪减半扣发。

5. 因上午到班迟到冒用病假经查属实者，概以旷职半日论。

第 十 条　婚假

1. 员工结婚者给予婚假 8 日，婚假须一次申请完整。中间遇到例假日、统一假日可扣除不予计入。

2. 婚假期间，薪资照给。

第十一条　丧假

1. 员工丧假依下列规定办理：

丧　亡　者	丧假日数
（养、继）父母、配偶、配偶之父母	8 日
（外）祖父母、配偶之祖父母	6 日
子女	6 日
兄弟姊妹	3 日

2. 丧假因民俗差异，在规定日数内准予分割，中间遇例假日、统一假日可不予计入。

3. 丧假期间，薪资照给。

第十二条　产假

1. 女性员工分娩前，应停止工作，给予产假 8 星期。妊娠 3 个月以上流产者，视实际情况给予产假，最多不超过 4 星期。

2. 年资满 1 年者，产假期间薪资照给；年资未满 1 年者，薪资减半。

3. 男性员工配偶分娩，给予陪产假 3 天，陪产假期间薪资照给。

第十三条　公假

具有下列情形之一者，得依规定给予公假，公假期间薪资照给。公假期间遇休假日不另补假，亦不加给工资。

1. 参加军事演习、点阅、教育召集或参加民防、消防训练者。

2. 因公应法院传为证人、鉴定人或辅佐人者。

3. 工会理监事办理会务或其他业务所需之外部会议，经事前核准者。

4. 因公司业务需要出公差者。

5. 其他法令明文规定者。

第十四条　公伤假

1. 员工因业务上灾害，而致伤病残废时，其治疗休养期间，给予公伤假，但最长以2个月为限。2个月后仍未痊愈，应办理留职停薪。

2. 公伤假期间，薪资照给。

3. 公伤假之认定与核准，系依据医师之诊断证明及部门主管认定之实际必要日数为之。

4. 公伤病者应入劳保特约医院治疗，否则权益受损自行负担。

第六章　考核升迁

第 一 条　考核办法

1. 本公司为激励员工士气，改善工作品质与提升工作绩效，特拟此考核办法。

2. 全员考核：每年一次年度考核（12月）。

3. 试用期人员考核：试用期间不适任，得随时免职。试用满3个月考核，考绩优越，始得正式任用。

4. 考核由直属主管依平日绩效评分，送副总经理、总经理复核后，交管理部登录。

5. 考核项目包括：

(1) 出勤表现

(2) 奖惩记录

(3) 仪表礼节

(4) 工作态度

(5) 专业技能

(6) 工作绩效（每月业绩）

(7) 管理技巧（主管考核项目）

6. 全员考核成绩的优劣将影响职等、薪资与考绩奖金的发放。

考绩的评等如下：

等级	考绩总分	评　　论	奖　　惩
优	90～100分	成绩优秀卓越	考绩奖金，待年底“考绩奖金发放标准”项目会议后予以公布。
甲	80～89分	成绩合乎要求，需要再精进	
乙	70～79分	成绩未达标准，需要努力改善	
丙	70分以下	表现极差	

（附注：考绩奖金即年终奖金，公司年末不再另发“年终奖金”）

第二条　升迁办法

（一）一般原则：该员工直属主管提报，经总经理面谈裁示后，由管理部办理，并予公告。

1. 每年元月份统一办理。

2. 任职满一年以上。

3. 当年考绩为优等。

（二）特案方式：经董事长、总经理特案裁定。

1. 员工特殊优异表现。

2. 副理级以上干部。

第七章　奖惩办法

第一条　本公司之奖惩分为：嘉奖、小功、大功、申诫、小过、大过、免职七种。

第二条　奖惩标准由主管签报核定，送交管理部查证，经总经理核准后，公布实施之。

第三条　奖惩办法如下：

项　目	奖　惩　办　法
奖	
嘉　奖	每记一次考绩评分加1分 当月加发奖金300元

续表

项　　目	奖　惩　办　法
小　　功	每记一次考绩评分加3分 当月加发奖金1 000元
大　　功	每记一次考绩评分加9分 当月加发奖金3 000元
惩	
申　　诫	每记一次考绩评分扣1分 当月薪资扣300元
小　　过	每记一次考绩评分扣3分 当月薪资扣1 000元
大　　过	每记一次考绩评分扣9分 当月薪资扣3 000元
免　　职	立即解雇

第四条　本公司员工有下列事迹之一者，予以嘉奖：

1. 业绩良好，工作效率优异者。

2. 服务态度良好，受客户赞赏，有事实证明者。

3. 对公司开源节流有功劳者。

4. 维护公司声誉，有事实证明者。

5. 主管领导属员推行业务及热心训练，成绩优异者。

6. 协助办理非本职位工作，确有功绩者。

7. 对经办业务提出建议，经采纳有效者。

8. 其他优良表现足以表扬者。

第五条　本公司员工有下列事迹之一者，予以记小功：

1. 工作努力，经认定绩效优良者。

2. 对拓展业务、创造营运绩效、降低成本、增加营利有重大贡献者。

3. 研订业务或管理计划、方案、规章，具体可行，经实施成效卓著者。

4. 执行临时重要任务，能把握时效，圆满达成者。

5. 对突发事件处理得当者。

6. 事前发现重大错误或不良弊端，因而避免或减少公司损失者。

7. 主管人员督导属员，在一年内遵照应收账款规定作业，且未发生呆账者。

8. 主管人员对所属奖惩分明，提报奖惩事件积极，而帮助改善工作绩效者。

9. 其他具体事实，经公司认可，得予记功表扬者。

第 六 条　本公司员工有下列事迹之一者，予以记大功：

1. 对社会有特殊贡献，而提升公司名誉形象者。

2. 适时消除意外事故或重大变故，使公司免除或减轻严重损失者。

3. 对经办业务或公司管理经营，提出创见、计划、方案，经采纳，确具重大效益者。

4. 督导所属进行计划、策略，而对公司业务经营、管理效率等具有卓越贡献者。

5. 有其他重大功绩，经认可得予记大功奖励者。

第 七 条　本公司员工有下列事实，经查属实者，应予申诫处分：

1. 服务态度欠佳，招致客户不满，提出抗议，情节轻微者。

2. 工作上的疏忽错误，导致顾客抱怨或影响公司业务者。

3. 对经办之业务，未能按规定如期完成，而延误公务者；未尽职责，积压文件，延误工作时效者。

4. 主管督导不周，致属员在工作上发生错误，而贻误公务者。

5. 遗失公务资料，情节轻微者。

6. 浪费公物，情节轻微者。

7. 工作怠慢不力，在1个月中迟到早退达6次以上者。

8. 服务时间不遵守规定，擅离职守，屡劝不听者。

9. 轮值人员无故不在执勤场所执勤者。

10. 不遵守公司制服守则规定，或仪表不整者。

11. 工作上或行为上，犯同样的错误，累计达3次以上者。

12. 各部门应缴之会计或统计报表，未按时送交总公司，导致耽误作业者。

第八条　本公司员工有下列事实经查属实者，应予记小过处分：

1. 因业务疏忽，引起顾客不满或发生争吵，情节严重者。

2. 因作业或估价错误，使公司蒙受损失者；或经办之业务未依规定处理者。

3. 工作或职务上疏忽错误，情节严重者。

4. 遗失经管重要文件，使公司蒙受严重损失者，并应负损害赔偿责任。

5. 拒不配合公司重大策略或实施之项目，致使公司之业务受影响者。

6. 上下班委托他人代替签到，或伪造出勤记录者。

7. 不服从主管指导监督，损害他人名誉，或言行乖谬、制造是非、破坏团体、造谣生事者。

8. 在外行为不检，或赌博、酗酒、打架，而有损公司之形象者。

9. 同一事件受申诫之处分仍再犯者。

第九条　本公司员工有下列事实经查属实者，应予记大过处分：

1. 巧立名目，向客户超收费用，经查属实者。

2. 挪用客户缴交款项，不实时缴回公库者。

3. 未经许可在外兼职，而影响业务运作者。

4. 对部属过失袒护、包庇或监督不严而玩忽职守者。

5. 行为粗暴，毁坏公物，扰乱公司秩序者。

6. 玩忽工作，贻误要务，使公司蒙受重大损失者。

第十条　本公司员工有下列事实经查属实者，立即予以解雇，并不发给遣散费：

1. 侵占、偷窃同仁或公司财物者。

2. 利用职权接受贿赂或行贿，经查属实者。

3. 利用公司名义，在外招摇撞骗，影响公司声誉，或使公司蒙受重大损失者。

4. 毁损、伪造、变更或滥用公司重要文件、人事资料或印信者。

5. 泄漏公司机密，致公司蒙受损害者。

6. 吸食或贩卖、注射毒品，或参加非法组织，有事证者。

7. 非法煽动罢工、怠工，或聚众要挟致妨害工作秩序者。

8. 公然威胁、侮辱上级，情节重大者。

9. 其他违反劳动契约或工作规定，情节重大者。

10. 年度记大过两次以上者。

第八章 退 职

第 一 条 本公司员工退职，分为当然退职、辞职、停薪留职、免职4种。

第 二 条 凡员工退休、身故、身体残废或心神丧失不胜职务者，为当然退职。

第 三 条 凡员工因病、因事或其他原因自请辞去职务为辞职，经单位直属主管签准后，呈总经理批示，并于30天前提出。

第 四 条 员工有下列情形之一者，得予停薪留职：

1. 因患重病请假已逾第五章第九条第3项之延长期限者，可呈请停薪留职，其停薪留职之期间以3个月为限，期满未申请复职者，自停薪留职日视同辞职。

2. 因特殊事故，经查属实者，可呈请总经理核准后停薪留职，期满未申请复职者，自停薪留职日视同辞职。

第 五 条 员工停薪留职期间之年资不予计算。停薪留职期间，未经核准不可擅就他职。

第 六 条 员工有下列情形之一者，须予以免职：

1. 擅离职守或擅自变更工作方式及程序，致使公司蒙受重大损失者。

2. 故意撕毁、湮没公共文件者。

3. 未经公司许可，擅自在外兼职，致妨碍本身及公司业务者。

4. 对同仁或顾客暴力威胁、恫吓，严重妨碍工作及公司声誉者。

5. 利用公司名义在外招摇撞骗，致使公司信誉蒙受损失者。

6. 侵占、盗窃公/私有之财物者。

7. 泄漏公司机密、致使公司蒙受损失者。

8. 营私舞弊，私自将客人转交同业或经办业务私自收受回扣等好处者。

9. 擅自托请游客携带任何物品或代办任何事情者。

10. 领队带团克扣团费，尽入私囊或虚列账目，以少报多，致使公司旅游品质降低，游客权益受损者。

11. 在职期间因犯罪被判徒刑确定者。

12. 私自答应游客或代理商延期付款逾一个月而无法收款，又不肯自行补付欠款，致使公司蒙受损失者。除解雇免职外，公司保留追诉之权。

第七条　本公司员工之退职，不论其为当然退职、辞职、停薪留职、免职或停止试用，均应办理离职手续，其规定如下：

1. 试用期间离职，须于10天前提出，以另寻职务代理人。试用人员之离职，经其单位直属主管签准后，会人事单位，呈总经理批示。

2. 正式人员之离职申请应于30天前提出，经其单位直属主管签核后，会人事及财务单位，呈总经理批准。

3. 离职人员应于办妥交代、还清欠款后，方可办理发薪。

4. 正式人员之离职应公布之，试用人员之离职由人事单位通知各有关单位。

5. 应离职人员请求，可于离职手续办妥后，发给离职证明书。

6. 若不按规定于指定日期前提出辞呈，当月不支薪资。

7. 刚报到不满7日新人和因违反行为条例而遭公司解雇者，则无日期之限制，可视需要立即离职。

8. 若一时之间无法寻得职务代理人，辞职员工应配合公司需要，调整其离职日期。

9. 辞呈批准后，辞职员工应配合主管指示，做好工作移交或账务之清点。

10. 员工未依上述规定，于事前预告而离职时，单位主管应即行呈报，若因此而致使本公司发生损失者，本公司得向其本人或保证人要求赔偿该项损失。

第八条　本公司员工之离职均须办理交代，员工交代计分为三类：

1. 经（副）理以上人员；

2. 主任人员；

3. 经管人员（主任级以下人员）。

第九条　经（副）理以上人员交代应移交之事项：

1. 印信。

2. 人员名册。

3. 交代截至交接日止之会计报表及财务报表。

4. 未办及未了之重要案件。

5. 当年度预定目标或工作计划及截至交接时欲实施之情形报告。

6. 各直属主管人员所管理之财务及业务总目录。

7. 其他经管之项目。

第十条 主任人员交代应移交之事项：

1. 单位章戳。

2. 交代截至交接日止之会计报表及财务报表。

3. 未办及未了之重要案件。

4. 所属经管人员经管之财务及业务总目录。

5. 其他经管之项目。

第十一条 经管人员（主任级以下人员）交代应移交之事项，为其经营之财物及业务。

第十二条 经（副）理以上人员交代时，由总经理或总经理指定人员监交。主任人员交代时，由单位经（副）理监交。各级经管人员（主任级以下人员）交接时，均应就交代事项分别详列表册交接。

第十三条 各级人员交代手续完成后，于离职日前应完成以下事项：

1. 清理个人办公桌，收拾私人用品。

2. 缴回抽屉钥匙或其他托管之物品。

第十四条 薪资发放核准之离职日，公司寄出劳健保退保申请，并办理"交通部观光局"之异动或领队证之撤销。离职员工当月薪资，必须在所有权责确认无误后，于离职一个月后的5日统一发放。

第九章 领队管理办法暨领队守则

第一条 领队管理办法

1. 任用资格

(1) 持有合格领队证（国民旅游不需）。

(2) 实际带团经验，超过2年、15团以上（专业领队）。

(3) 除英语必备外，通第三国语言专长及台客语者更佳。

(4) 专业领队以配合公司规章制度文化为首要条件。

(5) 具半年内公立医院体检证明书（专业领队）。

(6) 专业领队需自备国外可用之手机电话。

2. 调派及出差规定（分专业领队及内派全职员工领队）

(1) 专业领队（公司报任职）：

1) 由作业部主管调派（国民旅游由单位主管调派）。

2) 选派团体，以领队本身所熟悉的地区及熟练的语言为最先考虑要素（国民旅游亦同）。

3) 作业部需确实掌握领队动向，并建立所有领队人员计算机档案备查。

4) 凡属本公司专业领队均依本办法管理，其福利如下：

① 由本公司办理劳健保（国民旅游无）。

② 依产品部产能规模全年给予带团保障天数 120 天，国民旅游天数 80 天，国民旅游于假日，调内派领队为主。

5) 差旅费办法：

① 无消保人头费。

② 正常购物佣金与公司对分（保留法），国民旅游不得操作。

③ 额外的公司容许的自费游程佣金，归由领队。

④ 供货商均由公司直控，领队无调整权力，无退餐佣金。

⑤ 小费由领队回台结报后向公司支领，不得向游客收取（本条仅供参考而已）。

⑥ 日领差费：

短线：新台币 600 元。

美国：新台币 600 元。

澳新：新台币 1 000 元。

欧洲：新台币 1 000 元。

东、北欧，中亚，土耳其，埃及：新台币 1 500 元。

国民旅游：新台币 1 800 元。

(2) 内派领队（公司全职员工）：

1) 由拟派单位主管提出领队调派单，交由业务部经理批准移送产作部经理备案；业务人员以业绩表现优者为先，国民旅游由台湾地区内部主管提报奉核。

2) 内派领队每年每人带团天数不得超过 60 天为原则，国民旅游尽量不利用上班时间差勤。承揽大团，领队不敷使用时，由内部主管协调人力，由协理以上核准。

3）差旅办法：

① 佣金（行程内容许购物及自费行程）返回，均归公司。（参考用）

② 国外无差旅费，不扣薪。

③ 供货商均由公司直控，领队无调整权力，无退餐佣金。

④ 小费由领队回台结报后向公司支领，不得向游客收取。（参考用）

⑤ 上班日带国民旅游者，每日支领 1 500 元差费；非上班日带国民旅游时，每日支领 1 800 元差费。

(3) 外调专业领队（含国旅）：

1）公司要求档案建立。

2）派任办法及差旅均同(1) 专业领队，但不享有同等保障及福利。

3. 考核及奖惩办法

领队评鉴由副总经理召集业务、客服各部经理级以上主管共同考核，分配合度评价、专业表现、游客调查、意见表，所需资料表格缴交及内派员工购物及自费等佣金退返表现均列为考核项目。依评分年度可设立分级制而给予奖惩：

(1) 分级，增加荣誉感。

(2) 增加带团天数。

(3) 增加出差数。

(4) 公开表扬颁奖。

(5) 在职内给予奖品或奖金（年度评估）。

若有客户抱怨及因领队个人因素违反公司规章而造成之纠纷，经查属实。

(1) 立即停团 3 个月（轻微者）。

(2) 除名。

4. 专业训练及会议

(1) 产品课程：由产品部提出，企划部规划执行，适时适人分批办理。

1）实务

2）服务业及消费者

3）专家演讲

4）语言

(2) 会议：每周四中午12时30分于公司会议室召开专业领队会议，交换心得宣导公司政令进行产品说明等。

5. 本公司应配发全体领队“领队服务流程”及“领队守则”，领队应遵照流程与守则，彻底执行。

6. 专业领队应遵守“著作权法”之规定，若违法滥用本公司产品文宣著作等，导致公司蒙受损害，本公司可以向其请求赔偿。

7. 外调专业领队有义务配合公司完备合团委托手续。其余领队，则由公司依权责，选择保留合团委托之权力。此业务由产品作业部依权责掌控。

第二条 领队守则

主旨：

领队是旅游优质服务的第一线工作人员，更是旅游优质服务品质最后的“保障者”、“监督者”与“执行者”，当带团在外时就直接代表公司对团员负责，因此公司必须对领队制订规范以兹遵循。

守则：

1. 渊博的学风修养——在团员心中塑造专业的地位与形象。

2. 活泼幽默的才能——旅游从业人员以服务为导向，充分掌握说话艺术的技巧，面对不同族群、年龄、性别、喜好及层次应有不同的表达方式，除解说内容丰富外，表达方式应活泼幽默。

3. 奉公守法的原则——除遵守旅游客源地及旅游目的地的法律外，应尊重旅游当地的文化习俗。

4. 热情的服务态度——旅游就是一种服务，服务是无形的产品，热情的服务态度可以提高顾客的满意度。

5. 接待礼节的注意——日夜与团员相处，对礼节有更高的标准及要求，不可与团员熟识后即散漫随便，忽略礼仪。

6. 夜间活动的安排——对夜间活动如无适当安排，易产生单调无聊感，须依团员状况调整；歌剧、秀场事先告知其服装、礼节及内容。

7. 一视同仁的原则——差别待遇不是优质服务。

8. 角色中立的原则——对政治、宗教、社会等争议话题保持中立。

9. 言行合一的原则——恪尽本分、勇于解决困难，无法做到或不确定之事，不轻易答应，但言出必行。

10．诚实可靠的原则——对待客人出于诚，止于礼，不离经叛道，不吹嘘、不欺不诈，对金钱及公司账务诚实申报。

11．坐怀不乱的原则——不因客人喜好而谈及色情，维护专业形象，行程中不得涉及男女关系。

12．以身作则的原则——注意本身衣着是否合宜，不过分暴露，另外如进入赌场不可加入赌局，不得与团员发生私下借贷关系。

13．客人永远是对的原则——此原则为旅游业最崇高且不可怀疑的“真理”，须秉持随时候教、平易近人，与团员打成一片，然后才能沟通了解并传达你的意向；即使累了、生气时，都应和颜悦色、耐心亲切地应对。

14．不得参与或中介如色情交易及其他明显违反善良风俗之情事。

15．不得将本公司以外之名片或联络方法，于任何时间交付游客，外调领队在未得公司许可之前，不得直接与游客于团后有任何接触。

16．行程中，生活起居正常化，保持充沛体力服务游客，严禁在车上睡觉等行为。

17．除公司核可之任何行程以外，不得自主带领游客前往其他地方。

18．在外领团期间，对游客的任何重大事件承诺，均需确实快速通报公司。将特殊紧急状况及时报告公司。

领队报告书乃领队与公司间之制式互动，务必详实。

第三条 公司员工派为领队者时差假之规定

团体行程回台时，因有时差失调的问题，特订此条款，以为主管及领队遵循之依据，然领队亦应学习如何在最短的时间内适应时差，并教导游客。

1．凡行程超过14天（含）以上之团体，可休一天时差假。

2．美国线（关岛团除外）、欧洲线团体可休一天时差假。

3．澳新线可休半天时差假。

4．除上之团，若班机时间抵达为凌晨（24:00）以后者，可休半天时差假。

5．特殊情况，经部门主管同意者，可休假半天。

6．以上规定，需要配合公司对于领队回台时，在机场须向公司报备平安回来之规定（除了假日之外）。

7．国旅领队回程班机超过凌晨者，亦可休半天假。

第十章 员工劳雇契约书作业细则

第 一 条 员工要保时机

1. 新进人员报到：可由招募主办人员于寄发录取报到通知时随函寄发空白劳雇契约书，于新进人员报到当日收验。

2. 保证人声请退保：应书面通知本公司，俟本公司通知被保人另觅保证人，并办妥换保手续，始生退保效力，但劳雇契约书仍留存本公司半年，日后如发现被保人在换保以前发生可归责之事由时，原保证人仍应负保证责任。

3. 被保人因故须更换保证人：应书面述明理由并另觅保证人填具劳雇契约书，经本公司调查核准后始得换保，但原保证人对于换保前仍负保证责任，半年内不得要求收回原保证书。

4. 原保证人地址或印鉴变更。

5. 本公司对员工保证人认为不适当时，需饬令通知被保人更换保证人。

第 二 条 劳雇契约书检核项目及重点

1. 保证人之资格：非为被保人之直系亲属或配偶。

(1) 个人保：有正当职业或有实质资产之人士二人。

(2) 铺保：须具有资本额 500 万元以上并经合法登记领有营业执照之厂商（有限公司及股份有限公司无效），检附公司营利事业登记证影本。

2. 劳雇契约书应由保证人亲笔签名盖章，其系工厂或商店担保者，除盖用该厂正式印章外，并应由经理或其他负责人签章证明。

3. 保证人，在劳雇契约书规定字段内应予详填。

第 三 条 以上两（一、二）项不合规定者应立即退回要求详填或另行觅保，未缴劳雇契约书者（含业务需要先行报告者）应在一周内完成。若逾期仍未缴交则依规定暂缓发当月薪资或签报予以免职。

第九章
财务资金管理

第一节　旅行业财务管理的特点

旅行业每天经手的资金很大，虽然看得到钱，但那大部分都是经手的而已，并不是旅行社企业的。我们旅行业所有的只不过是那小部分的佣金及服务费。

旅行业财务管理的定义，系指公司根据内在与外在条件及环境，以最有利的方式筹措资金，并做有效的策划、运用与控制，以达成公司营运的目标。旅行业有过路财神之称，但在过路当中，事实上也有很多方法可以使资金膨胀或做有效的边际运用。

（一）旅行业财务之特性（对于台湾地区而言）

1. 资产结构中流动资产的比重较固定资产高很多，应收账款很多，且容易拖延收款。

2. 负债结构以短期流动负债为主，应付账款亦多。

3. 代收转付开立的金额很大，但实际获利的毛利金额不大。

4. 由于获利率不高，故向银行融通资金的能力不强，相应的，银行会借给旅行业的资金也不多。

5. 自有资本的比率偏低，长期资金占公司固定资产的比率也较低。

6. 旅行业产品的特性为先付款后享受，故大部分的资金可先收到，应付账款再分批付清（除了订金及机票款与餐费、门票费等）。

7. 外汇及外币的运作，尤其是与此相关的入境与出境产品，影响公司整体的获利能力。

8. 由于外在因素受到政治、经济、治安、汇率、天气及新的“法令规章”（如“消保法”及“民法债篇”旅游专章）的影响很大，风险的成本经常要预估在内。

9. 由于消费者刷卡付费已成习惯，旅行业也可以减少收款的人工成本及风险。因此，如果可以与信用卡公司及银行共同发行联名卡是很好的公司理财、收款工具。同时，可利用这些会员资源做好数据库营销(Databank Marketing)，这是一举两得的工作。

（二）旅行业如遇资金财务问题，可通过下列的方式筹措资金：

1. 公司负责人及股东支持现金。公司以借款或垫款方式无息或按比一般借款优惠的利息方式处理。

2. 请原来的股东现金增资，但需办理相关的增资手续。

3. 引进新股东现金增资，但持股比例将降低，甚至可能丧失经营权。

4. 发行特别股，但在最近三年或开业三年的开业年度税后平均净利不足支付已发行及拟发行的特别股息者，与未能按期支付特别股利约定股息者的旅行业，不能发行特别股。

5. 向金融机构借款，除非旅行社本身有稳定的盈余或者该公司拥有市值不错的有形资产，否则需借助业主或股东个人的资产做抵押，或取得银行背书保证。

6. 其他的方式筹措资金：如发行商业本票或出售公司的应收账款(以较低价值卖出)。

（三）旅行业在正常营运之下，拥有较多的现金或闲置资金，因此有效地运用这些资金，更能解决旅行业原本净利不高的梦魇。不过，如果运用不当，则也将陷入财务吃紧的噩梦。旅行业可以选择的方式投资有：

1. 把定额现金至银行存定期。

2. 购买共同基金，但不要购买股票型的基金，而要买债券型的共同基金。

3. 至货币市场赚取短期利息，如购买商业本票、承兑汇票及银行可转让的定期存单。

4. 投资的方式，可以采用买断的方式，或附加几天后买回的操作方式。

5. 如进出的数量庞大时，最好委托专业经理人处理。

（四）旅行业的财务风险，如果事先做好规范，其实并不会很严重。其风险的来源及防范方式为：

1. 汇率风险。尤其是出团量大的旅行社，务必要做购买远期外汇或预购外币的动作。

2. 旅行意外事故。现在履约险及责任险都已得到保障，但要注意是否责任险内的附加险包括海外紧急救援。对于散客的保险，应促销旅行平安保险，不只避险，更可以赚取不小的服务费。可建议主管机关不要把所有的保险都规范到法定的保险内，应留下一些空间给保险公司包装，提供既能保障消费者，又能监督旅行社信誉的保险产品。

3. 流动性风险。旅行业现金的周转较大，故其流动性风险较有可能发生。应抓好收款的时机，不要让财务空转。

4. 员工道德、操守的风险。每一位业务人员经手大量金钱，当他急需用时，有可能会挪用公款。所以，对于收款流程应予严格执行，尽量避免直接收取现金（除非客人自己来公司付现金）。较好的方式为刷卡或汇款到公司指定的账户内。

5. 对其他的风险，如政治、经济、估价错误、订金被没收、承揽包机、存出保证金及人事的更迭等，要依个别的情况去处理。

6. 此外，对客户及上下游供货商的信用征询，以及公司内部的内稽内控都要积极进行，不可松懈。而且，主管们除了要有成本的概念之外，也要让风险分散，在可能的情况下尽可能以保险来避险或做其他转移的动作。

（五）旅行业财务的运用及管理，取决于经营者对成本的理解。一般中小型的旅行社所需的资金并不是很大，但它所需的周转金，当需要用时数目就很大。因此，不管是大型的躉售旅行社，或一般的中小型旅行社，都要做好下列诸项财务的要项：

1. 严格控制管理销售费用支出。

2. 健全公司的会计制度（公司的 MIS 系统最好为以财务为导向的计算机作业流程）。

3. 要与银行建立良好的信用关系，尽可能只锁定一家主力银行。

4. 培养公司专业的财会主管人才。

5. 善用“政府”各项优惠的融资措施。

6. 对于公司的盈余分配与租税要妥善规划，最好还是请教专家。

第二节　旅行社奖金制度及营业外收益管理

旅行社的管理方式，尤其在薪水制度与绩效奖金方面与其他行业有很大的不同。倒是与直销及保险行业的制度愈来愈雷同。此重点锁定在：除了主管及内勤、企划、研发人员以外的业务人员，大都采用低薪或无底薪制，但给高额的奖金。未来如果旅游经纪人的制度得以实现，则真正的佣金制度才能得以实现。目前，还是以领薪水加绩效奖金的方式为主。

旅行业的经营，在营业内的收入，大致上毛利为营业额的8%～12%，但净利却只有1%～3%而已，甚至稍一不慎就会亏本。对如此低获利比率而言，实在没有吸引那么多人投入旅行业的道理，然毕竟还是有很多人乐此不疲。究其原因，原来旅行业在正规的营业内收入皆普遍不高，而营业外的收益就成了重心所在了。当然了，汇率变动因素的掌握及营运成本的控制也是重点所在，但延续整年度的购物佣金、游客自选行程的佣金收入等，则不可忽略。

(一) 旅行社奖金制度

事实上，奖金制度的制订并没有一定的规则。只要坚守下列条件，就能有获利的空间：

1. 部门主管（经理）原则上不计点数，但需负整个部门的业绩责任，薪水应较高，自主权应较大，给奖金是以季或年度来计算的。

2. 一个部门内，不计个人业绩的人数愈少愈好。无战斗力者，任用期间不能太长，绩效不好就应当机立断予以辞退，否则会拖累其他组员。

3. 按照公司客人来源通路的成本及外围配套支出的总成本计算，以每个员工应达的业绩为薪水的几倍来要求最低的标准。基本上，最低的倍数应为2.5倍至3.5倍之间。

4. 培训员工的重点应放在专业的训练、服务的要求及对员工潜能的开发上。

5. 主管应是最佳的后勤支持单位，并应建立团队精神、合作的典范。

6. 给奖金的原则为低薪高奖金，尤其在达成高倍数额度的部分，给大家多一点激励。

(二) 营业外收益的管理

营业外的收益，在整体旅行业的收入中占有极高的重要性。因此，对于这一部分的管理，也就变成旅行社负责人或财务主管的焦点了。

出团量大或外汇使用较多的业者，应由专人负责、经理监督，需要管理的项目有：

1. 汇率的掌握与管理。只要汇率变动的幅度超过原先计算时汇率的2.5%即应调整策略，亦可购买远期外币外汇以为预防。

2．对于机票或团费总数的 Volume Incentitve 应锁定一家或可能的对象，集中力量，以便达到其设定的最低或最高额度。

3．购物佣金及自费行程佣金的掌握。对领队的规范中应有此法则，海内外搭配的购物店或当地旅行社在每季或固定的时间应有记录反馈，并应做不定期的查证工作。领队报告的记录亦应做整理以为参考。

4．固定使用的餐厅应设定菜单及价位，并规定在通常的情况下皆应去用餐。如能使用旅行社的餐券（Voucher）用餐，定期结算更好。以便控制实际用餐的人数、免费额及费用。

第十章 旅行社作业流程改造与质量管理

第一节 台湾地区旅行社的作业流程改造

在旅行业中企业流程再造或企业资源计划（ERP）的主要内容是在建立管理信息系统（MIS，Management Information System）的基础上，重新整合企业的经营和管理的信息资源，实现信息集成和共享，以增强企业的核心竞争力。从20世纪90年代开始旅行业受到信息化浪潮大环境的冲击，旅行业也开始经历了一场革命：

1980～1989年　旅行业开始在内部使用计算机，但遭受重大阻力，旅行业与航空公司、饭店之间或对外的联系，还是以电传、商业信函或传真为主。

1990年　全世界大部分的计算机预订系统（CRS）整合完成，其主力的阿比克斯（Abacus）、艾马丢斯（Amadeus）、伽利略（Galilieo）、萨伯（Sabre）、Worldspan等各自去寻找合作的旅行社对象。在很短的时间内，旅行社通过以上的电脑系统直接获取了大量的旅游信息。

1993年　自当年起在国际航空运输协会（IATA）的主导下推出了银行清账计划（BSP），实现了游客一条龙的全程服务。

1994年　这一时期，旅行社在销售上开始广泛运用互联网技术，但只局限于用BBS、E-mail等发布信息和联系沟通，各类旅行业的系统开发大致上成熟。

1998 年　少数旅行社已开始在网站上销售机票，航空公司（CI）也开发出电子机票（E－ticket）开始在市场上试销。航空公司的散客包价（FIT Package）产品也开始通过旅行社的网站大量投向市场。有的网站如 ezfly 在网络上销售情况良好。

1999 年　大型企业纷纷斥资投入网站旅行社的经营，但其中的 80％都以失败而告终。而传统的旅行社也开始建设网站或制作主页，互联网上大量出现旅行社的广告，但真正实现电子商务的仍寥寥无几。

2000 年　旅行社的 MIS 出现了以视窗（Windows）2000 版为操作平台，取代了以往的 DOS（Disk Operation System）系统。网站旅行社寻求可行的店面化设置，并把旅游产品延伸到团体的包机产品或短线的现成行程（Ready-made Tours）。

2001 年　生存下来的网站旅行社或大型综合旅行社，已慢慢得到消费者的青睐，不管是 B2C 或 B2B 都有了他们的营销空间，且成长迅速。

在旅行社企业经营管理信息化过程中，又适逢 1999 年 11 月开始实施“消费者保护法”定型化契约相关条文和 2000 年 5 月“民法债篇”旅游专章启动运作，整个旅游市场出现了前所未有的变化。一般的团体旅游产品萎缩，散客自由行产品盛行，航空公司也将大部分的机位留给了散客市场，导致包机的需求大量膨胀。在变革的大环境中，旅行业遭受到的冲击有：

1. 经济实力提升，居民所得提高，消费者年龄结构改变，地球村理念的形成，环保意识的抬头等由于观念的开放带来的冲击。

2. 经济全球化、一体化以及旅游自由化的开放，签证控制的放松，包机潜在市场能量的释放和低价产品的大行其道等都给旅游市场带来新的消费潮流。

3. 互联网的应用，旅游信息的取得，旅游上游供货商和潜在客户群无限量的扩展及有实力的大企业加入等，使得旅行社传统的作业方式及营销方式已经受到挑战。

4. 旅行社人力资源成本结构的重构，出现了旅行社内部业务人员角色的分化，使旅游经纪人制度（出现供应专业领队及导游的公司）成为可能性。

5. 消费者偏好的变化，如旅游者的个性化需求，散客自由行和包机旅游的走俏。

6. 旅行业的佣金来源，产生依靠向旅客收取手续费（处理费）的倾向。

因此，旅行业的作业流程也将朝着以下方向改进：

1. 时刻关注市场需求的最新变化，并采取应变性措施。

2. 随信息科技的进步而改变（E-mail、CRS、BSP、Internet、Intranet、Notebook、刷卡付费、E-ticket、网络旅行社等）。

3. 超越时间、空间、地点等限制的全方位作业。

4. 标准作业过程（Standard Operation Procedure ）的制度化 及 ISO 9000 质量管理体系。

5. 全球性的营销资源、人力资源和专业资源的整合和共享。

6. 资源的整合要起到节省成本支出和利润放大的作用。

7. 旅游产品具有不可储存特性和季节性，因此营销渠道要讲求时效、方便。

8. “法规”的修订应具前瞻性，而不是仅仅为了应急。

第二节　旅行业的互联网发展概述

互联网是 20 世纪 60 年代末在美国军事备用网 APRANET 的基础上发展起来的，联网单位从原来的军事转向政府、学校、企业，到现在的无所不包。互联网通过传输控制协议（TCP－Transmission Control Protocol）或互联网协议（IP－Internet Protocol）进行通讯，利用计算机浏览器或电视机机顶盒进行解码，使人们看到以超文本语言（HTML－Hypertext Mark－up Language）编写的图文并茂、界面生动、操作简便的网页。尽管互联网的发展规模很难准确统计，但其在全球迅猛的发展已是不争的事实，据 IBM 公司（1997）估计，2000 年全球有 10％的人口使用互联网。

旅游因其产品的不可见性而成为与互联网结合的最优搭配，各种旅游产品供应商纷纷在互联网上打出自己的网站，全球旅游网站的数量近几年迅速膨胀。旅游网站主要可以分为两大类：一类是提供各种单一产品的网站，如饭店网、航空网、旅行社网、租车网、游船网等，主要提供在线预订服务；另一类是旅游综合性网站，提供各类旅游信息和各种单一或组合产品的预订服务，许多 GDS 系统已经或即将介入这种旅游综合性网站，利用现有的数据进行界面改进，部分或全部地向互联网开放。

互联网的出现，特别是在线预订的出现使得旅游消费者和目的地系列产品之间又增加了一种新的媒介，而且这种新的媒介因其简便、快捷、价格低廉而开始危及原有的传统媒介。利用传统媒介的旅游者会首先找到旅行代理商咨询并提出要求，旅行代理商或向旅游服务商预订旅游包价产品，或通过 GDS 系统（或 GDS - Switching - CRS）进行预订，或直接接洽目的地的各类产品供应商（航空公司、饭店、当地旅游服务商等）预订旅游者旅行所需的各类食住行游产品或服务。而互联网的出现使得旅游消费者可以绕过所有的中间环节，通过互联网直接向目的地的各类产品供应商进行预订，而且通过互联网，每个预订的成本仅为 0.25 美元（前面提到通过 GDS 预订已大大降低了预订成本，但仍要 3.5 美元）。因此在互联网日益普及的今天，传统旅游中介机构（特别是旅行代理商）是否能存在下去，以什么方式存在下去，成为旅游行业关注和争论的一个焦点问题。美国旅游业协会 1998 年的抽样调查结果显示，会在互联网上预订旅行及旅游相关产品的比例高达 62%，而愿意通过旅行代理商预订的比例不足 20%。

关于在网络时代旅行代理商是否有存在的必要这个问题，旅游业内一直有两种声音。认为旅行代理商没有存在的必要并终将被取代的一方指出，旅行代理商只是一个预订机构和信息中心，并没有对旅游产品附加任何价值（也有人把旅行代理商比做加油站，不需要任何服务），而且这种中间商的存在无形中提高了旅游产品的价格，因此在新的快捷廉价方式出现之后，旅行代理商的功能正在或已经被取代。另一方则认为旅行代理商提供的是人性化专业旅游咨询服务，新技术和网络可以作为这种服务的补充，而不能完全取代这种服务，特别是在当前互联网信息庞杂混乱，良莠不齐，通讯速度慢（有人甚至称万维网为“万维等”World Wide Wait），预订安全得不到保证的时候，旅行代理商会和互联网作为旅游需求和供给之间的服务媒介共同存在的。尽管这种争论尚无定论，可能只有时间和实践才能给世人一个最终的答复，但至少可以肯定的是，旅行社，特别是旅行代理商，即使能够存在下去也绝不可能再维持原有的经营和运作方式了，这一点从旅行代理商和旅游服务商对互联网的广泛介入就已可见其端倪，根据雅虎网站 1998 年 7 月的网上调查，超过一半的旅游网站是旅行代理商或旅游服务商的网站。亦有人预测（Buhalis，1998），经过互联网冲击而能生存下来的旅行代理商，或是具有极高知名度和销售量，并有遍布各地的销售网点，能因其销售量获得极高折扣的大旅行商（如英国的通济隆），或是具有很强的市场针对性（Niche Market），提供人性化、专业化服务的旅行代理商。

第三节 ISO 9000 质量管理体系在台湾地区旅行社中的应用

继欧洲运通旅行社首个通过 ISO 9000 质量管理认证后，为了面对因台、澎、金、马作为关税区加入世贸组织后面临的国际竞争，各大旅行社随即吹起一股 ISO 9000 质量管理认证风，其风靡程度不亚于当年的管理信息系统（MIS）。

（一）ISO 9000 简介

1. 国际标准化组织（ISO，International Organization for Standardization）是由各国国家标准化机构所组成的世界性联盟组织。此组织成立于 1946 年，总部设在瑞士日内瓦，其设立的宗旨为推动国际标准化的工作。目前风行于全球的 ISO 9000 质量标准体系就是该组织的 TC 176 技术委员会所制订。

ISO 9000 系提供一系列质量保证的标准体系。台湾地区于 1990 年 3 月将 ISO 9000 转订为“国家标准”“CNS 12680～4 系列”，当年通过该“标准”的厂商超过 17 000 家。

ISO 质量保证体系有三种（见表 1，ISO 9000 条款），从 ISO 9000 条款简介表中可以了解名为“质量体系－设计、开发、生产、安装和服务质量保证模式”的 ISO 9001 较名为“质量体系－生产、安装和服务质量保证模式”的 ISO 9002，多出一项“设计控制”的条款。因此，接受 ISO 9001 认证的公司，必须具备完善的研发、设计制度与机能，并证明公司有执行研发、设计工作的能力，始可申请认证机构（Certification Body）的认证。所以涵盖“设计控制”的 ISO 9001 为最完整的质量制度，也是诸多通过 ISO 9002 公司的下一步挑战目标。

2. 质量管理与质量保证系统

质量管理与质量保证系统（1994 年版）由 20 个条款所组成（见表 1，ISO 9000 条款），凡是公司的管理制度与作业流程符合 20 个条款的要求，并通过合格的认证公司的认证，就可以取得国际认可的 ISO 9000 证书。

所以取得证书对公司有两层意义：其一，代表该公司实施“质量管理”制度，全体员工必须依照相关办法落实“说、写、做一致”；其二，代表该公司的产品具有权威性的“质量保证”。

表 1 ISO 9000 条款

ISO 9000 质量要项	相对条款编号		
	9001	9002	9003
管理阶层的责任	4.1 ⊙	4.1 ⊙	4.1 ⊙
质量系统	4.2 ⊙	4.2 ⊙	4.2 ⊙
合同评审	4.3 ⊙	4.3 ⊙	4.3 ○
设计控制	4.4 ⊙	—	—
文件与资料的控制	4.5 ⊙	4.5 ⊙	4.5 ⊙
采购	4.6 ⊙	4.6 ⊙	—
客户提供的产品控制	4.7 ⊙	4.7 ⊙	4.7 ○
产品的标志与可追溯性	4.8 ⊙	4.8 ⊙	4.8 ○
过程控制	4.9 ⊙	4.9 ⊙	—
检验与试验	4.10 ⊙	4.10 ⊙	4.10 ○
检验、测量与试验设备的控制	4.11 ⊙	4.11 ⊙	4.11 ⊙
检验与试验状况	4.12 ⊙	4.12 ⊙	4.12 ○
不合格产品的控制	4.13 ⊙	4.13 ⊙	4.13 ○
纠正和预防措施	4.14 ⊙	4.14 ⊙	4.14 ○
搬运、储存、包装、防护和交付	4.15 ⊙	4.15 ⊙	4.15 ○
质量记录	4.16 ⊙	4.16 ⊙	4.16 ○
内部质量审核	4.17 ⊙	4.17 ⊙	4.17 ○
培训	4.18 ⊙	4.18 ⊙	4.18 ○
服务	4.19 ⊙	4.19 ⊙	—
统计技术	4.20 ⊙	4.20 ⊙	4.20 ○

ISO 9001：质量系统－设计、开发、生产、安装及服务的质量保证模式

ISO 9002：质量系统－生产、安装及服务的质量保证模式

ISO 9003：质量系统－最终检验与测试的质量保证模式

符号说明：⊙完全需要 ○较 ISO 9001 规定得松 —未列的要项

3. ISO 9000 对旅行业的意义

旅行社一定要通过 ISO 9000 认证吗？当然不是。旅游主管机关既没有强制要求，也没有将其纳入整个质量制度的设计与评审的执行。ISO 9000对旅行业的意义除了一些客观标准可预估其效益外，其余的，全依赖高层主管的认知与全体员工的落实。以下就条文的要求与实际产生的效益做一简明叙述：

(1) 权责明确区分，有效沟通协调（条文 4.1 管理阶层的责任）

传统旅行社别说是权责区分，连要找出一张组织机构图都很难。业者借着 ISO 9000 的导入，可以重新把组织中的上下从属关系与平行的合作关系定义清楚，如此一来，将有助于责任的厘定与部门间的沟通协调。

(2) 从作业过程控制保证质量（条文 4.9 过程控制）

过去消费者对旅行社的“质量保证”只能靠口碑或运气，看遇上的服务人员是否够专业、是否有热忱。ISO 9000 要求标准化、书面化，因此员工所遵循的作业标准都是通过跨部门共同检讨的作业过程、一起拟定作业查核点（check point）。如此的“书同文、车同轨”，其目的就在于降低人为的服务差异。对消费者而言，这种经过重重把关的质量呈现，当然比碰运气更有保障。

(3) 有制度的公司更容易招募与留住人才（4.2 质量体系，4.18 培训）

旅行业的高流动率，使许多公司不敢轻易编列教育培训预算来培育人才。究其根本原因，依旧是业者无法许诺员工一个未来，无法给员工生涯阶梯，员工只好自求多福，另谋高就。所以，公司如果借推动 ISO 9000 把职位描述（job description）与必备的能力、在职训练定义清楚，相信员工更容易对公司产生认同，进而在职位上发挥所长。

(4) 整合公司已有的制度

善用 ISO 9000 整合公司管理制度产生的效益，远比把 ISO 9000 视为一套独立运作的质量制度要大得多。常见的做法包括：把质量政策与目标列入年度经营计划；把作业缺失纠正、客户抱怨、稽核结果与奖惩办法挂钩；把意见调查、领队报告书、承包商评鉴等结果作为新行程开发依据；更有批发商（wholesaler）把信用控制运用到新客户开发与开票风险控制当中。

(5) 持续改善的机制（4.17 内部质量审核）

ISO 9000 通过政策、目标、计划、执行、评审、管理审查的 PDCA

(Plan, Do, Check, Action) 循环，持续不断地内外部审核（每半年追踪审核由专业的国际认可评审员执行），以确保制度的有效性。

(6) 强调预防的观念（4.14 纠正和预防措施）

一宗客户抱怨到底要付出多大的代价？和解、赔偿、商誉损失、客户流失。从来没有人怀疑过抱怨的严重性，但是却很少看到业者从客户投诉中汲取教训，在投诉之后检讨原因、作成案例并拟订预防再发的方案。落实 ISO 9000 确实可以降低客户抱怨，可以提升客户满意度。

4. 旅行业推动 ISO 9000 应注意事项

ISO 9000 的确可以产生上述的效益，但是绝不是聘请顾问、写写作业标准，公司马上就可以增加营业额，立即改善作业效率，从此脱胎换骨。由于 ISO 9000 推动的层面涵盖公司全体员工，涉及敏感的权力结构重组，所以推动过程中经常会遇到员工反弹、离职，甚至连公司最关心的业绩，也因为推动不当而大幅下滑。以下介绍旅行业推动 ISO 9000 应注意的事项：

(1) 量身订做，设计适合公司文化的 ISO 9000

导入 ISO 9000 最忌讳的就是拿着模板照着抄。制度的运作必须根植在组织文化之上。抄袭虽然最省时，却也注定制度的导入难逃失败的命运。

(2) 文件作业必然的阵痛

ISO 9000 有一定程度的文件化要求，所以对不习惯凡事留存凭证的公司而言，的确会有阵痛期，但别忘记，这是该做而未做，并非额外多出来的工作。为了避免员工因挫折而抗拒配合文件作业，计划性的分段分次逐一完成，以及作业记录电子化都是屡试不爽的好方法。

(3) 淡季导入

导入 ISO 9000，首先要针对全体员工进行宣传与实施教育训练。若不是选择在淡季导入，不但会影响公司整体业绩，也会因为员工无法全心投入，而严重影响对 ISO 9000 正确的认知与过程的分析。

(4) 接受变的观念

进行标准化作业最大的阻力就是“抗拒改变”。或许不愿释放出个人独有的资源；或许害怕在透明化的管理中会露出原形，面对 ISO 9000 制度的导入，大多数的员工本能的反应就是“捍卫”自己的权益，甚至不惜以离职来威胁。这时候高层主管要表明强烈的决心、明订奖罚标准，并身体力行，采取必要的行动。

（二）ISO 9000 条款释义

这里我们将旅行社企业运作中管理功能与 ISO 9000 中的各项条款在管理上的意义与作用，在下表中逐一对照说明：

管理功能	段落主题	对应 ISO 9000 条款
规　划	组织、职责及文件架构	4.1 管理阶层责任；4.2 质量体系；4.5 文件和资料控制
	客户需求确认	4.3 合同评审；4.6 采购
执　行	产品设计与作业流程控制	4.4 设计控制；4.7 客户提供产品的控制；4.8 产品的标志和可追溯性；4.9 作业过程控制；4.15 搬运、储存、包装、防护和交付
检　核	检验标准与依据	4.10 检验与试验；4.12 检验与试验状况；4.13 不合格产品的控制；4.16 质量记录；4.20 统计技术
改　善	预防、纠正与客户满意	4.14 纠正与预防措施；4.17 内部质量审核；4.18 培训；4.19 服务

1. 组织、职责与文件架构

(1) 质量政策与目标

质量政策为公司对质量承诺的指导原则，一般由高层主管依据公司经营理念而拟订。

以下为锡安旅行社的质量政策：

- 客户为尊：专业的员工、热忱的服务、满意的客户
- 专业至上：忠于质量、创造价值、创新领导
- 塑造旅游新形象：玩出自尊、拥抱自然、享受自在

有了质量政策作为指导方针，紧接着是将政策展开成可具体衡量的质量目标以作为持续改善的依据。

定性：公司可能没有任何的资料与数据作基础，也就无法确切地订出精确的定量目标，那么下列的质量目标可作为参考：

- 1998 年通过的 ISO 9001
- 搜集与质量相关的绩效资料与数据

- 完成领队分级制度

定量：可以将数据量化：

- 降低客户抱怨率
- 提高客户满意度
- 降低操作不良率
- 降低承包商不良率
- 降低内部质量审核违规件数

(2) 组织、职责与资源

公司必须通过组织的运作，有效地整合资源才能达成所设定的质量目标。所以 ISO 9000 要求组织必须明订职责与权限，并且要求鉴别达成质量目标必要的资源。旅行业的资源通常包括：

- 专业人员：领队、导游、票务、线控、团控、审核人员
- 主要设备：计算机软硬件、开票机（BSP）
- 分 包 商：地接社、航空公司、签证中心、信息交换中心

(3) 管理代表与管理审查

ISO 9000 规定公司应指派一名不受其他职务影响的管理阶层人员担任管理代表，以建立、执行与维护 ISO 9001 质量管理系统。通常管理代表为质量系统成败的灵魂人物，其职责如下：

- 审查内部质量审核报告
- 召集、协调、督导管审会各决议事项的推行并追踪实施成效
- 参与重大质量问题的对策与预防
- 建立并维护质量制度

为了确保质量体系的有效性，ISO 9000 要求规定期间内（通常为半年）必须对系统加以审查，通常与会人员为经理级以上管理人员，而检讨的议题如下：

- 上次会议的决议及执行状况
- 检讨内部质量审核结果
- 检讨纠正与预防措施的成效
- 检讨客户投诉处理与售后服务
- 审查现行质量制度的有效性与适用性，并作检讨与修正
- 审查各项质量计划推行状况
- 公司质量政策与质量目标的检讨与修正

2. 质量制度与文件控制

(1) 文件系统架构

既然取得 ISO 9000 证书象征着该公司是一家“有制度的公司”，那么“文件”就是“制度”的具体表现。在 ISO 9000 条款 4.2.1 中明文规定：

“供应者应建立、书面订定及维持其质量体系，借以确保产品符合规定的要求，供应者应准备质量手册涵盖本标准的各项要求。此项质量手册应包括或提及质量体系的各项书面程序，以及略述本质量体系所使用的文件架构。”

质量管理体系应有分明的文件层次与完整的系统架构，且具有反馈纠正的机制。层次分明的目的是当文件释义冲突时低层次不得抵触高层次文件。一般来说，公司的文件层次如下：

层　次	文　件　名　称
1	规　章
2	合　同
3	质量手册（Quality Manual——QM）
4	程序书（Quality Procedure——QP）
5	工作指导书（Work Instruction——WI）
6	记　录

(2) 文件层次释义

● 质量手册（Quality Manual － QM）：为向客户与员工说明公司政策的指导纲要。

● 质量程序书（Quality Procedure－QP）：公司内部某一部门或某一功能的作业，通过明确的权责区分来控制会影响质量的作业流程，如 OP 作业程序。

● 作业指导书/规范书（Work Instruction－WI）：说明如何做一件工作或注意事项之任何文件。如：Abacus 操作手册、出团前检验规范书、领队守则等。

● 窗体/资料/记录（Form－FM）：质量作业进行时所须填写的窗体（空白未填写称之为窗体，填写后，称之为记录）以及各程序书。包括作业指导书所引用的各种附件、簿册等，如领队工作日报表、合团协议书等。

● 客户需求确认：

1）订单审查

订单审查是确保质量的最重要的一环，审查的精神在于将口头答应条件明确记录为书面材料以为凭证，并证明有能力履行合约。交期、价格、质量、服务规格是必要的审查要素。

传统的做法把订单审查局限于业务主管的核价，殊不知当客户有特殊需求时（special request），也要经相关部门确认核准。如游客要求个别回程，需经 OP 安排、票务订位、签证组及订房组的相互配合，并告知领队于出发后协助办理相关事宜。此为确保兑现客户承诺而由相关部门确认核准的审查，是为合同而进行的审查。

2）采购

旅行社业态为典型的“加工组装业”，其如同“零件”般的“承包商”管理被视为旅游服务质量的重要关键因素，因为其供应“零件”之良莠（交货期、规格、售价）直接影响公司产品竞争力。所以，质量体系强调与承包商的合作关系。

● 承包商控制的方式为：

追踪评审：前后期绩效比较、同类型承包商当期绩效比较

绩效与管理手法：订货依存度之比例消长、票据期限之长短、赔偿与终止订单

3．产品设计和作业过程控制

(1）产品设计

ISO 9001 与 9002 的差异在于有无产品设计内容。旅行业对产品设计重视的程度从每年积极参加金旅奖比赛可看出端倪。ISO 9001 提供了一套设计和开发新产品结构性的方法，以确保所有必要的步骤与预定的计划能如期完成，并且能满足顾客需求。

开发的步骤如下：

- 市场研究：新产品创意的来源（符合市场需求）
- 设计与开发规划：开发工作的成败，在于有效的组织运作与过程控制
- 设计输入：激荡创意并设定行程主题与特色
- 设计输出：证明创意可被执行的具体证据。如地接社及其他承包

商回传的报价与规格

● 设计审查：监控与纠正每一设计阶段的执行成果

● 设计查证：输入与输出的对比作业

● 设计确认：消费者的验收和反馈

● 量产移交：完成由设计、研发向商品化转变

(2) 客户提供产品的控制

主要控制客户所提供证件的保管与移交，尤其是流向与数量的控制与管理。

(3) 产品的标志与可追溯性

鉴别与追溯的目的在于与条文 4.14 纠正与预防措施结合，进而鉴定出问题的根本原因，追溯作业过程中的相关责任。对旅行社来讲团号与票号是贯穿整个服务过程中的重要标志编号。

(4) 作业过程控制

ISO 9000 要求公司必须确保与质量相关的作业过程在有控制的条件下实施。这样的要求对旅行社来讲是一大挑战，因为从游客报名到返抵回家，其中的作业非常繁琐，标准化的困难度相当高，再加上员工抗拒改变习以为常的作业习惯，难度就更大。在这重大的变革工程中，如果没有高层主管强力的支持，恐怕 ISO 9000 很难度过这一关。

旅行社的过程控制包括下列这些作业程序书或管理办法：

程序书/办法	目的
操作设备维护与保养办法	适时对操作设备进行保养维护，使设备状况保持顺畅状态，协助作业顺利推行。
团体 OP 操作程序	确保游客需求与上游供货商的规格确认，并控管机位、出团人数，以期所有团体皆能顺利成行。
开票作业程序	规范开票作业程序，使客户快速、正确取得订购的机票。
退票作业程序	尽速办理退款事宜。
证照作业办法	确保证照须知实时有效，并规范部门间作业配合事宜及异常状况处理，以期完成客户交办的各项事项。

续表

程序书/办法	目的
领队作业办法	规范领队带团原则，建立公司一致性与稳定性的服务质量，以提升顾客满意程度。
领队管理办法	提升领队专业素养与服务质量。
订房作业办法	明确订房程序，确保符合客户需求，并结算相关往来账目，确保公司权益。
广告企划作业办法	使广告费用预算之编列能合理、有效地运用，以达到产品推广、销售的目的。
电话接听办法	建立公司内外联结的有效渠道，对内提高作业效率，对外让顾客满意。

4．检验标准与依据

在各作业阶段凭借查核表以检点控制各流程“不良品，不接受、不制造、不流出”。最新检验的机制为运用计算机程序作为控管并自动衡量作业绩效。

依作业的顺序，可将旅行业的检验查核工作检验的时机与控制的方式列举如下：

检验时机	控制特性/要素	控制方式
产品设计	作业进度控制：市场研究、产品（服务）规格、上市时机、首团出发时机 风险预测与控制：严重性、发生可能性设计变更	“作业进度表”（查核表） “风险控制表”（分析表） “行程规格表”
业务营销	收件完整与时效 团体确认 员工带团交接	“收件明细表” “团体订位/转团/取消通知单” “带团交接表”
先期内部作业	年度船位/机位需求	“乘客名单”（PNR）
团体确认作业	作业进度控制：机位、人数、开票、证照	“团体作业检查表”、“住房名单”、“机票名单”、“收件明细表”、“团体订位/转团/取消通知单”

续表

检验时机	控制特性/要素	控 制 方 式
出团前置作业	领队/OP 交接作业 送机公司/OP 交接作业	“领队交接查核表” “送机公司交接查核表”
随团服务	分承包商服务绩效、游客旅程中反应	“工作日程”、“陪同日志”
结团作业	报账、海关单、满意调查	“陪同日志”、“客户满意调查表”

检验后的结果必须标示清楚，若有不合格状态则依相关规定处置。

5. 不合格品控制与记录

如何判定产品的不合格？不合格事项包括不符合公司服务规格的事项（旅馆等级、行程内容等），而记录就是鉴别与追溯不符合事项原因的重要依据。

ISO 9000 强制要求记录（举凡与质量相关之窗体记录、簿册记录、计算机档案记录等）都需订定保存方法、年限与保管单位。

此外，ISO 9000 对于采用适当的统计技术、统计技术的验证和有效应用统计结果改进质量都提出了要求。

6. 纠正和预防措施及其客户满意

处置、纠正与预防的观念

- 处置：不符合事项发生时的实时应变措施。
- 纠正：经由“纠正程序”避免缺失再次发生。
- 预防：针对潜在未发生的事项，防患于未然。

处置原则为：当机立断、充分授权、最小损失、接受情绪，负责第一线处理的人员必须具备旅行社从业经验与处理咨询的技巧。

客户投诉处理程序为：受理客户投诉须秉持客观公正原则，由非直接相关单位受理、调查与判定责任、处置。在此需特别注意不得超过质量目标的处置时限。

7. 内部质量评审

内部评审的目的在于查验现状与标准之间的落差，并确认制度的适用性与有效性。评审人员主要从下列 3 个方面进行评审：

- 完整性：从相关营业项目与作业流程对照 ISO 9001 条文看完整

性。

- 有效性：从经营成果、客户抱怨看有效性。
- 落实性：从质量记录看落实性。

8. 客户满意

客户满意是导入 ISO 9000 最重要的衡量指针，因为 ISO 9000 整套制度的核心就在于满足客户需求，而检验 ISO 9000 的有效性，就在于其是否经得起客户的考验。

客户满意的决定要素包括下列项目：

- 信赖性：有能力履行对顾客的承诺。
- 迅速的反应：立即反应、明确而适时处理。
- 专业性：具备必要的专业知识。
- 沟通：倾听顾客意见，说明浅显易懂，平易近人。
- 态度：礼貌、谦虚，给人以亲切感。
- 客户理解度：具备敏锐的观察力并理解客户真正的需求。
- 有形性：舒适的环境、有吸引力的旅游项目。

附录 1：名词解释

一、运输交通工具

AIRCRAFT	航空器之总称
HELICOPTER	直升机
BOEING －707，727，737，747（SP） 756，767，777	波音飞机制造公司生产的民航客机，其市场占有率最高，位于美国西雅图。
LOCKHEED －SUPER TRISTARL1011 系列	洛克希德飞机制造公司，已不再生产民航机。
McDONNELL DOUGLAS －DC8，DC9，DC10，MD11， MD80（SERIES）	麦克唐纳飞机制造公司，位于美国的洛杉矶。已被波音公司并购。
AIR BUS －300，310，320，330，340，380	欧洲的空中巴士飞机制造公司，集合了德国、英国、法国、西班牙诸国的科技精华在法国装配，但仍使用美国或英国制的引擎。
BAE －BRITISH AEROSPACE 146 SERIES	英国航空飞机制造公司
FOKKER －F27，F28，F50，F100	荷兰福克飞机制造公司
SUPER SONIC，CONCORDE	协和式超音速飞机，速度为每小时 2 300 公里，较一般民航客机快一倍多。为英法合造。
SPACE SHUTTLE	太空梭，为美国计划于 20 世纪 90 年代建立完成的太空站与地球之间来往穿梭运送太空人及科学家和仪器、食

	物建材等的交通工具。
SATELLITE	人造卫星。

制造引擎的主要公司（除了俄罗斯之外）为：

GE-GENERAL ELECTRIC	通用电器公司（美国）
PRATT & WHITNEY	普瑞特·怀特尼公司（美国）
ALLIED SIGNAL	联合信号公司（美国）
ROLLS-ROYCE	罗斯莱斯公司（英国）
SNECMA	斯涅克马公司（法国）
HYDROPLANE	水上飞机
HYDROFOIL BOAT	水翼船，船型较小，速度飞快
HOVERCRAFT	气垫船
CRUISER	游轮。长途海上旅行使用的豪华游轮
FERRY，FERRYBOAT，CAR FERRY	渡轮。大型的渡轮除了有豪华的住房设备及各类餐厅外，还有免税店、音乐舞蹈厅、电影院，汽车及火车甚至都可以开上去。
AMPHIBIAN	水陆两用的飞机
TRAM（TOUR）	以数节拖车一起参观节目的旅游车，多使用在风景区或游乐场，例如环球制片场、大峡谷国家公园及圣迭戈动物园。
SUBWAY（美国）	地下铁
METRO（欧洲地区，除了英国）	地下铁
UNDER GROUND TUBE	地下铁
TROLLEY	市内无轨电车
STREET CAR；TRAMCAR（英国）	市内电车
TGV-TRAIN A GRAND VITESSE（法文）	法国特快车，最高时速380公里，一般时速为300公里。
EURAIL PASS	欧洲地区各国火车通行券
EURAIL YOUTH PASS	26岁以下的人可以购买此种

	车票
SHINKANSEN	日本新干线子弹火车（山阳、上越、东北诸线）时速约280公里。
MAGLEV（取 MAGNETIC LEVILATION之缩写）	磁浮火车，它是利用电磁感应斥力，使火车浮升约10公分驰行。其时速最高可达500公里（一般行驶中为400公里）。行驶时寂静无声，无噪音公害，不会发生意外且少保养，其车厢是行驶于一个U形的转换半隧道中。
ICE-INTER CITY EXPRESS	德国的快速火车，时速最高可达406公里。1991年正式投入营运。
AVE（ALTA VELOCIDAO ESPAÑOLA）	西班牙的高速火车（SPANISH HIGH SPEED），行驶于 MADRID 与 SEVILLE 之间，距离471公里。
COGWHEEL TRAIN	登山齿轮火车（如瑞士PILATUS登山火车）
CHARTER BUS	包车
AIRPORT BUS（LIMOUSINE BUS亦同）	专营机场与市区运输中心点之间巴士
LIMOUSINE	轿车型的汽车；大型或小型接送的巴士
VAN	小巴士；有盖货车
MICRO BUS	中型巴士
R. V. -RECREATION VEHICLE（或叫 RESORT VENTURE）	有住房设备的房车，车上有瓦斯筒、水管、电插头，甚至冲水马桶的管子，只要到指定的付费地区停下来就可以

	享受到像居家一样的方便。
CABLE CAR	缆车，有两种：一种是利用缆绳将车厢运送上山的方式即ROPEWAY；另一种是将缆绳埋置地下，且一直在运转，车厢上的操作人员只要将钳制设备夹紧，则车厢自然被拉上去。
STRIKE	罢工
HIJACK	劫机
HIJACKER	劫机者
HOSTAGE	人质
CRASH	坠机；空难
TAKE OFF	起飞
LANDING	降落
REFUEL	加油
TRANSFER IN	到机场接机并运送至市区内。
TRANSFER OUT	将旅客由旅馆运送至机场。
RENT A CAR-CAR RENTAL	租车
MILEAGE CHARGE	以里程为计价基础的租金
TIME CHARGE	以时间为计价基础的租金
HOURLY RATE	每小时的租金
DAILY RATE	每天的租金
WEEKLY RATE	每星期的租金
RENT IT HERE-LEAVEIT THERE	在甲地租车，在乙地还车的方式
DROP-OFF CHARGE	在其他地方还车的费用
INTERNATIONAL LICENSE	国际驾照
INSURANCE	保险。租车时一定要同时买保险。
MINIMUN AGE	租车者最低的年龄限制。在美国年满16岁即可去考驾照。

美国著名的租车公司有：

HERTZ，AVIS，NATIONAL CAR RENTAL，BUDGET RENT A CAR，DOLLAR RENT A CAR，ALMANO，ETC.

AMTRAK －NATIONAL RAILROAD PASSENGER CORPORATION　　美国铁路公司：目前美国的铁路，除了市区及市郊的捷运系统可以维持营运之外，大都无法再继续经营旅客的载运，因为航空及高速公路的发达，很少有人以火车为旅行工具。故目前的铁路公司大都以经营载货或运载货柜为主，再不然就靠卖土地或接受政府补助度日。

GREYHOUND，GRAYLINE　　美国的灰狗巴士公司，原属于同一家公司GRAYLINE。后来分成为两家公司：GREYHOUND专门负责长途旅客的运送，好像本省的台湾汽车客运公司，同时也做包车生意，亦发售长期使用的PASS，价格便且甚多，只要有公司能达到的地方皆可随时划位上车；GRAYLINE专门做各主要城市的观光团生意，或定期出发的旅行路线生意，因此，GRAYLINE公司的司机都兼任导游工作，各个能言善道，旅游知识非常丰富。

TRAILWAYS　　亦为美国国内的长途巴士或当地观光的游览公司。

MCI-MOTOR COACH INDUSTRY CO.

MC8、MC9、MC10	美国的大型巴士制造工厂非常少，大部分巴士都是 MCI 所生产。不过生产的大巴士使用的年限都很长，10 年、15 年以上的游览车很多，台汽公司的国光号即是原装进口的 MCI 巴士。总公司设在 NORTH DAKOTA 州。
PREVOST CAR INC.	属于加拿大魁北克的巴士制造公司，市场占有率不高。

二、机场及海关、移民局、检疫

C. I. Q. -CUSTOMS，IMMIGRATION，QUARANTINE	入出境三部曲：海关、移民局、检疫
DUTY FREE ALLOWANCE	免税物品许可量
IN BOND	存关
COUSTOMS DECLARATION FORM	海关申报单（携带的物品及外币）
EMBARKATION CARD	出境卡 ＞E/D CARD
DISEMBARKATION CARD	入境卡 ＞E/D CARD
DUAL CHANNEL SYSTEM	海关内红、绿道制度。在行李之关检查中，绿道为没有应税物品申报者所走的通道，红道为有应税物品申报者所走的通道。
FORMALITIES	一切手续
CLAIM CHECK BAGGAGE CHECK BAGGAGE CLAIM TAG	行李认领牌
ACCOMPANIED BAGGAGE	随身行李
UNACCOMPANIED BAGGAGE	后运行李
CARGO	航空货运
ARRIVAL/DEPARTURE BOARD	班机(车)抵达/离开时间看板

ETA-ESTIMATED TIME OF ARRIVAL	预定抵达时间
ETD-ESTIMATED TIME OF DEPARTURE	预定离开时间
COURTESY ROOM，VIP ROOM	贵宾室
BAIL	保释金
CONFISCATE	没收，充公
DEPORT	驱逐出境
QUARANTINE	检疫
VACCINATION	预防注射
CHOLERA	霍乱（6个月有效）
YELLOW FEVER	黄热病（10年有效）
PLAGUE	鼠疫
	（以上三种：目前此三种为世界法定的预防注射）
SPOT CHECK	抽查
CUSTOMS DEALERS	海关人员
CUSTOMS INSPECTION COUNTER	海关检查台
IMMIGRATION CONTROL	移民局管制关卡
NATURALIZATION	归化，入籍
BAGGAGE CLAIM AREA	行李提取区
HOTEL & LIMOUSINE SERVICE	旅馆与交通服务
TRANSIT；STOP-OVER	过境
TRANSIT LOUNGE	过境大厅
TRANSIT WITHOUT VISA（TWOV）	过境免签证，但需订妥离开的班机机位，并持有目的地的有效签证及护照。同时，需在同一机场进出才可以。
CONNECTION COUNTER（TRANSFER DESK）	转机柜台
AIRPORT TAX	机场税
CHECK-IN COUNTER	办理登机手续的柜台
TROLLEY	手推行李车

ASSIGNED SEAT	指定席位
OPEN SEAT	开放席位（先上先坐）
STAND-BY	后补
DENIED BOARDING COMPENSATION	因被拒绝登机而要求的赔偿
PRE-BOARDING	对于有携带小孩或乘坐轮椅或需要有特别协助者，预先让这些旅客登机。
NO-SHOW	没到；缺席
OFF LOAD	班机超额订位或不合搭乘规定者被拉下来，无法搭机的情形。
SOLD OUT	卖完
FULLY BOOKED	客满
OVERBOOKING	超额订位
SUBLO-SUBJECT TO LOAD	空位搭乘
SUBLO TICKET	属于空位搭乘的机票。一般指QUARTER票及航空公司员工及眷属持有的免费票。
NO SUB TICKET	可以订位搭乘的机票
UP GRADE	提升座位等级
EXCESS BAGGAGE CHARGES	超重行李费，一般免费的许可行李重量为经济舱20公斤、商务舱30公斤、头等舱40公斤，超重行李运费的计算标准为每公斤收取成人普通舱单程票价的1.5%。
AVIOBRIDGE	机舱空桥
BOARDING PASS	登机证
AUTOMATED TICKET & BOARDING PASS	机票登机证，是法国航空率先采用的一种卡片式机票，其机票附有磁带的功能，旅客于购票时即给予此机票登机

	证，在登机门前，经过读卡机就能上机。
BOARDING GATE	登机门
APRON	停机坪
RUNWAYS	跑道
MAINTENANCE AREA	维修区
CONTROL TOWER	管制塔台
FLIGHT CATERING; SKY KITCHEN	空中厨房；备办机上食物的厨房
DUTY FREE SHOP	免税店
SEEING-OFF DECK	送行者甲板
BON VOYAGE	一路顺风
HAPPY LANDING	一路顺风
DIVERSION	无法降落于原定机场而至备用机场的情形
BAGGAGE TAG	行李标签
LOST & FOUND	遗失行李询问处
CLAIM	申告要求赔偿
AFFIDAVIT	宣誓书
DISCREMINA TION	歧视；差别待遇
POLITICAL ASYLUM	政治庇护

三、飞机上

CABIN CREW-FLIGHT ATTENDANT	空服员
CAPTAIN	机长
PILOT（CO PILOT）	驾驶员（副驾驶）
STEWARD	男空服员
STEWARDESS	空中小姐
COCKPIT	驾驶员的坐舱
AISLE SEAT	走道位子
WINDOW SEAT	靠窗位子
CENTER SEAT	中央位子
UPPER DECK	747 机上二楼的座舱

TWO ABREAST SEATING	二排并座。飞机上的座位依各型机之不同而有别，有的是三排座，有的是四排座。
SEAT BELT	安全带
BUCKLE	扣子；带扣
OVERHEAD COMPARTMENT	飞机上头顶上方的置物柜
LIFE VEST	救生衣
DISPOSAL BAG	废物袋；呕吐袋
BLANKET	毯子
LIFE RAFT	救生艇
BASSINET	摇篮（婴儿）
HEADSET，EARPHONE	耳机
AIRSICK	晕机
BRACE FOR IMPACT	紧抱防碰撞
BRACE POSITIION	安全姿势
FASTEN	拉紧
OXYGEN MASK	氧气面罩
TURBULENCE	乱流
CLEAR AIR TURBULENCE	晴空乱流，通常是指飞机在无云的天空飞行时发生颠簸，甚至上下翻腾现象的乱流。但在航空界的习惯是专指高空喷射气流附近的风切乱流。
AIR CURRENT	气流
ESCAPE SLIDE	救生滑梯
INFLATE LIFE VEST	给救生衣充气
EMERGENCY EXITS	紧急出口
FORCED LANDING	紧急降落
LAVATORY-WATER CLOSET	厕所
OCCUPIED	厕所有人
VACANT	厕所无人
SMOKING AREA	吸烟区

NON-SMOKING AREA　非吸烟区
OZONE　臭氧
OZONE LAYER　臭氧层，这是大气中高于地面20里以上的气层，能强烈吸收来自太阳的短波紫外线辐射，使氧分子变化成臭氧而形成臭氧层，在上方形成一高温层。此层对地面生物有保护作用，使其免受紫外线辐射的损害。

机上之餐食有：
CHICKEN　鸡肉餐
FISH，SEA FOOD　鱼；海产
BEEF　牛肉
VEAL　小牛肉（肉质很像猪肉，且无牛肉味道，但不可欺骗旅客）
LAMB　羊肉
LASAÑIA（LASAGNA）　以CHEESE等为作料的食物
HINDU MEAL（NO BEEF）　印度餐；没有牛肉的餐食
VEGETARIAN　素食者的餐食
KOSHER MEAL　犹太教餐食
舱等：
FIRST CLASS　头等舱
C CLASS：
EXECUTIVE CLASS / BUSINESS CLASS / DYNASTY CLASS（CI） / RAINBOW CLASS（EG）　介于头等舱与经济舱之间的商务客舱，一般而言，只要付全额的经济舱票价即可享受此等舱位的服务。
YD舱　这是长荣航空特有的经济豪华舱，故又叫长荣客舱。
ECONOMIC CLASS（Y CALSS　）　经济舱。一般的廉价票及团体票皆使用经济舱位。

NIGHT COACH	较晚时间或半夜的班次，票价较廉。适合于隔天一大早即需抵达目的地且开始工作的人。

四、宗教、节日

BUDDHISM	佛教
CONFUCIANISM	儒教
TAOISM	道教
CHRISTIANITY	基督教
CATHOLICISM	天主教
ISLAMISM	伊斯兰教
JUDAISM	犹太教
HINDUISM	印度教
SIKHISM	锡克教
MORMON	摩门教
POPE，PONTİFF	教皇
RAMADAN	回教历的第九月；齐月；齐戒（西元622年7月16日为回历元年1月1日） 伊斯兰教　星期五放假 犹太教　星期六放假 基督教　星期日放假
THE PASSOVER（FESTIVAL）	逾越节
CHRISTMAS	圣诞节
EASTER	复活节。耶稣死后第三天复活，每年的春分21日或是该日以后的月圆之后的第一个星期日为复活节。
THANKSGIVING DAY	感恩节又叫 TURKEY DAY。火鸡节。美国拓荒者，即清教徒为纪念1621年农作物的大丰收而庆祝的一个节

	日，日期现为每年11月的第四个星期四。
MESSIAH	弥赛亚（救世主）
BAPTISM (JOHN THE BAPTIST)	洗礼；施洗
REDEMPTION	赎罪
HALLOWMAS (ALL SAINTS DAY)	万圣节，每年的11月1日
HALLOWEEN	万圣节前夕之夜（10月31日夜）
SYNAGOGUE	犹太教教堂
CHURCH	一般的教堂
THE DECALOG（UE）	十诫。即 THE TEN COMMANDMENTS
PILGRIM；PALMER	朝圣者；进香团
PILGRIMAGE	朝圣（漫长）的旅途；人生的旅途
CARNIVAL	嘉年华会（于四旬齐前的狂欢会）最出名者为巴西里约的狂欢游行舞蹈活动，持续约一个星期。全国几乎陷入疯狂的境地，人人好像专为这一个礼拜而等待漫长的一年。每年举行的日期都在二三月间。
JUBILEE	狂欢节；天主教的大赦年（以前每100年才举行一次，现在每25年举行一次）
MILLENNIUM	千禧年，千年祭。理想中将来的太平盛世；黄金时代

五、一般用语

TRAVEL AGENCY	旅行代理店
TOUR OPERATOR	旅行事宜作业者，游程承揽业者

HOSPITALITY	好客
BROCHURE，CATALOG	说明书
PAMPHLET	小册子
AFFINITY CARD	企业认同卡，旅行社的经营到有了相当的知名度，并得到社会的认同之后，与信用卡公司及银行联合发行认同卡，以便提供除了正常的信用卡功能之外的各种旅游方面的优惠措施及保障。
TRAVELER'S CHECK	旅行支票
FAMILIARIZATION TOUR＝FAM TOUR	熟悉行程的旅行团（专为旅行业举办者）
BACKPACK TRAVEL；SELF-HELP TRAVEL	自助旅行
BACKPACKER	自助旅行者
PACKAGED TOUR	全包式旅程
INCLUSIVE（CONDUCTED）TOUR	包办旅游（有领队带团的旅行团）
INCLUSIVE（INDEPENDENT）TOUR	指没有 CONDUCTOR 的少数 F.I.T 客人之旅行
INCENTIVE（TOUR）	奖励（旅行）
AFFINITY GROUP	由有相同目的地及旅行目的的人所组成的团体，如登山团、参展团等。
CIT-CHARTER INCLUSIVE TOUR	以包机方式所做的全包式套装行程
FULL PENSION	原指在旅馆的住宿费，包含二餐的付款方式。现时，亦指旅行团交与当地旅行社的团费为全包式。
HALF PENSION	一般指宾馆、巴士的安排而已。

UNIT PACKAGE（TOUR）	单位旅游。现代的PACKAGE TOUR,虽然因团体旅行而价钱较低,但已不能符合大众的需要了。在一个旅行团里面,适应旅客的需要,在飞机舱等、旅馆设备、饮食内容、观光节目内容等方面分别让旅客有所选择,而这些个别的单位选择即是单位旅游。
ROTEL TOUR-ROLLING HOTEL TOUR	利用流动旅馆（巴士）安排夜间住宿的旅行团
IN-BOUND TOUR	到国内来的旅行团
OUT-BOUND TOUR	到国外去的旅行团
OPTIONAL TOUR	额外付费的选择性旅程
SWAP MEET；FLEA MARKET	跳蚤市场；旧货市场
SOUVENIR	纪念品
BAZAAR	市集；大礼品店
GILT	镀金的
ENTRANCE FEE	入场券费用
MISCELLANEOUS CHARGE	杂费
OVERNIGHT BAG	旅行用小提包（例如航空公司或旅行社提供的提包）
SAFARI	在开放式野生动物园（或保护区）的参观方式，狩猎
TIM-TRAVEL INFORMTION MANUAL	旅行资料手册，主要提供世界各国护照持有者旅行时有关签证海关规定、检疫、防疫注射、货币等资料。
ESCORT COURIER TOUR CONDUCTOR TOUR LEADER TOUR MANAGER	领队；随团监护

FREE LANCE（ESCORT）	自由身份的领队
RODEO	牛仔竞技大会
OP-OPERATION	作业
VISA	签证
OK BOARD	凭电报通知 VISA 已 OK 才能上机的方式
VISA ON ARRIVAL	落地签证
VISA FREE	免签证
MULTIPLE	多次的
PENNANT	领队带领的小旗子
ANCIENT RUINS	古迹
FIT-FOREIGN INDEPENDENT TOUR（或 FOREIGN INDIVIDUAL TRAVEL；FREE INDEPENDENT TRAVELLER）	散客，或少数经由特别安排的旅行个体
MIRAGE	海市蜃楼（如 LURAY CAVERNS 洞中倒影及 GOLD COAST 景象）
SCALP	卖黄牛票（SCALPER 黄牛）
PICK-UP TIME	搭载（上车）时间
PERDIEM	出差旅费
LICENCE	执照
BROKER	经纪人；掮客
COMPENSATION	赔偿；补偿
FRAGILE	易碎的（行李托运时要交代）
FRANCHISE TIP-TO INSURE PROMPTNESS 的缩写	特许连锁经营；加盟店小费。事实上它是消费者对于其所得到服务给予肯定与回馈，不应该带有强迫的味道。
GRATUITY	小费，服务费，报酬
CLAIM	因权利受损而要求赔偿
DISPATCHER	派车员
COORDINATOR	协调者

SINGLE SHOT	非SERIES（系列）的出团方式；单一行程或少量的出团方式
RACK RATE	订价；挂牌价
FLAT RATE	底价
COMMISSION	佣金
REBATE	回扣
MARKET SHARE	市场占有率
ALLOTMENT	指定用途的配额
SMOG（SMOKE+FOG）	烟雾
NASA（NATIONAL AERONAUTICS & SAPCE ADMINISTRATION）	美国航空及太空总署
AQUARIUM	水族馆
FOLKLORE	民族音乐舞蹈表演
GALA PARTY	具有当地节庆色彩的宴会
LOTTERY	乐透奖券
ELECTRONIC MAIL	即E-MAIL，电子邮件。在旅游讯息丰富且传递迅速的今天，各种讯息网络的串联与提供，成了企业经营上非常重要的一环。尤其在讯息的取得、订位、通告及与各分支机构的联线上形成了管理上的关键因素。
ORIENTATION	认识行程，环境；定位（意义）
BADGE	胸章，徽章
CLUB MED	地中海度假村，是全世界规模最大的度假俱乐部。现已包括超过35个国家、116个以上的度假设施。这个度假村起源于20世纪50年代的

	法国，后盛行于欧洲再流行至全世界。在度假村内，每一件事都是为人与人之间自由而轻松的关系而设计的，所以村内没有金钱的流通也没有小费的制度，所有的费用一起支付。
PACIFIC ISLANDS CLUB	太平洋岛度假村，是以经营海岛式度假设施为主的连锁旅馆经营公司。
ATTI NET-ABACUS TAIWAN TRAVEL INFORMATION NETWORK	这是一套由先启资讯所推动的旅游资讯交换中心的网络，其对象为旅行同业。它是内向性的，不是开放性的。
SEMINAR	研习会
TRAVEL FAIR	旅展
TRAVEL MART	旅游交易会
PRESENTATION	展示介绍会
VUSA MART；POW WOW（SMOKE 之意）	此二者为美国的国际旅展名称
ITF-TAIPEIINT'L TRAVEL FAIR	每年举办的台北国际旅展
INDABA	南非的旅展
KOREA WORLD TRAVEL FAIR	韩国国际观光展简称 LOTFA
AUSTRALIAN TOURISM EXCHANGE	澳洲旅展，简称 ATE
ASEAN TOURISM FORUM	东协国家观光事业年会，ATF。其举办的旅展叫 THE ASEAN TRAVEL EXCHANGE，TRAVEX。
AUSTRIAN TRAVEL BUSINESS	奥地利旅展，简称 ATB
JAPAN ASSOCIATION OF TRAVEL AGENTS	日本国际观光会议暨旅展，简称 JATA
INTERNTIONAL TOURISM	柏林国际旅展，简称 ITB

EXCHANGE BERLIN	
WORLD TRAVEL MARKET	英国伦敦旅展，简称 WTM
FERIA INTERNACIONAL DE TURISMO	西班牙马德里国际旅展简称 FITUR
VAKANTIEBEURS UTRECHT	荷兰国际旅展
BORSA INTERNAZIONALE DEL TURISMO	意大利米兰旅展，简称 BIT
BOOTH	摊位，饭店内的小隔间
COUCHETTES	欧洲火车上的卧铺位，供应枕头毛毯等设备
STATEROOM	船或火车上的舱房，包房。
BERTH	轮船中的舱位；火车的铺位
BUNK BERTH	舟车上倚壁而设的床铺
PROMENADE DECK	散步甲板
ECU-EUROPEAN CURRENCY UNITS	欧洲货币单位。欧洲联盟（EUROPEAN UNION）于 1999 年 1 月 1 日起统一货币。其名称为 EURO。从 1999 年至公元 2001 年 12 月 31 日止为过渡时期，只计价不正式发行钞票。自 2002 年起则在欧洲只能通用 EURO 统一货币。
EUROPEAN UNION	欧洲 12 个国家于 1993 年 1 月 1 日开始结成联盟。他们在政治、法律、贸易、关税及签证上达成某种程度的共识。但在签证上，英国、爱尔兰等国无法适用申根签证可通行无阻的条款。瑞士因没有加入欧盟，也需另外申请签证。
LOGO	标志，徽章

PENALTY 罚金，惩罚。旅客报名参加旅行团或购买机票，如在规定的期限外取消，则需付罚金。

JET LAG 时差失调。飞行员、空服员或旅客搭机来往各地，因有时差而产生身体状况有生理落后的感觉，如想睡、肚子饿等情况。

EL NIÑO 圣婴现象。EL NIÑO 为西班牙文，意为圣婴。一百多年前秘鲁的渔民在圣诞节前后发现经常捕不到鱼，原来是因气候突变，海水温度上升，鱼群跑掉了，因此把此气候突变的现象称之为圣婴现象。此情形在 1997 年 8 月份，引致印尼持续干旱及森林大火不止，并引发严重的霾害，对旅游事业影响甚巨，且发生了 GA 在棉兰的空难事件。

LA NIÑA 女婴现象。此与圣婴现象刚好相反。其原因是远较平时强劲的信风，将海面的暖流吸到空中，而在海底深处的寒流被提升至海面，阻断了北美上空冷锋中的正常气候，从而将风暴由加拿大、阿拉斯加等地引向美国本土。

六、票　务

TICKET 机票。由航空公司或经授权的旅行社开立的搭乘券。

E-TICKET	即 ELECTRONIC TICKET。由于科技的进步及旅客数量快速的膨胀，现有的制度已无法满足旅客的需求，而只要通过网络或电话、传真即可取得航空公司的确认记录（P. N. R.）并完成付款。
ONE WAY（OW）	单程（票）
ROUND TRIP（RT）	来回（票）
CIRCLE TRIP（CT）	绕一圈的行程（机票）
ROUND-TH-WORLD（RTW）	环球行程（机票）
OPEN JAW	不连接的往返航空旅行
THROUGH FARE	全程票价
VISIT USA FARE	美国的航空公司为居住在美国以外地区的旅客提供的廉价票
HIDDEN CONSTRUCTION POINT（HCP） FICTITIOUS CONSTRUCTION POINT	假设城市票价的计算方式
COMMON RATED CITIES（CRC）	同等票价城市
TARIFF	航空价目表
MILEAGE	里程
MAXIMUM PERMITTED MILEAGE（MPM）	最高允许里程
SHORTEST OPERATED MILEAGE（SOM） NON-STOP MILEAGE	直飞里程
SUBJECT TO LOAD（SUB-LO）TICKET	不能预约座位的机票
NOT SUBJECT TO LOAD	可以预约座位的机票

(NO SUB) TICKET	
EXTRA MILEAGE ALLOWANCE (EMA)	额外宽减哩数
HIGHER INTERMEDIATE POINT (HIP)	中间较高城市票价
MORE DISTANT POINT (MDP)	更远城市票价计算方式
MAXIMUM MILEAGE	最高可飞行里程
BACK HAUL	颠倒
FIRST CLASS	头等舱
C CLASS（公司有不同的称谓）EXECUTIVE CLASS / BUSINESS CLASS / DYNASTY CLASS (CI)	商务舱，其名称因航空公司而异
ECONOMIC CLASS (Y. CLASS)	经济舱
NIGHT COACH	较晚时间或半夜的班次，票价较廉
NORMAL FARE	普通票票价
FULL FARE (ADULT FARE)	全票（成人票，12岁以上）
HALF FARE (CHILDREN FARE)	半票（2岁至12岁小孩的票价，小孩票为大人票的1/2或2/3）
INFANT FARE	婴儿票，票价为NORMAL FARE的1/10，不能占有座位。年龄为2岁以下。
AD FARE-AGENTS DISCOUNT FARE	在IATA旅行社工作人员的打折票，票价为NORMAL的1/4。
EXCURSION FARE	旅游票。有限定日期的机票（来回票）。
GIT FARE (GV) -GROUP INCLUSIVE TOUR FARE	全包式旅游团体的机票价。
DE-DEPORTEE	被驱逐出境者填发的机票。

F. O. C -FREE OF CHARGE	免费票。团体票价中每10个或15名旅客即可获得一张免费票。（10+1或15+1 FOC）
QUARTER FARE	1/4票。
NUC-NEUTRAL UNIT OF CONSTRUCTION	机票计价单位（1989年7月以后使用）
FCU-FARE CALCULATION UNIT	机票票价累计单位（标准）（1989年7月以前使用，目前已取消）
OAG-OFFICIAL AIRLINES GUIDE	航空公司各类资料索引
ABC-ABC WORLD AIRWAYS GUIDE	航空公司各类资料索引
VOID	作废
OK	机位已确认
RQ-REQUEST，WAITING LIST	机位尚未确认，在后补名单中。
STICKER	确认机位或改变搭机日期及班机之后，航空公司职员于机票上所贴的小条子。
RECONFIRM	再确认（机位、巴士、旅馆、表演场所……）
LOCAL CONTACT	当地联络人（当您订机位、旅馆或其他场所有时间性的关系时，一般都会要求有个当地可以联络的代理人）。
INITIAL	一个字的起首字母。当我们向航空公司订位时，一定先报LAST NAME全名，而FIRST NAME则只报INITIAL。

PASSENGER NAME RECORD-PNR COMPUTER CODE OUT LOT LOCATOR	电脑代号。当您订好机位或有其他特别要求，最好向航空公司要此 COMPUTER CODE 或打印一张电脑内所记载之事项（即 PNR），同时您亦可从此资料中阅读出您的后续行程是否正确。
RESERVE，RESERVATION BOOKING BLOCK	订位
ALLOTMENT	团体机位配额。航空公司在分配团体机位时依各家旅行社以往的表现及需求所做的分配。
CANCEL，CANCELLATION	取消
COUPONS	票根（券）
EXCHANGE ORDER（X. O）； MISCELLANEOUS CHARGES ORDER（MCO）	IATA 的航空公司或其代理公司所开立的凭证，要求特定的航空公司或其他交通运输机构对于凭证上所指定的旅客发行机票、支付退票款或提供相关的服务。目前，旅行社代理旅客至航空公司开发机票，除了发票、支票之外，也使用 XO，载明旅客姓名、行程及票价结构。另旅客于外站改变行程时，若其机票（属有价证券）尚有余款可退时，航空公司不便当场退款，而以 MCO 的方式载明情况，嘱其回至原开票

	公司申请退款或留待下一次搭乘时抵扣部分费用。
GMT-GREENWICH MEAN TIME	格林尼治时间。英国为配合欧洲其他国家的计时方式，将于1992年废止不用，改用UTC。
UTC-UNIVERSAL TIME COORDINATED	这是取代GMT的新的环球标准时间，一切同GMT之数据。
GTO-GOVERNMENT TRAVEL ORDER	政府公务人员旅行用开票凭证。
PTA-PREPAID TICKET ADVICE	预付票款通知，以便取得机票。 一般而言，指在甲地付款，在乙地拿票者，以方便手头上无多余现金的旅客，或遗失机票者。
CITY CODE	城市缩写
AIRPORT CODE	机场缩写。欧美诸大城市皆拥有数个机场，为免搭错机场或前往接机有误，一定要验明正确的机场。
AIRLINE CODE	航空公司班机代号。此缩写代号与航空公司一般的缩写不同，如中华航空公司缩写为CAL，但代号却为CI；星航为SIA，代号为SQ。
CONNECTION	转机（下一班机）
MINIMUM CONNECTING TIMES	最短的转机时间限制
DST-DAYLIGHT SAVING TIME	日光节约时间。每一年的三四月及九十月之交，有些国家及地区为适应日照时间而做的时间调整。

FLIGHT NUMBER	班机号码。航空公司的班机号码大都有一定的取号规定，如往南或往西的取单数；往北或往东的取双数。例如，中华航空的 CI804 班机是香港到台北的班机，而 CI827 是台北到香港的班次。此外大部分的班机号码都为三个数字，纵然其号码只有个位数，前面都再加 2 个 0。如为联营的航线或加班机则大都使用四个号码。
SCHEDULED FLIGHT	定期班机
CHARTER FLIGHT	包机班机
SHUTTLE FLIGHT	两个定点城市之间的往返班机。例如纽约与华盛顿之间的东方航空公司班机，除了有正规的班机之外，还有随到随上、行李拿至登机门附近、机上付款、收票的 SHUTTLE FLIGHT。
SCHEDULE，ITINERARY	时间表；旅行路程
REROUTE	重排路程
REISSUE	重开票
ENDORSE	转让；背书
ENDORSABLE	可以转让的（机票）
GSA-GENERAL SALES AGENT	总代理
OVERRIDING	指航空公司 GSA 的 3%
INCENTIVE	（后退）奖励金
TRAFFIC RIGHT	航权。有些航空公司的航线虽已达某地，但却无载客权，只允许技术性降落，或只能搭载它原先搭载来的旅客走

	后续的行程。例如中华航空公司从夏威夷至洛杉矶部分，因属美国国内线，在夏威夷当地无载客权。
ON SEASON；HIGH SEASON；PEAK SEASON	旺季
OFF SEASON；LOW SEASON	淡季
SHOULDER SEASON	次旺季，平季
MEALS COUPON	航空公司因班机延误或转机时间过久，发给旅客的餐券。
STPC-MEANS LAY OVER AT CARRIER COST；STOPOVER PAID BY CARRIER	航空公司的接续班机，如于当天无法让客人到达目的地，则由航空公司负责转机地的食宿费用。
SOPK OR PKG-EG/JL FOR TAIWAN GROUP SPECIAL STOP OVER PACKAGE TOUR.	日亚航及日航为台湾地区的团体特别提供的转机食宿招待券。
FREE BAGGAGE ALLOWANCE	免费托运行李限量。Y class 20KG，C class 30KG，F class 40KG（除了论件地区以外的航线规定）
IATA-INTERNATIONAL AIR TRANSPORT ASSOCIATION	国际航空运输协会
NON-IATA	非国际航空运输协会会员
ORIGIN	起站
DESTINATION	终站
STOPOVER	停留站
VALIDITY	机票效期
AREA 1，2，3	航空票务中的分区号码
STATUS	机位情形
FREQUENCY（CODE）	班次（缩写），OAG 或 ABC 上的班次缩写以 1，2，3，4……代表星期一、星期二、星

	期三……
CONJUNCTION TICKET	连接的机票
SUBJECT TO CHANGE WITHOUT NOTICE	如有变动不另行通知
INTERNATIONAL DATE LINE	国际换日线
CURRENCY CODE	币制代号，例如美金为 USD. 日币为 JYE（￥），台币为 NTD。
EASTERN HEMISPHERE	东半球
WESTERN HEMISPHERE	西半球
CRS-COMPUTER RESERVATION SYSTEM	电脑订位系统。目前较有名的有 ABACUS、AMADEUS、GALILEO、SABRE 等系统。
GDS-GLOBAL DISTRIBUTION SYSTEM	全球订位系统
BSP-THE BILLINGS & SETTLEMENT PLAN	银行结账计划。这是目前台湾地区航空界通过 IATA 在推行的一种航空公司与旅行社之间机票的销售、订位、结账、汇款等方面的简化手续计划。
ABACUS	这是一套由亚洲的航空公司（CI，CX，SQ，MH，PR，BI 等）共同投资开发的航空电脑订位、开票、咨询等服务系统。

※其他的 AMADEUS，GALILEO 等请参考电脑网络章节的内容。

ELAPSED JOURNEY TIME	实际飞行时间。有些班机因中途有下机载客，且起讫时间皆载明当地时间，因此实际的飞行时间得另行计算。请参考附录之 INTERNATIONAL STANDARD TIME CHART

以便查出其：HOURS FROM GMT.（UTC）

实际飞行时间计算：

例一：JL078 OSAKA/HONOLULU

DEPARTURE TIME：19：55

ARRIVAL（HNL）TIME：07：30（当天）

我们查出：OSAKA 之 GMT 时间为 +9

HONOLULU 之 GMT 时间为 −10

计算公式如下：

$$〔（抵达的当地时间）+（\frac{加1天时+24}{加2天时+48}）-（GMT）〕$$

$$-〔（起飞时间）-（GMT）〕= 实际飞行时间$$

〔07：30 + 0 −（−10）〕−〔19：55 −（+9）〕

= 17：30 − 10：55

= 6：35（6 小时 35 分）

此即为实际飞行时间。

例二：CI015LAX/TPE

DEPARTURE TIME：22：00

ARRIVAL（TPE）TIME：08：00 + 2 天

我们查出：LAX 之 GMT 时间为 −8

TPE 之 GMT 时间为 +8

套入上述公式：

〔08：00 +（48）−（+8）〕−〔22：00 −（−8）〕

= 48 − 30 = 18 小时

（中间因停留夏威夷及东京，故拖延较久，也包括因转机而耗费的时间）

七、部分国际及地区性观光旅游组织

IATA —INTERNATIONAL AIR TRANSPORT ASSOCIATION
国际航空运输协会

EATA —EAST ASIA TRAVEL ASSOCIATION
东亚旅行协会

PATA —PACIFIC AREA TRAVEL ASSOCIATION
亚太旅行协会

IUOTO —INTERNATIONAL UNION OF OFFICIAL TRAVEL ORGANIZATION
国际官方观光组织联合会

AAA —AMERICAN AUTOMOBILE ASSOCIATION
美国汽车旅行协会

ASTA —AMERICAN SOCIETY OF TRAVEL AGENTS
美国旅行社协会

ATA —AIR TRANSPORT ASSOCIATION（USA）

ATC —AIR TRAFFIC CONFERENCE
航空运务协会

CTOA —CREATIVE TOUR OPERATORS OF AMERICA
美国旅行推展业者协会

ETC —EUROPEAN TRAVEL COMMISSION
欧洲旅行业委员会

EMF —EUROPEAN MOTEL FEDERATION
欧洲汽车旅馆联合会

IHA —INTERNATIONAL HOTEL ASSOCAIATION
国际旅馆协会

ICAO —INTERNATIONAL CIVIL AVIATION ORGANIZATIONS
国际民航组织

OAA —ORIENT AIRLINES ASSOCIATION
东方地区航空公司协会

NATO —NATIONAL ASSOCIATION OF TRAVEL ORGANIZATION（USA）
美国旅行业组织协会（NATO 亦为北大西洋公约组织的简写）

TIAA —TRAVEL INDUSTRY ASSOCIATION OF AMERICA
美国旅游协会

UFTAA —UNIVERSAL FEDERATION OF TRAVEL AGENTS ASSOCIATION
世界旅行业组织联合会

TVA —TAIWAN VISITORS ASSOCIATION
台湾地区观光协会

WCTAC —WORLD CHINESE TOURISM AMITY CONFERENCE
世界华商观光友好会议

WATA —WORLD ASSOCIATION OF TRAVEL AGENCIES
世界旅行业协会

WTO —WORLD TOURISM ORGANIZATION
世界旅游组织（WORLD TRADE ORGANIZATION 亦为 WTO）

JNTO —JAPAN NATIONAL TOURIST ORGANIZATION
日本国际观光振兴会

IATM —INTERNATIONAL ASSOCIATION OF TOUR MANAGERS LTD.（其前身为 GIN TONIC CLUB）
国际观光领队协会

附录 2：相关网站

1. http：//www. law. moj. tw
2. http：//www. boca. gov. tw
3. http：//www. yuko. com. tw
4. http：//www. ocac. net
5. http：//www. tbroc. gov. tw
6. http：//www. immigration. gov. tw
7. http：//www. travel. org. tw
8. http：//www. consumers. org. tw
9. http：//www. cnta. com
10. http：//www. webhospital. org. tw
11. http：//www. travelrich. com. tw
12. http：//www. clps. tp. edu. tw

后 记

自 1987 年 11 月台湾地区当局放宽赴祖国大陆旅游探亲限制迄今已有 15 年余，这 15 年来祖国大陆的经济建设和旅游业发展都取得了举世瞩目的成就。祖国大陆已经成为世界上最具经济活力，旅游者最为向往、最安全的旅游目的地。与此同时，两岸居民的交往也日趋频繁，实现“三通”已成为海峡两岸有识之士的共同心声。两岸居民真正实现双向互动，自由往来的日子应该是为期不远了，近来台湾岛内开放祖国大陆居民赴台观光旅游呼声四起，两岸旅游业界的全面合作呼之欲出，发展前景不可限量。本书的出版可以说是顺应大势，此其时矣。

本书是在陈嘉隆先生编著的《旅行业经营与管理》基础上修订改编而成的，原著在台湾地区旅行业界颇具影响，成为旅行社业为数不多的几本从业人员必读的培训教材之一。嘉隆先生长期在台湾地区旅行社行业工作，担任过多家旅行社的总经理，具有丰富的实践经验，并在台湾地区数家高等院校任兼职讲师。我与嘉隆先生是在 1991 年北京的海峡两岸旅游研讨会上相识的，当时我在国旅总社信息研究中心工作，对他与会交流的论文很感兴趣，并就台湾地区旅行社行业的发展问题与他交流过意见，不久他的这篇论文刊登在《旅游学刊》上，不曾想这些十几年前的旧事成为今天合作的缘起。

旅游教育出版社作为从事旅游教育的专业出版社，先后出版过许多在国内有影响的旅行社教材和专著，并曾于 2001 年出版过《香港旅行社管理与运作》一书。而《台湾地区旅行社的经营与管理》一书的出版是给大陆的旅行业者提供了另一个了解台湾地区同行的窗口，尤其是书中极具操作性的经营管理经验，大多是嘉隆先生长期浸淫在旅行业的心得，与坊间已刊行的同类书籍有着很大的不同，但由于海峡两岸的语文用词和旅游行业术语（包括 ISO 9000 认证文件用语）与祖国大陆用法不尽相同，为了便于祖国大陆一般读者的阅读理解，我们对原著做了适当的修改（一些附表原件原则上不作改动）。更由于众所周知的原因，原著中的一些名词和提法，尽管已经做了相应的文字处理，但个别地方仍难以彻底改动，我们只是客观描述台湾地区旅游业的现状和存在环境，并不代表作者对这种现状和存在环境的任何看法，相信读者自能明断。

原著中有关 ISO 9000 在旅行社业中应用的部分是由林东封先生编写的，特此表示感谢。此外，在本书的改编过程中也得到了北京第二外国语学院的杜江院长、旅游教育出版社唐志辉社长的关心和帮助，使得本书最终得以出版，在此，我们对他（她）们及所有为本书做出贡献的人士深表谢意。

张凌云 谨识

2004 年元月于北京